世界一やさしい Instagramマーケティングの教科書1年生

金城辰一郎

ご利用前に必ずお読みください

本書に掲載されている説明を運用して得られた結果について、筆者および株式会社ソーテック社は一切責任を負いません。個人の責任の範囲内にて実行してください。

本書の内容によって生じた損害および本書の内容に基づく運用の結果生じた損害について、筆者および株式会社ソーテック社は一切責任を負いませんので、あらかじめご了承ください。特に、購入例や参考画像として紹介している商品は説明のための例示であり、特許・意匠権に侵害している可能性があります。購入の際は必ず事前に確認し、自己責任でご購入ください。

本書の制作にあたり正確な記述に努めていますが、内容に誤りや不正確な記述がある場合も、筆者および株式会社ソーテック社は一切責任を負いません。

本書の内容は執筆時点においての情報であり、予告なく内容が変更されることがあります。また、環境によっては本書どおりに動作および実施できない場合がありますので、ご了承ください。

※ 本文中で紹介している会社名、製品名は各メーカーが権利を有する商標登録または商標です。なお、本書では、©、®、TMマークは割愛しています。

Cover Design & Illustration…Yutaka Uetake

はじめに

お出かけ先、ファッション、インテリア、料理、メイク……これらを調べるとき、インスタグラムを使った経験はありませんか？

ご存知のとおり、インスタグラムは今や綺麗な写真を楽しんだり、インフルエンサーや友人の近況を知るツールに留まらず、行動の意思決定を生み出すサービスとなっています。ツイッターを大きく上回る10億人以上が毎月利用するプラットフォームであり、生活者向け商材を扱う企業やブランドにおいては避けては通れないマーケティングチャネルです。

筆者は10年以上SNSマーケティングを専門領域としており、自社で展開しているインスタグラムアカウントは合計約30万フォロワーに及びます。本書では、そこで得た知見を活かし、再現性をもってインスタグラムでビジネス成果を出すための方法をお伝えします。

インスタグラムは、もはや映える写真のSNSというだけではありません。サービスとしての機能アップデートに合わせてユーザーの活用方法も変化し、その攻略方法も素早い改善が求められます。スピードについていくのがやっとかもしれませんが、インスタグラムとユーザーが持つ本質的な考え方は変わるわけではありません。両者が求めるものを見極めることが成果を出すための第一歩といえるでしょう。

インスタグラムが掲げる「ミッション」を軸に、フォロワー数に留まらずビジネスとしての目標を達成させるための方法を、自社のアカウントにすぐに取り入れられる形で、本書で紐解いていきたいと思います。

購買に繋げられるプラットフォームとして進化を加速していくインスタグラム、あなたはそれをどう活用しますか？

もし、少しでも参考になる部分や実践してみたい箇所があれば「＃インスタ本」でシェアしていただけると嬉しいです。

trevary株式会社　代表取締役ＣＥＯ　金城辰一郎

目次

はじめに …… 3
おわりに …… 319

1時限目 なぜ今、インスタグラムに注力すべきなのか

01 インスタグラムによる人々の行動変化 …… 14
❶ 1日の大半をSNSで過ごすようになった
❷「費やす時間あたりのパフォーマンスが高い情報」をユーザーは求めている
❸ 情報密度が高いコンテンツに触れると「追体験」したくなる　❹「これいいな」と思ったら「即」購入
❺ ググール検索からハッシュタグ検索へ　❻ 友人やインフルエンサーの与える影響力が増大

02 インスタグラムの活用の壁 フェーズ別3タイプ …… 21
❶ フォロワーが増えず売上も創出できないショップオーナー（フォロワー500人）
❷ 広告中心の売上で、顧客獲得単価が上がってきているEC運営担当者（フォロワー4000人）
❸ 様々な施策を行ってきたが、売上が頭打ちになっているEC運営担当者（フォロワー1万人）
❹ インスタグラムでのビジネス課題を認識し、今何が必要なのか明確にしよう

03 インスタグラムの優位性 …… 27
❶ インスタグラムユーザーは購買意欲が高い　❷ 見込み顧客に見つけてもらえる

❸ ユーザーと深い関係を構築できる ❹ 顔出ししなくてもエンゲージメントを高められる
❺ グーグルに匹敵する機能がある

04 インスタグラムに注力すべき5つの理由 …… 32
❶ 純粋想起だけでなく直接購買ができる ❷ インスタグラム上だけで公式サイトに頼らずビジネスができる
❸ 再現性のある「バズ」が創出できる ❹ 意図的にUGCを生み出せる ❺ ロイヤルカスタマーを育成

05 インスタグラムでどう拡散するのか？ …… 39
❶「発見タブ」経由による拡散 ❷「ハッシュタグ検索」による拡散
❸「ストーリーズ」による拡散 ❹「リール」による拡散

2時限目 インスタグラムで成果を出すための手法と考え方

01 目的・目標を明確にする …… 46
❶「マーケティングファネル」という考え方 ❷ ファネルごとにある目標数値を認識すること
❸ 誰のために、どんな価値を提供するのか

02 プロアカウントを開設する …… 52
❶ プロアカウントの3つのメリット ❷ ビジネスアカウントとクリエイターアカウントの違い
❸ プロアカウントの設定方法 ❹「インサイト」機能 ❺ フィード投稿のインサイト機能
❻ ストーリーズ投稿のインサイト機能 ❼ リール投稿のインサイト機能 ❽ ライブ動画のインサイト機能
❾ インサイトで投稿の反響がわかる

03 フォロワー獲得のKPIを考える …… 72

❶なぜフォロワーの獲得が大切なのか　❷フォロワー獲得のプロセス
❸リーチを増やすために重要な「保存率」が最初のKPI
❹フォローされるためのKPI「プロフィールへの遷移率」
❺フォローするメリットをわかりやすく伝えて「フォロー率」をあげよう

04 PDCAの運用オペレーションを確立する …… 80

❶KPIを決めて運用メンバーを揃える　❷運用スケジュールを立てる
❸KPIをモニタリングして、改善案を立てる　❹A／Bテストを繰り返す　❺オリジナルの勝ちフォーマットを

05 ベンチマークアカウントを参考に独自「勝ちフォーマット」を見つける …… 86

❶「守・破・離」の考え方　❷参考になる10アカウントをピックアップする
❸デザインや企画を参考にフィードを作成　❹A／Bテストを繰り返して最適解を見つける
❺コンテンツを改善し、ターゲットを拡張していく

06 投稿がまったくリーチされない？「シャドウバン」にならないために …… 96

❶外部サービスを使った「自動フォロー」や「自動いいね」は御法度
❷手動の大量のフォローといいね!も注意　❸メンバー同士で「いいね!」やコメントをしあう「ポッド（Pod）」
❹規約違反や他ユーザーからの報告など　❺身に覚えのない理由でシャドウバン状態になった場合

07 目の前のファンと丁寧なコミュニケーションを築いていく …… 102

❶自社製品の宣伝をしない　❷DMやコメントなど、インスタ上でコミュニケーションする
❸「ストーリーズ」は関係性を深められる機能
❹「ライブ配信」で、フォロワーとより深いコミュニケーションが築ける

3時限目 インスタグラムでエンゲージメントを上げる方法

01 なぜ、企業やブランドはインスタグラムに注力するべきなのか? ……… 110
❶ 新規顧客獲得のための広告費の高騰

02 アルゴリズムを理解する ……… 112
❶ インスタグラムのアルゴリズム ❷ インスタグラムの表示順を決める3つの要素
❸ フィードとストーリーズで重要視されるシグナル ❹ 発見タブ、リール、ショップタブで重視されるシグナル
❺ 自分に表示される投稿をコントロールするには

03 アルゴリズムを攻略する ……… 123
❶ 既存フォロワーからシグナルを集める ❷ フォロワー以外へのリーチが増える
❸ 非フォロワーのシグナルが貯まりリーチが最大化される
❹ 一貫性のある投稿でアカウントのテーマをインスタグラムに認識させる

04 投稿のエンゲージメント率を最大化させる8つの方法 ……… 129
❶ エンゲージメント率 ❷ 投稿における有益性 ❸ 投稿を「自分のこと」のように感じてもらう共感性
❹ ユーザーがすぐに再現(アクション)できる内容 ❺ 表紙画像にこだわる ❻ まとめ系コンテンツにする
❼ 読みやすいデザインにする ❽「人」の要素を入れる ❾ 投稿内に動画を加えて滞在時間を伸ばす

05 滞在時間と保存数アップに有効な「文字入れ投稿」 ……… 141
❶ 文字入れ投稿が有効な理由 ❷「文字入れ情報」投稿の作成方法 ❸「文字入れ」ができない場合の対処法

06 インスタグラム広告を成功させる方法 …… 150
❶ 時間と労力をスキップできる広告利用 ❷ 成功の可否は「勝ちクリエイティブ」の発掘
❸ 広告を設定する ❹ ターゲットを絞りすぎない

Column 1 業務効率＆集客効果を高めるお勧めツール・アプリ …… 157

4時限目 インスタグラムでフォロワーを増やす施策

01 フォロワーを増やす理由 …… 162
❶ ストーリーズから外部URLへ誘導できる
❷ 保存数が伸びやすくなり発見タブに表示される（正のループが起きる）
❸ ビッグワードのハッシュタグ検索で有利に ❹ 信頼性のあるリサーチができる ❺ UGCを発生させやすい
❻ 上位数%のスーパーファンが誕生 ❼ 他ブランドとのコラボなど ❽ フォロワー数は1つのマイルストーン

02 アカウント設計について …… 173
❶「誰にどうなってほしいか」 ❷ コンセプトを考えるときに注意すべきポイント ❸ ターゲットとペルソナ
❹ どのマーケットで戦う？ 領域選定の考え方 ❺「ポジションをとる」ということ

03 最初の1000フォロワーを獲得するキャンペーン展開方法 …… 182
❶ 1000を超えると加速度的に増加 ❷ インセンティブを用意してフォローキャンペーンを実施
❸ キャンペーンと併せて広告を配信する ❹ フォローバックを狙ったアクションを

04 プロフィールを最適化してフォロー率向上 …… 190

05 認知を増やすために重要なこと …… 199
❶ 統一感（世界観）のあるフィード投稿を ❷「プロフィール」はロジカルにフォローする理由を伝える場所
❸ プロフィールのアイコンの重要性 ❹ 理念など伝えたいことは「ハイライト」に残す
❶ リール ❷ インフルエンサーマーケティング ❸ 関連アカウントとのコミュニケーション

06 最速で1万フォロワーを獲得する方法と考え方 …… 207
❶ 3カ月で1万フォロワー達成も ❷ 保存される投稿の作り方
❸ プロフィール画面からのフォロー転換率を上げる ❹ 改善サイクルを回せる投稿体制を作る
❺ インスタグラムの新機能はいち早く取り組む ❻ フォロワーからのUGCを増やす
❼ フォロワー獲得のためのキャンペーン ❽ DMやコメントでコミュニケーションする
❾ リサーチ、リサーチ、リサーチ

07 インスタグラムで炎上しないために …… 217
❶ 許可なく他人の投稿をリポストしない ❷「#PR」なしのステルスマーケティング
❸ ネガティブな内容の発信は絶対しない ❹ 事実か確認できない情報は避ける
❺ もし炎上してしまったら

5時限目 インスタグラムで売上を増やすには

01 動画によるコミュニケーションで売上を増やすには …… 226
❶ 1万フォロー超で外部に誘導できる「ストーリーズ」
❷ 非フォロワーへ露出できる「リール」ではショッピング機能を活用しよう

❸「ライブ配信」は、コアファンとの繋がりを強化できる

02 ストーリーズの閲覧率を高める …… 234
❶ストーリーズでのエンゲージメント率を高める ❷ストーリーズではさらに密な関係を構築
❸コミュニケーションスタンプを活用する ❹クイックリアクションを活用してDMに繋げる
❺ユーザーアンケート結果を取り入れるストーリー ❻失敗談やあるあるネタで人間味を出す

03 リールの攻略 …… 242
❶「ミーム」を意識して人気動画を真似する ❷最初の3秒の掴みが大事 ❸「まとめ動画」がお勧め

04 ファンとの距離を縮める「ライブ」の重要性 …… 248
❶ライブ配信の活用法 ❷ライブ配信を効果的に行うには

05 影響力の強いユーザーに依頼するインフルエンサーマーケティング …… 252
❶顧客目線で商品を紹介 ❷インフルエンサーへの依頼方法 ❸インフルエンサーに何をしてもらうのか？
❹インフルエンサーマーケティングのメリット ❺インフルエンサーマーケティングの注意点
❻インフルエンサーマーケティング成功の秘訣

06 ショッピング機能を活用しよう …… 268
❶ショッピング機能の概要 ❷ショッピング機能のメリット ❸ショッピング投稿の活用法

07 購買行動に大きな影響を与える「UGC」 …… 274
❶UGC投稿は売上にも寄与する ❷コミュニティ醸成にも効果

Column 2 ストーリーズで使えるお勧めGIFまとめ …… 279

6時限目 インスタグラムでコミュニティを作る

01 ロイヤルカスタマーを育成する …… 282
❶ ブランドのアカウントタグ、ハッシュタグを付けてくれたユーザーとコミュニケーションをする
❷ 良質なUGCを投稿するリピート顧客の「アンバサダー」化 ❸ ゼロからロイヤルカスタマーを生み出す方法

02 約30万フォロワーアカウントの成長事例 …… 289
❶ アカウントの成長を後押ししたアンバサダー施策 ❷ 勝ちパターン調査
❸ ジャンルを拡張して投稿数を増やす

03 ユーザーコミュニティがもたらすたくさんの価値 …… 296
❶ リピート率の向上 ❷ 認知率の向上 ❸ 購入率の向上
❹ コミュニティ発生のUGCが認知から購買までを串刺しにする ❺ 副次的効果をもたらすコミュニティ

04 インスタグラムで売上を上げるためのステップ …… 303
❶ オペレーション体制を整える ❷ アカウント・コンセプト設計
❸ 滞在時間を意識したコンテンツと、関連アカウントとの関係性
❹ モニターキャンペーンとギフティングで最初のフォロワーを獲得 ❺ ストーリーズでエンゲージメント率向上
❻ フォロワーを巻き込みコミュニティ化 ❼ これからブランドが取り組むべき投稿スタイル

05 インスタグラムの今後 …… 313
❶ 動画について ❷ クリエイターについて ❸ ショッピングについて ❹ DM（メッセージ）について

1時限目 なぜ今、インスタグラムに注力すべきなのか

インスタはビジネスで成果を出しやすくなりました。他のSNSとの違いなどを解説します。

01 インスタグラムによる人々の行動変化

インスタグラム（Instagram）は日本国内でのアクティブ利用者が3300万人（2019年6月実績）を超える**写真・動画共有SNS**（ソーシャルネットワーキングサービス）です。ユーザーの消費行動を変えるまでの影響を与えています。インスタをはじめとしてSNSやスマホがもたらした行動変容は、次のようなものです。

- 1日の大半をSNS上で過ごすようになった
- 費やす時間帯あたりのコストパフォーマンスの高い情報を求めている
- 情報密度の高いコンテンツに触れると追体験したくなる
- 「これいいな」と思ったら「即購入」する
- Google検索よりもまずはハッシュタグ検索へ
- 友人やインフルエンサーの与える影響力が増大

スマホやSNSの普及で、消費者の行動に変化が起きています。インスタユーザーは特にそれが顕著です。

1 1日の大半をSNSで過ごすようになった

自分の1日の行動を振り返ってもわかりますが、**もっとも時間を費やしているのはスマホを触っているとき**ではないでしょうか。

インスタグラムはスキマ時間を埋めるのに最適なSNSです。画像や動画を主体とした**ビジュアルコミュニケーション**ができるので多くの情報が瞬時に得られ、興味がなければスクロールしてサクサクと、気になる情報を素早くピックアップできます。

今は、多くの人々がテレビではなくSNS上で1日の大半の時間を過ごすようになり、**SNSが人の集まる場所**になっています。企業もSNS上でのブランディングや販促を避けては通れなくなってきています。

● 1日の大半をSNSで過ごすように

2 「費やす時間あたりのパフォーマンスが高い情報」をユーザーは求めている

ユーザーは自分たちにとって価値のある情報を常に探し求めています。人々は費やした時間あたりのパフォーマンス、タイムパフォーマンスの高い情報を求めるようになっています。**まとめ系コンテンツ**が人気なのはそのわかりやすい例でしょう。本をじっくり読んだり、映画を最後まで観たりすることができない人が増えている傾向にあります。いかに**少ない時間で多くの情報を届けられるかが重要**になってきているのです。

過去には「情緒的共感」が重視されていたこともありました（いわゆる「インスタ映え」）。今ではそれだけではなく、そのインスタグラムがその人にとって役に立って真似したくなる、**つい人に教えたくなる情報**かどうか、「有益性」「再現性」「意外性」のあるコンテンツでないと「いいね！」や「シェア」などの高いエンゲージメントの獲得が難しくなってきています。

3 情報密度が高いコンテンツに触れると「追体験」したくなる

ユーチューブ（YouTube）での音楽フェスやライブ映像、友人がキャンプしているストーリー動画、コスメのレビュー動画、コース料理の詳細を伝える食べログの口コミ……**具体的でリアルな情報**を目にしたとき、人はそれを情報として満足するだけではなく、**実際に体験したい**（**追体験**）と感じる傾向が多くあり、それがユーザーの行動を促します。**得られる情報量がリッチであるほど、自分でもその体験を確かめたい**と感じるのは、動画×ＳＮＳ時代ならではの特徴です。

インスタグラムは**写真**と**テキスト**はもちろん、**動画**や**ライブ配信**などを発信できるプラットフォームです。こうした嗜好にダイレクトにアプローチして消費行動を促進できます。

4 「これいいな」と思ったら「即」購入

通常、人は商品を「認知」して「興味」を持ったら、レビューなどの情報を調べて「比較検討」して吟味した上で「購入」するのが、これまでの広告やマーケティング業界で一般的と言われていた消費行動プロセスです。

しかし、インスタグラムやティックトック（**TikTok**）を利用するユーザーの中には、自分にマッチした商品コンテンツに触れたら「比較検討」をすっ飛ばして「**即購入**」する人が多く存在すると、様々な調査や各社の公式アナウンスが明らかにしています。

インスタグラムは２０１２年にフェイスブック（**Facebook**）社に10億ドルで買収され、同社の傘下にあるサービスです。フェイスブックの持つ世界最強のＡＩおよびリコメンド技術を活かして、ユーザーに最適な情報を最適なタイミングで届けることができます。

ユーザーの興味に合わせたお勧め投稿を提示する「発見」タブ

注目すべきは、インスタグラムの**「発見」**タブ画面（🔍のタブ）です。徹底的にパーソナライズ（ユーザーに最適化）されており、ユーザーが興味関心のあるコンテンツと出会える場所になっています。

実際インスタグラムで見てください。その強烈さが理解できると思います。インスタグラムは、ユーザー自身以上にユーザーの興味関心を把握しているともいえます。

● 発見タブ

5 ググル検索からハッシュタグ検索へ

「ググるからタグるへ」。聞き慣れたキーワードかもしれません。若い世代を中心に、多くの消費者はグーグル（**Google**）検索ではなく、まずは**ハッシュタグ**で情報を調べるようになってきています。

インスタグラムの発表データによれば、**日本のユーザーはハッシュタグ検索を世界平均の3倍ほど行う**と言われています。特に、ビジュアルが重要な要素を持つ分野、例えばアパレル、飲食、旅行、インテリアなどで顕著です。「渋谷ランチ」のように「地名＋キーワード」でハッシュタグ検索をしたことがある人も多いのではないでしょうか。

企業のマーケティングでも、これまでは検索経由でWebサイトへ誘導する手法が主流でした。しかし、現在はハッシュタグに誘導することも増えています。例えば作業服販売などで有名な「ワークマン」は、レディース向けブランドを「#ワークマン女子」としています。ブランド名にハッシュタグを含めるネーミングを採用しています。

● 検索するより、まずハッシュタグをたぐる

6 友人やインフルエンサーの与える影響力が増大

今ほど**口コミが影響力を持っている時代はない**でしょう。人々がＳＮＳに触れる時間に比例し、消費行動における口コミの影響力も増大しています。

多くのブランドにとって**インフルエンサーマーケティング**は必須の施策になりつつあります。そして、ブランドに関する**ＵＧＣ（User-generated-content：**ユーザー生成コンテンツ。**口コミ投稿**）を生み出す施策も非常に重要です。

企業が効果的に消費者へリーチする方法

限られた広告チャネルでブランド間の競争が激しくなり、広告費は高騰しています。筆者はファンと直接繋がれてコミュニティを形成できるインスタグラムには、その打開策があると考えています。

これから、本書でその具体的な方法について紐解いていければと思います。

ユーザーは有益性のあるコンテンツを求めています。それを軸に成果を出す方法を解説します。

02 インスタグラムの活用の壁 フェーズ別3タイプ

「**国内利用者の八割が、インスタグラムを製品またはサービス購入の判断の参考にしている**」といいます。しかし、いざインスタグラムをビジネス目的で運用開始したものの、なかなか成果に繋がらずに悩んでいる人が多いようです。

ここではわかりやすく、インスタグラムを活用する事業者のイメージとして「ネットショップの運用担当者」を仮定して類型化します。自分がどのタイプに近いかチェックしてみてください。

1 フォロワーが増えず売上も創出できないショップオーナー（フォロワー500人）

ネットショップを立ち上げて1年余りのアパレルブランドです。本

ゼロの状態に近い人から、ある程度の規模で壁に当たった人など、自分に当てはめてみてください。

職のかたわら昔からの夢だった自身のアパレルブランドを作ったので、プロのカメラマンに依頼して、ブランドイメージや世界観に合った商品写真などを撮影しました。その写真をベースに、海外の人気ブランドのインスタグラムの投稿を参考にキャプションを付けたり、レイアウトを工夫して商品の魅力を伝えるよう工夫をしています。

1記事を1時間以上かけて制作し、2日おきに欠かさず投稿してきましたが、フォロワーはまだ500人程度。フォロワーの多い類似ブランドを参考にし、世界観を保ちながら運用していけば、フォロワーも自然と増えていくだろうと考えていたものの、思うように伸びずに悩んでいます。

フォロワーの増やし方、そこから集客・購買へのつなげ方など、何から手をつければよいのかまったくわからない状態です。

● フォロワーも増えず、集客・購買へ繋げる方法がわからない

2 広告中心の売上で、顧客獲得単価が上がってきている EC運営担当者（フォロワー4000人）

複数の商品を自社ECとモール型で販売している化粧品ブランドです。

リスティングとSNS広告、またアフィリエイトによる売上が全体の半数以上を占めています。広告のチューニングはしているものの、年々**CPA（Cost Per Acquisition：顧客獲得単価。一人の成果を獲得するために費やしたコスト）**が増加傾向にあり、利益を圧迫してきている状態です。

ギフティング（自社の商品やサービスを無料で提供する代わりに、インスタグラムで使用感や感想を投稿してもらう施策）したり、広告出稿したりしてフォロワーを増やしていますが、**通常投稿からの新規フォロワー獲得はほとんどできていません。**投稿記事もブランドの世界観づくりがメインになっており、フォロワーが数千人いる一方で**インスタグラムをECサイトへの集客・購買のチャネルとして確立されていない**点が大きな課題です。

3 様々な施策を行ってきたが、売上が頭打ちになっている EC運営担当者（フォロワー1万人）

広告とSNSに力を入れ、売上を築いてきた中堅企業のアパレルメーカーです。

● 広告中心の売上で、顧客獲得単価が上がってきている

● 様々な施策を行ってきたが、売上が頭打ちになっている

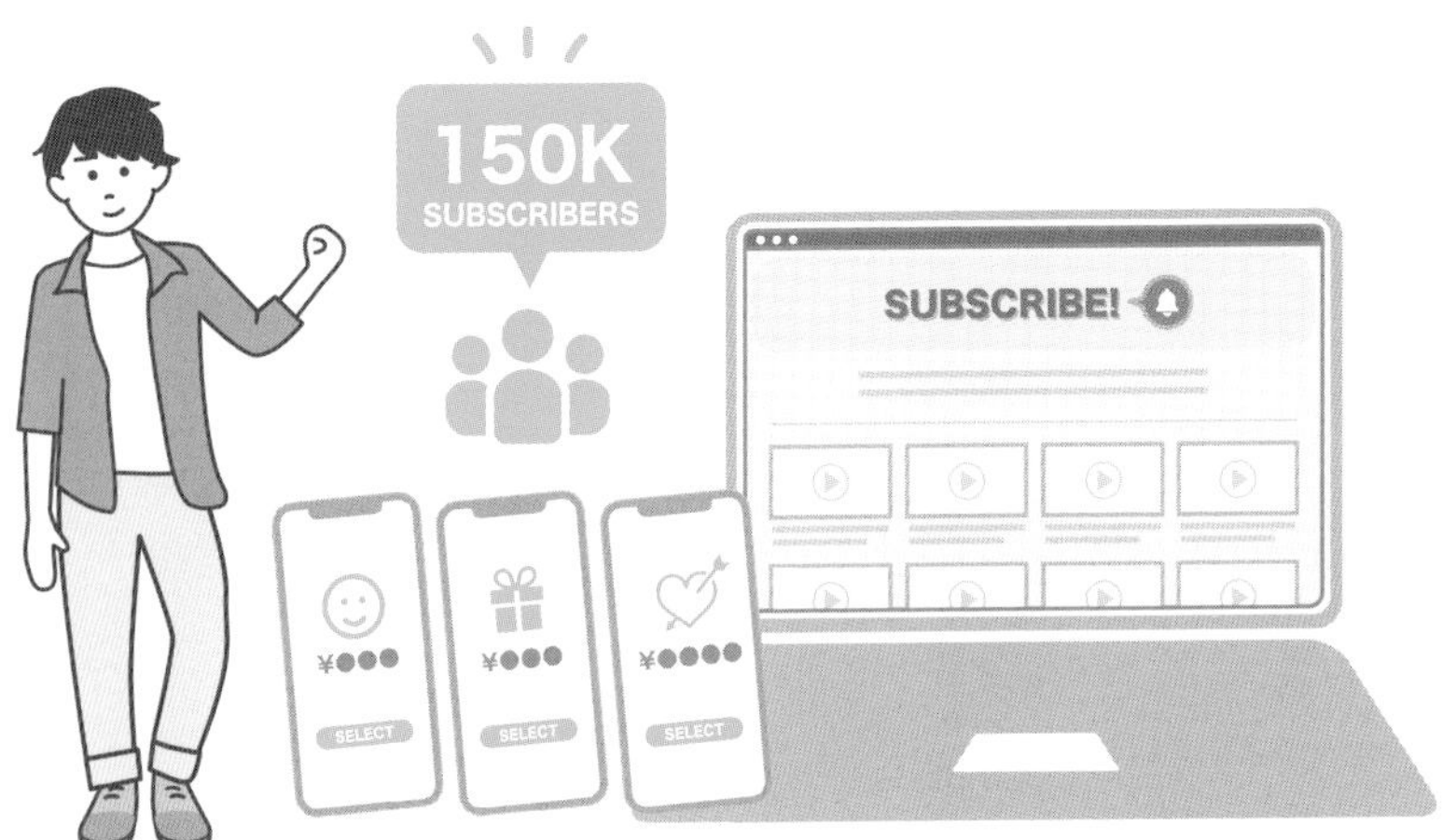

広告においてはCPAの上限を管理しており、新しいチャネルや施策を積極的に試して改善してきました。その一環でこれまでインスタグラム以外にもティックトック、ツイッター、ユーチューブなどにも取り組み、全体のCPA低減に繋がるようSNS施策も積極的に行っている状況です。インスタグラムでは、キャンペーンやギフティングなども精力的に行って1万フォロワーを獲得したばかりです。

ストーリーズからの外部URL誘導で、インスタグラムからの直接売上は少しずつ増えているものの、宣伝ばかりの投稿になってしまうため、エンゲージメント率の低下に課題をもっています。

ギフティングの成果もあってUGCは生み出せるようになっている一方で、そこから売上に繋がる実感がいまいち持てていない状況です。CPAも下げ止まりになってきており、**売上も頭打ちで、新しい予算もなかなか捻出できず次の施策に頭を悩ませている状態**です。

4 インスタグラムでのビジネス課題を認識し、今何が必要なのか明確にしよう

3人のうち、あなたはどのタイプに近かったでしょうか。

「フォロワーが増えず、売上も創出できないショップオーナー」は、インスタグラムでの集客・販促に関する知識やノウハウがまったくない、ほぼ**未経験者**タイプです。

「広告中心の売上で、顧客獲得単価が上がっているEC運営担当者」は、売上やフォロワー獲得が広告頼みになっており、**通常（オーガニック）投稿からの新規フォロワーを獲得できていない**タイプです。

「様々な施策を行ってきたが、売上が頭打ちになっているEC運営担当者」は、1万フォロワーを超えてインスタグラムからの大きな売上獲得が期待できるにも関わらず、**エンゲージメント率の低下に悩み新しい施策へのアイデアがない**タイプです。

インスタグラムにおける自社のビジネス課題を認識し、今何が必要なのか明確にするところから始めてみましょう。

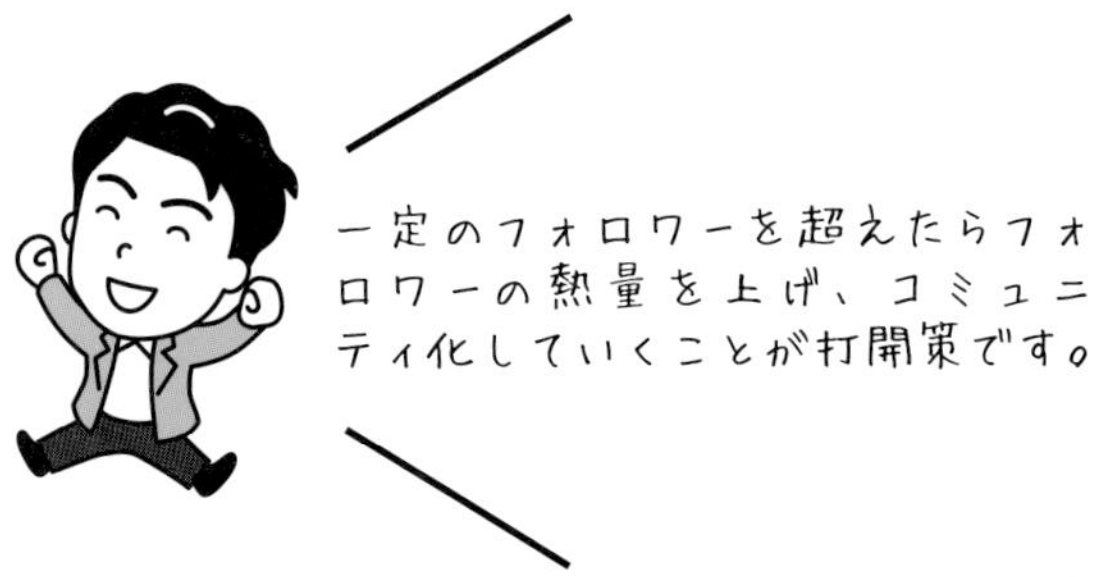

一定のフォロワーを超えたらフォロワーの熱量を上げ、コミュニティ化していくことが打開策です。

03 インスタグラムの優位性

ツイッターやティックトックなどの他のＳＮＳと比べて、インスタグラムは企業のマーケティングで活用する上で多数の優位性があります。今回はその中から5つピックアップします。

1 インスタグラムユーザーは購買意欲が高い

次ページに示した、２０２０年1月のインスタグラム公式の発表（**https://business.instagram.com/blog/house-of-instagram-japan-2020**）の数字に見られるとおり、インスタグラムは他ＳＮＳに比べ非常に購買意欲が高いユーザーが集まる特殊なＳＮＳといえます。

フェイスブックはリアルな知人、ツイッターはニュース、ティ

収益化が難しいと思われがちなインスタですが、コミュニティを形成するのに非常に強力なSNSです。

ックトックやユーチューブはエンタメでの利用がメインだとしたら、**インスタグラムはブランドの情報をキャッチアップする**目的での使用が多いSNSです。

- **インスタグラム利用者の90％がブランドアカウントをフォローしている**
- **ショッピングタグから商品詳細を見る割合が、日本では他国平均の3倍である（2020年は前年対比で65％増加）**
- **日本の利用者の83％は、興味のあるブランドの情報を発見した場合にすぐにアクションを起こす**
- **インスタグラムの国内利用者の80％が、製品またはサービス購入の判断の参考にしている**
- **流行のファッション情報を調べる人のうち、インスタグラムを利用する人がもっとも多い（29・4％）。次点はグーグル（28・3％）**

● インスタグラム経由での購買が非常に多い

2 見込み顧客に見つけてもらえる

検索エンジンのグーグルがここまで成長できたのは、行動モチベーションの高い検索ユーザーに対して最適な情報（検索結果）を表示できたからでした。インスタグラムでは「発見」タブを通して同様のことができるようになっており、検索ワードすら必要ない、情報とのマッチングを促しています。

ブランドにとってそれは、**適切な顧客とのマッチングを、無料でかつ自動で生み出してくれるツール**ということです。

3 ユーザーと深い関係を構築できる

新しい顧客との出会いだけではなく、**顧客と長期的でインタラクティブな関係性を築き上げる**ことができるのもインスタグラムの優位性です。インスタグラム

ブランドを求める顧客とのマッチングを発見タブ経由で行う

社の最初の社員は、エンジニアではなくコミュニティマネージャーだったという有名な話があります。インスタグラムはコミュニティファーストを掲げ、エンゲージメントを最重視しています。

インスタグラムにはフィード投稿でのいいね！やコメントだけではなく、ストーリー、ＤＭ（ダイレクトメッセージ）、スタンプでのインタラクション、ライブ配信やＩＧＴＶ（長尺動画共有サービス）など、フォロワーとの関係性を強める機能が多数あります。

4 顔出ししなくてもエンゲージメントを高められる

インスタグラムでは運営者の人間性に頼らずにエンゲージメントとフォロワーを増やせます。人にファンが付くユーチューブやティックトックでは、顔出しをしないとフォロワー数やエンゲージメントを伸ばすことはなかなか困難ですが、インスタグラムはその限りではありません。

インフルエンサーなどは別ですが、企業アカウントでは、そのブランドの世界観を軸とした共感性・有益性が求められるため、**運用担当者が代わっても再現性ある運用が可能**です。非属人化した運用ができるというのは、企業にとってとても重要なポイントであるといえるでしょう。

ただし最近は、身体の一部や後ろ姿などを出した**人の存在感のある写真**や、親しみやすさなどの**人間味のある文章**の方がエンゲージメント率（反応率）が高くなる傾向があります。「**人を感じさせるような投稿**」を心がけていきましょう。

5 グーグルに匹敵する機能がある

インスタグラムはまとめ機能、複数人ライブ配信、マップ機能、アフィリエイト、チェックアウトなど、次々と機能を拡充しています。

「ググるからタグるへ」と解説したように、何らかの購買検討をする際に、グーグルよりもインスタグラムで先に調べる人も増えています。今では飲食店、ホテル、観光スポットなどはインスタグラムから先にハッシュタグ検索するのは一般的なものです。その流れを受けて、複数キーワードによる検索機能のリリースも予定されています。

記事執筆時点、日本国内のサービスでは、購買はインスタグラムの外部サイトで決済する必要があります。しかし、今後インスタグラム内で決済が実装されれば、すべてをインスタグラム内で完結するネットワークが構築できます。ブランドの公式サイトやECサイトすら必要なくなります。ＤＭ機能もあるので、ユーザーは友人同士だけでなく、ブランドとも直接コミュニケーションをとることが普通になっています。

インスタグラムはインサイト（分析）機能も充実しています。簡単に広告も出稿でき、顧客と繋がり売上に繋げていけるプラットフォームとして、ネットを使ったビジネスを展開する人にとって避けられないものとなっているのは明白です。一部のヘビーユーザーにとっては、インスタグラムはインターネットそのものという人もいるほどです。

04 インスタグラムに注力すべき5つの理由

サービスインから10年以上経つインスタグラムですが、今なおものすごいスピードで進化し続けています。インスタグラムがビジネスの場として選ばれる5つの理由を紹介します。

1 純粋想起だけでなく直接購買ができる

「**純粋想起**」とは、ある製品（またはサービス）やジャンルのブランド認知度調査などを行った際に、顧客の頭の中に思い浮かぶブランド名のことです。情報が溢れる世の中で、マーケティングではこの「純粋想起」をとることが非常に重要な戦略になっています。インスタグラムは、顧客の**UGC**（**User Generated Content**：ユーザー生成コンテンツ。**口コミ投稿**のこと）でブランドへの言及を増やすことで、この純粋想起を創

インスタの優れたところは、コミュニケーションを通じてコミュニティを作り出せる点です。

り出すのに非常に有効なチャネルです。

例えば「シャンプー」と聞いたらパッと2〜3種類のブランドを頭の中でイメージするように、商材ごとに顧客の脳裏には特定のブランドが認知されています。この**最初の引き出しの中の3つに入らなければ、そもそもあなたの商品は選択肢に入っていないのと同義**です。インスタグラムを活用してフォロワーとUGCを増やして利用者との接点と関係性を深めることで、顧客のブランドの引き出しに入ることができるのです。

さらに、フォロワーを増やしていけば、「**直接購買**」にも繋げることも可能です。フォロワーが1万人を超えると「**ストーリーズ**」から外部のWebサイトにリンクが貼り付けられるので、そこから購入（コンバージョン）を生み出すことができます（2021年8月30日から、一部の1万フォロワー以下のユー

● 24時間限定で公開できる「ストーリーズ（ストーリー）」

日本におけるデイリーアクティブアカウントの70%がインスタグラムのストーリーズを利用（2018年10月）。世界では5億以上のアカウントが毎日ストーリーズを利用（2019年1月）。85%の人がフィード以外の機能（ストーリーズ、IGTV、ライブ、ショッピング等）も使用している（2019年）。

ザーも外部URLへ誘導できるようになりました。今後全ユーザーに反映するかは検討中とのことです）。

直接購買の戦略は5時限目で詳しく紹介します。

2 インスタグラム上だけで公式サイトに頼らずビジネスができる

インスタグラム上でファンとしっかりコミュニケーションができていれば、ハッシュタグや位置情報、口コミ情報をもとに来店してもらえたり、ショップ機能から商品を購入してもらえたりします。

インスタグラム上でユーザーの購買の意思決定が済んでいるのですから、多くの時間と費用をかけて**公式サイトを制作する必要性は薄い**といえるでしょう。

実際、筆者がサポートをしている沖縄のリゾートホテルでは、アナリティクスを見ると自社サイトはインスタグラム経由の予約がとても増えてきています。さらに、サイト内の滞在時間やサイト回遊数がほとんど

● インスタグラム経由のユーザーは購買意思決定が済んでいる

なく、すぐに予約を行っています。つまり、公式サイトに訪れる前に、インスタグラム上で情報収集は終えて意思決定が完了しているのです。

なお、誘導先はベイス（ＢＡＳＥ）やショッピファイ（ｓｈｏｐｉｆｙ）などの安価なＥＣサービスでも大丈夫です。また、インスタグラム上で決済までできる**チェックアウト**機能も米国では実装済みであり、日本でも間もなく実装されるでしょう。

別サイトに誘導しなくても、インスタグラム上でワンタップで購入や予約ができるようになれば、コンバージョン率が飛躍的に上がるのは必至です。

3 再現性のある「バズ」が創出できる

ツイッターで「**バズる**」ことは、「誰にリツイートしてもらうか」なども重要で、比較的運の要素が強いと言えます。

しかし、**インスタグラムではシステマチックに「バズらせる」ことができます**。ここでいうバズとは、ツイッターやフェイスブックのような「人」起点の拡散ではありません。発見タブに優先表示され、フォロワーの何倍ものリーチがシステムによって生み出されることです。

インスタグラムでは、アルゴリズムによって発見タブに表示する投稿を選んでいます。その仕組みを理解していれば、再現性のある「バズ」を生み出すことができるのが大きな特長です。

詳しくは次節で紹介しますが、主に「**関心度**」「**親密度**」「**鮮度**」に関連するポジティブなシグナルを貯めていくのが重要です。中でも、発見タブ表示を狙うには「関心度」に関連する「**保存数**」(フィード投稿した記事を保存したユーザーの数)や、**投稿の滞在時間**が重要視されていると筆者は考えています。

インスタグラムでは「いいね」「コメント」「プロフィール画面の閲覧」も重要なシグナルです。しかしそれらよりも「保存数」を相対的に増やせば、インスタグラムのアルゴリズムで自動的に発見タブに載り、バズらせてくれると筆者は考えています。

4 意図的にUGCを生み出せる

前述しましたが**UGCは一般ユーザーによる口コミ**です。UGCは自分たちの店舗や商品、ブランドについて言及する写真だけを指すものではありません。本来は、**自分たちの商品(またはサービス)の売上に貢献しうる投稿すべて**が該当します。自社の

● 再現性のある「バズ」を作れる

理念やブランドなどの世界観に合った写真や動画はもちろん、仮に空の写真のコメント欄に自社商品（やサービス）についての感想などがあれば、UGCとして成立します。

積極的にUGCをシェアする

インスタグラムでは、アカウントを持つことで多くの人たちがUGCで「ハッシュタグ」や「タグ付け」をしてくれます。そのUGCをこちらから**リポスト**（自分のアカウントで**引用シェア**すること）したりストーリーズでシェアしたりして、積極的にコミュニケーションを図りましょう。そのUGC経由で新しい良質なフォロワーを増やせます。

フォロワー獲得だけでなく、第三者の口コミが増えるにともない、純粋想起率も増えて売上に繋がります。インスタグラムで成果を出していくためのとても重要な施策となるのがUGCです。UGCを自然発生的に増やしていく仕組みや事例については274ページで紹介します。

5 ロイヤルカスタマーを育成

新規顧客から売上を得るためのコストは、既存顧客にもう一度商品を買ってもらうコストの5倍かかると言われています。既存顧客の中から、エンゲージメントが高く、何度も商品（またはサービス）を購入してもらえる**ロイヤルカスタマー**を育成することは、企業の至上命題です。

プライバシー規制が進み、広告による顧客獲得単価が高騰していく中で、どのように既存顧客から売上を増やしていくかは、これまで以上にリソースを割くべき施策となるでしょう。

インスタグラムでは、熱量の高いファンをタグ付けしてフィーチャーしたり、ファン同士の横のつながりを醸成しながら、コミュニティを形成し、ロイヤルカスタマーを育成できます。

ロイヤルカスタマーを定着させることは、リピート率の増加、客単価アップ、口コミ経由による新規獲得の費用対効果アップなど、あらゆるビジネス指標にレバレッジ効果があります。

また、素晴らしい自社商品（またはサービス）を開発したとしても、競合が多い昨今はプロダクト自体の価値のみで差別化するのは困難です。その場合、コミュニティの存在が模倣困難性を生み、自社ブランドを選択してもらえる1つの指針になりえることでしょう。

コミュニティの構築については、6時限目「インスタグラムでコミュニティを作る」で詳しく説明します。

ここがポイント

- 第1想起だけでなく直接購買ができる
- 機能が充実しているので公式サイトは必要ない
- 再現性のある「バズ」が創出できる
- 意図的にUGCを生み出せる
- ロイヤルカスタマーを育成できる

05 インスタグラムでどう拡散するのか？

インスタグラムは他のＳＮＳに比べて拡散性が少ないと言われています。しかし、それでも再現性のある「バズ」を生み出すことができます。それは次の４つの拡散の仕組みを知ることで可能です。４つの拡散の仕組みや、「バズる」施策について詳しく紹介します。

- 発見タブ
- ハッシュタグ検索
- ストーリーズ
- リール

本書で紹介するバズる仕組みは再現性がある、狙って出せるものなのでしっかり学びましょう。

1 「発見タブ」経由による拡散

「**発見タブ**」とは、アプリの虫眼鏡（🔍）のアイコンをタップすると表示される画面です。発見タブにはユーザー各人の興味関心に合わせた投稿が表示されます。**インスタグラムでフォロワーを増やすためには、発見タブにどれだけ表示されるかがとても重要な指標です。**

発見タブは、顧客に繋がる可能性の高い場所でもあります。

発見タブに表示されるのは、そのユーザーの興味関心に基づいた投稿です。つまり、発見タブに表示されるということは、**有望な見込み顧客にリーチできている**ことと同義と考えて間違いありません。

投稿の「保存数」を上げる

前節でも触れましたが、「バズ」を生み出すには投

● 発見タブ経由で見込み客と繋ぐことができる

稿の「**保存数**」を上げることが重要です。

「保存数」には2段階あります。最初は「**フォロワーに対する保存数**」です。この第1段階で一定の保存率がクリアできれば、「発見タブ」のステージに引き上げられます。第2段階は「**非フォロワーも含めたリーチに対する保存数**」へと変わります。

筆者の経験では、**「いいね！」数を上回る保存数**を狙うことが、目指すべき1つの指標です。「保存率」を上げる投稿の作成方法は、3時限目05「滞在時間と保存数アップに有効な『文字入れ投稿』」（141ページ）を参照してください。

なお、「このアカウントはどういう情報を発信しているか」という**シグナル**をインスタグラムのシステムに十分伝えていることが前提です。発信するジャンルの情報が認識されているからこそ、アルゴリズムによ

●「発見タブ」で「バズ」る仕組み

1. 第一の保存率
＝保存数／フォロワー数

2. 第二の保存率
＝保存数／リーチ数

発見タブでの露出が増え
投稿がバズる状態に

保存率を上げていくと、「発見タブ」での表示が増えていく

って適切なユーザーの発見タブに表示されるのです。
インスタのアルゴリズムに関しては3時限目02「アルゴリズムを理解する」（112ページ）で解説します。

2 「ハッシュタグ検索」による拡散

「**ハッシュタグ検索**」とは、発見タブの検索窓に、ハッシュタグ（#）を付けて知りたいキーワード（例「#沖縄ホテル」「#渋谷カフェ」など）検索をすることです。ハッシュタグで検索すると、そのハッシュタグがついている投稿が表示されます。「最新」と「人気」のタブで表示分けができます。ハッシュタグ検索は、ユーザーが探したいモノやコトが明確に決まっている場合に活用されます。

インスタグラムのハッシュタグは「フィード投稿」「ストーリーズ」「リール」に記載できます。ニーズが顕在化している能動的なインスタグラムユーザーへの有効なチャネルといえるでしょう。

「**日本のインスタグラム利用者がハッシュタグ検索をする回数は、グローバル平均の3倍**」というデータがあり、国内ではハッシュタグ検索が活発です。発見タブの次にハッシュタグ経由からのファン獲得もマストです。「ハッシュタグ」における具体的な拡散戦略は3時限目02「アルゴリズムを理解する」（112ページ）で説明します。

3 「ストーリーズ」による拡散

「**ストーリーズ（ストーリー）**」は、24時間で消えるフルスクリーン型投稿機能です。フォロワーにしか表示されないストーリーズ（や248ページで解説するライブ配信）は**既存のファンと深い関係性を築くことができる機能**です。

ストーリーズはフォロワーしか閲覧できない機能ですが、ここを起点に稀に「バズ」が生まれることがあります。例えば、ある企業がフィードで告知をしたキャンペーンをフォロワーがキャプチャしてストーリーズでシェアし、それを見た他のフォロワーが同様にシェアをして拡散、といったケースです。ストーリーズは投稿が24時間で消えてしまうので、ユーザーにとっては気軽に他アカウントのコンテンツをシェアしやすいのです。ストーリーズ活用のコツは234ページで紹介します。

4 「リール」による拡散

インスタグラムの比較的新しい機能である「**リール**」は、最長60秒の短尺動画を閲覧・投稿する機能です。

発見タブと同様、リールもフォローされていないユーザーにリーチできます。**リールでも再現**

性のあるバズを作れるため、新規フォロワーを増やしていくことが可能です。リールに関するより詳しい攻略には、5時限目03「リールの攻略」（242ページ）を参照してください。

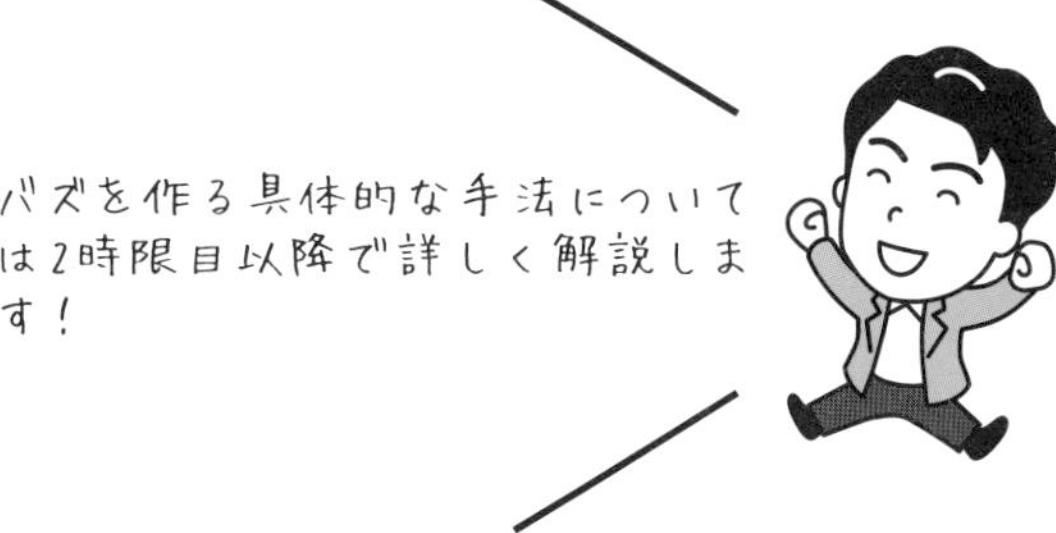

バズを作る具体的な手法については2時限目以降で詳しく解説します！

ここがポイント

- 「発見タブ」で拡散するには、「保存率」を上げよう
- 日本のインスタユーザーは特に「ハッシュタグ検索」が盛ん。
- 「ストーリーズ」で拡散するには、シェアやタグ付けをお願いしよう
- 「リール」はフォロワー以外へのアピールができる。再現性のあるバズを狙って新規フォロワー獲得に役立てよう。

2時限目

インスタグラムで成果を出すための手法と考え方

インスタで成果を出す考え方や、実際の手法について解説していきます。

01 目的・目標を明確にする

インスタグラムで成果を出すための最初の一歩は、「**目的・目標を明確化すること**」です。目的・目標とは大きく分けて次の2つです。

- **機能別の目標（数字）**
- **誰のために、どんな価値を提供するのか**

前者は**収益を最大化するための定量的な目標**、後者は**インスタグラムを通じて伝えたい自社（ブランド）としての存在意義（コンセプト）**を指しています。これらをはじめに明確にしておくことで、どこに向かって走っているのか、成果としては十分なのかを把握することができます。運用開始後に変更しても問題ないので、まずはこの2つをチーム内で言語化できるようにしましょう。

ここからは成果を出すための具体的な手法を解説していきます。まずは目的・目標の設定です。

1 「マーケティングファネル」という考え方

「目的・目標」の話に入る前に、マーケティングの重要な考え方を紹介します。それが「**マーケティングファネル（パーチェスファネル）**」です。

「フォロワーの新たな獲得」「ロイヤルカスタマーの育成」「購入率の向上」など、2時限目以降で紹介するすべての施策は、この「マーケティングファネル」の考え方がベースにあります。この考え方を身に付けておくと、なぜその施策をやっているのか、などアクションごとの理解が深まり、実践に繋げやすくなります。

「マーケティングファネル」とはどういうものか説明します。下の図のように、消費者が商品を購買するまでの行動を「認知」「興味関心」「比較検討」「購買・購入」の4つに過程に分けてモデル化したものです。

見込客は「認知」「興味関心」「比較検討」「購買・購

● マーケティングファネル（パーチェスファネル）

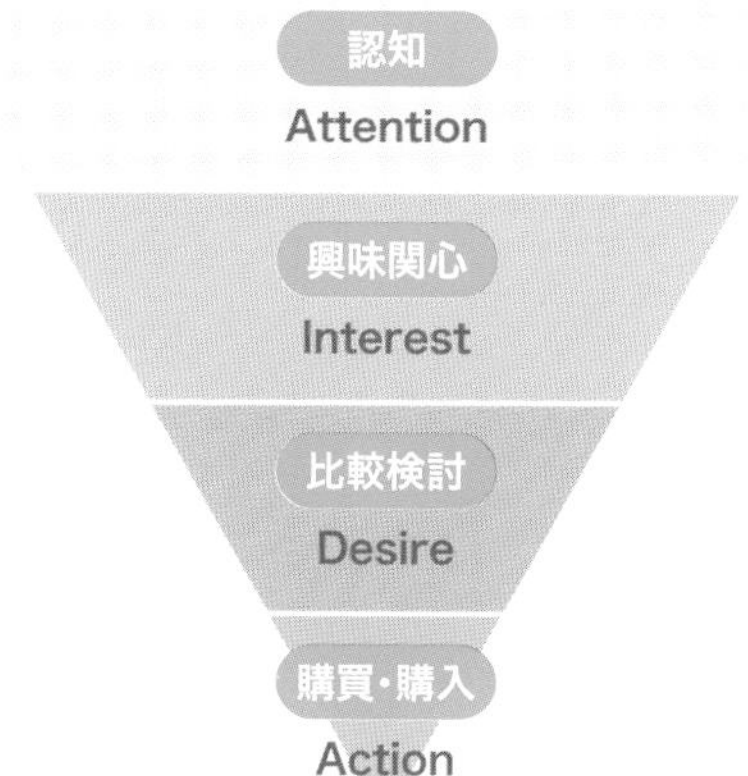

入」と段階を経るごとに数が減少して絞られていくことから、逆三角形の漏斗の形をしているのが一般的です。ちなみに別名「**パーチェスファネル**」とも呼ばれ、「パーチェス」は「購買・購入」、「ファネル」は「漏斗」を意味します。

2 ファネルごとにある目標数値を認識すること

インスタグラムでは、消費者の購買行動「**認知**」「**興味関心**」「**比較検討**」「**購買・購入**」の4つのプロセス（ファネル）に呼応させる形で、各アクションの（目標）数値を算出することができます。

- **「認知」…「リーチ数」（＝投稿やアカウントが届いた人数）**
- **「興味関心」…「フォロー率」（＝新たなフォロワー数／リーチ数）**
- **「比較検討」…「エンゲージメント率」（＝インタラクションの数／リーチ数）**
- **「購入」…「外部リンクへの誘導率（タップ率）」（＝リンクのタップ数／ストーリーズの閲覧数）**

これはあくまでもわかりやすい一例で、ブランドごとにインスタグラム上で求めるアクションは異なります。例えば「認知」はインプレッション（表示回数）で、「興味関心」は「いいね！」数でとるなどといった運用も可能です。

このようにファネルごとに数値（率）が算出できるので、それぞれに対して、自社のアカウントの目標数値を設定することが大切です。

各ファネルごとに目標設定するのは、第一の目的は収益（売上）の向上という最終目的に繋げるためです。次の目的として、インスタグラムで成果を上げるためには各ファネルごとの改善が必要になってくることが挙げられます。各ファネルに該当する目標を理解していれば、『認知』にあるリーチ数を高めないと、新規フォロワーや『いいね！』などのエンゲージメントも増えない。それによりストーリー閲覧数も減り外部誘導に繋がらない」など、どこがボトルネックになっているのかが認識でき、改善策も立てやすくなります。ファネルごとの目標数字を意識して取り組むようにしましょう。

3 誰のために、どんな価値を提供するのか

インスタグラムユーザーは有益性、再現性、共感性あるコンテンツを求めています。

それに応えるためには、ターゲットとなる**ユーザーの行動変容まで促すコンテンツを提供する**必要があります。そのためには「誰に」どんな情報を届け「どんな価値を提供するのか」を明確にして臨みましょう。

ターゲット像はざっくりと。投稿ごとに細かいペルソナを設定

例を挙げて解説します。「エシカルファッション系のレディースブランド」であれば、ターゲットを「30代女性」と設定し、「サステナブルについての知識が増え、**SDGs**へのアクションをアップデートできる」ことを価値として提供する、といった具合です。

その際、**アカウントのターゲットは細かく設定しない**ことです。「30代女性」のようなアバウトなセグメントにした上で、**投稿ごとに細かくペルソナを設定**して企画を方向づけしていくのがいいでしょう。なぜなら**最初はどういうコンテンツが高いエンゲージメントを取れるかがわからないから**です。それを見つけ出すまでは、投稿ごとにペルソナを変えて、新たな企画を考えていく必要があります。

また、そのターゲット（ペルソナ）が日頃どんなことに「**不便**」「**不満**」「**不安**」などを感じているのかを意識して作成すると、よりターゲットが共感できる有益なコンテンツ（投稿）を提供できます。

ターゲットとペルソナについては4時限目02「アカウント設計について」でも詳しく解説します。

アカウントのコンセプトは簡単に変えない

アカウントのコンセプトは頻繁に変えずに一貫させることが重要です。プロフィールにアクセ

スした人がアカウントを見て、フォローするメリットが一瞬でわかるよう統一感を持たせましょう。

3時限目02で詳しく解説しますが、一貫した情報の発信は「インスタグラムに対して特定のシグナルを送る」ことです。先の例で言えば「サステナブルに関する情報を発信するアカウント」とシステムに認識させるイメージです。

これは発見タブで適切なターゲットにリーチするための下地となるので、インスタグラムを攻略する上で非常に大切な考え方です。戦術レベルで投稿内容をいくら改善しても、アカウントに一貫性がないとインスタグラムは評価できません。

ここがポイント

- 運用改善を行うには構造化した「マーケティングファネル」の考えが重要
- ファネルごとにある目標数値を認識すること
- ファネルの構造と目標値を理解すれば、課題も認識できる
- 『誰に、どんな価値を提供するのか』を明確にする
- 投稿ごとにペルソナや企画を設定する
- ターゲットの「不便」「不満」「不安」などを解消する企画を立てること
- 一貫性のあるアカウントのコンセプトのもと、投稿を改善していく

02 プロアカウントを開設する

インスタグラムのアカウントを、プロアカウントへ切り替えているでしょうか？

「**プロアカウント**」とは、インスタグラムをビジネスに利用したいときや、自分自身や自分の作品を宣伝したいときに使うアカウントのことです。プロアカウントに切り替えることで、プロフィール欄に「**お問い合わせボタン**」を設置できたり、「**インサイト**」（分析ツール）などの機能を使えたりするようになるため、多くの企業やインフルエンサーに利用されています。

プロアカウントには「**ビジネスアカウント**」と「**クリエイターアカウント**」の2種類があります。ちなみに管理者機能としては大きな違いはありません。インスタグラムを組織として使うのか、個人として使うのかで使い分けることが可能です。

- **ビジネスアカウント：小売店、ブランド、組織向け**
- **クリエイターアカウント：著名人、アーティスト、インフルエンサー向け**

1 プロアカウントの3つのメリット

「プロアカウント」開設には、次の3つのメリットがあります。

ビジネスプロフィールが作成できる

「プロアカウント」では、個人アカウントのプロフィールページに掲載できなかった「電話」「メール」「道順」「予約する」という企業・店舗情報を設定できます。

さらに2020年より「**Uber Eats**」や「ぐるなび」などの外部サービスと連携すれば「アクションボタン」を設置できるようにな

● ビジネスアカウントとクリエイターアカウントのマイページ

りました。「料理を注文する」や「予約する」「チケットを購入」などのボタンがあるので、ユーザーの購買行動を促進できます。

インサイト機能で投稿データ分析などができる

プロアカウントを開設すると、インスタグラムが無料で提供しているデータ解析機能「**インサイト**」を活用できます。インサイトでは「フィード」「ストーリーズ」「リール」「ライブ動画」に対するユーザーの属性や反応、流入経路などのデータを確認できます。

通常のアカウントでも大まかな投稿やストーリーなどのインサイトを見ることは可能ですが、より

● インサイト機能

● アクションボタンの設置

詳細な情報を得ることができます。インサイトを分析して、情報発信の方法やフォロワーの獲得から企業の宣伝や利益に繋がるような戦略を練ってみましょう。

広告を出稿できる

プロアカウントに切り替えることで、一般アカウントでは行うことのできない「**宣伝**」を行うことができます。

例えば、反応率が高かった投稿を、商品購入ページに遷移できる状態で（任意のURLを設置して）、フォロワー以外のユーザーにもリーチすることができます。もちろん有償です

● アプリ上から広告出稿可能

● PCからインスタグラムに予約投稿が可能

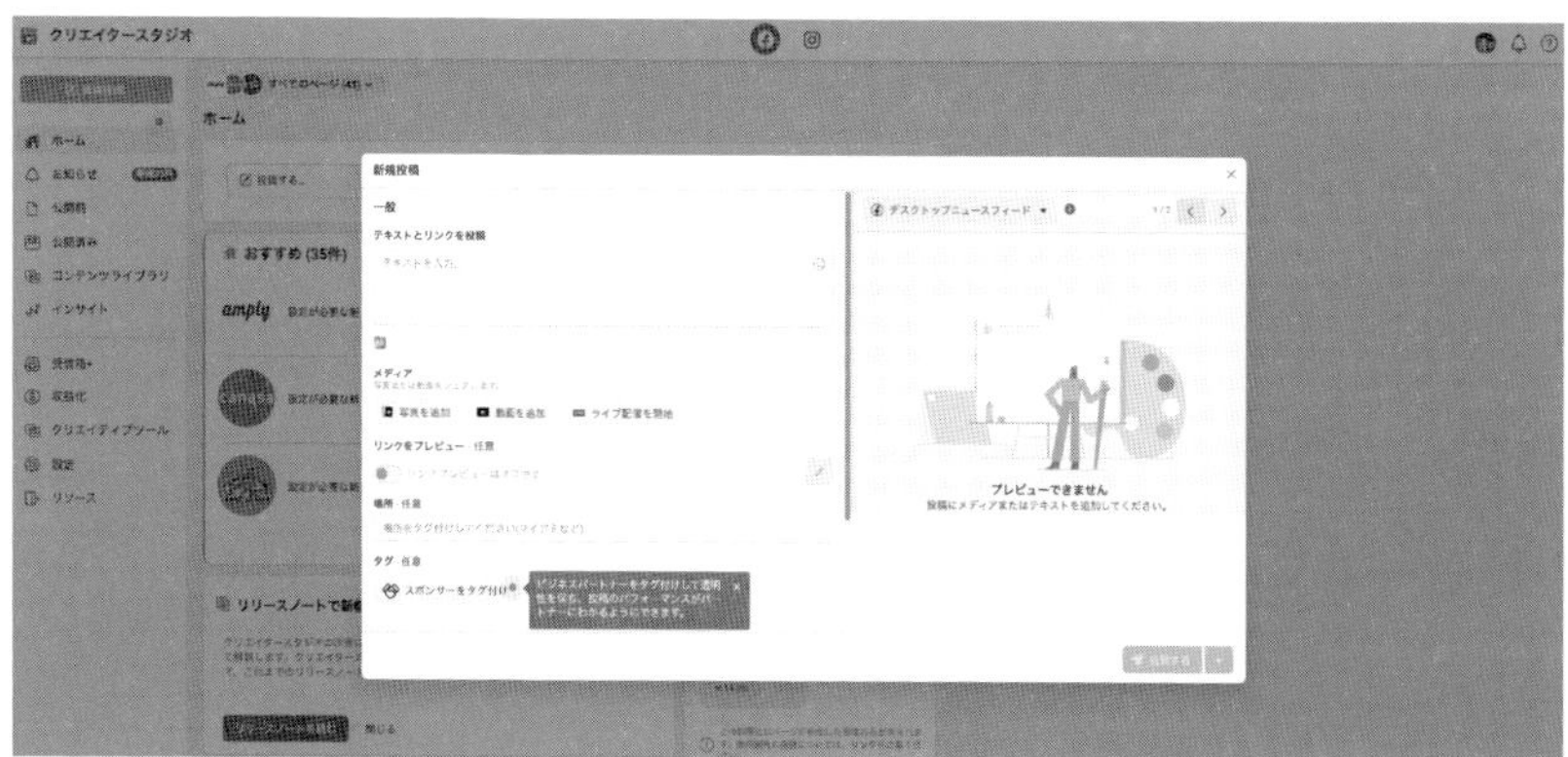

が、ビジネスを拡大させるために重要なツールといえるでしょう。

予約投稿ができる

記事執筆時点、ＰＣからのみですが、プロアカウントにするとクリエイタースタジオを使って予約投稿ができます。インスタグラムは、従来からスマホで下書きはできるものの、予約投稿はできませんでした。プロアカウントにすることで投稿を予約でき、運用の効率化が図れます。

2 ビジネスアカウントとクリエイターアカウントの違い

プロアカウントのビジネスアカウントとクリエイターアカウントの違いを解説します。

アクションボタンの内容の違い

プロアカウントになると、プロフィール欄に電話やメール、住所、席予約などのアクションボタンを設けることができますが、アクションボタンの内容に違いがあります。クリエイターアカウントで使えるボタンは「電話」「メール」のみです。実店舗への集客を考える場合は「住所」や「席予約」などのアクションボタンも設置できるビジネスアカウントがお勧めです。

ショッピング機能（ShopNow）

ショッピング機能を使えば、インスタ上で投稿した画像にECサイトへのリンクを直接貼れるので、売上アップが実現しやすくなります。この機能は一部のクリエイターを除き、現在はビジネスアカウントでしか使用できません。インスタグラムを使って商品を売りたい場合はビジネスアカウントを選択しましょう。

なお、インスタグラムはShopNow機能をクリエイターにも拡充すると発表していて、試験運用も開始されています。今後仕様変更の可能性があるので最新情報をチェックしてみてください。

3 プロアカウントの設定方法

プロアカウントを設定する際、以前はフェイスブックページと連携する必要がありました。しかし、現在はフェイスブックページがなくてもプロアカウントを開設できます。プロアカウント開設は、既存のインスタグラムアカウントのプロフィールから行います。

1 「プロフィール」ページの「設定」をタップする

プロフィールの右上にあるメニューボタン（☰）をタップし、表示されたメニューの「設定」をタップします。

2「プロアカウントに切り替える」をタップ

設定画面の「アカウント」をタップして、青文字で表示されている「プロアカウントに切り替える」をタップします。

3「カテゴリー」を選択する

プロアカウントの説明が表示されるので「次へ」をタップします。「カテゴリを選択」画面では、自社のビジネス内容に該当するカテゴリを選択して「次へ」をタップします。

4「クリエイター」「ビジネス」の選択

「クリエイターアカウント」と「ビジネスアカウント」の選択画面が表

● プロアカウントへの切り替え

● アカウントのカテゴリを設定

示されるので、該当する方を選び「次へ」をタップします。

5 公開用「メールアドレス」「電話番号」「住所」の入力

「連絡先情報を確認してください」画面が表示されたら、「メールアドレス」「電話番号」「住所」などを入力してください。プロフィールページに「連絡先」ボタンが現れ、タップすると詳細な連絡先が表示されて顧客の誘導に活かせます。必要ない場合は「連絡先情報を使用しない」をタップします。なお、連絡先情報は後から編集・削除が可能です。

● アカウントの種類を選ぶ

6 「フェイスブックページ」と連携する

フェイスブックページを持っている場合はここで設定しましょう。フェイスブックページがない場合は、インスタグラムの「ショッピング機能」が申請できません。自社商品などがあれば、この機会にフェイスブックページの登録をお勧めします。フェイスブックページがない場合は「今はフェイスブックにリンクしない」をタップしましょう。

7 プロアカウント開設完了

以上でプロアカウントが開設できました。プロフィールページを確認すると個人アカウントにはなかった「広告」「連絡先」ボタンが表示されます。

4 「インサイト」機能

プロアカウント開設によって利用できるようになったインサイト機能では、アカウントのフォロワーのエンゲージメント状況や年齢、性別や地域、流入経路、アクセスの時間帯、などがわかります。また「フィード」や「ストーリーズ」の個々の投稿に対するユーザーのリアクショ

● インサイトの画面

ンなども確認できます。

インサイトで確認できるデータ

プロフィールのインサイトで確認できるデータは主に次の5つです。

- リーチしたアカウント数
- コンテンツでのインタラクション
- あなたのオーディエンス（合計フォロワー）
- あなたがシェアしたコンテンツ（フィード投稿）
- あなたがシェアしたコンテンツ（ストーリーズ）

他にもリール、IGTV、ライブ配信などの数字も確認できます。
プロフィールに次の項目を設定している場合もデータを確認できます。

- 店舗住所のタップ数
- メールアドレスのタップ数
- ウェブサイトのタップ数

インサイト機能が利用できると、投稿を分析できるようになり、投稿の改善が可能になります。

「リーチしたアカウント数」

「リーチしたアカウント数」とは、アカウント全体の投稿を見たユーザーの数です。アカウント単位で数えるため、同じ人が同じ投稿を複数回見ても「1」と数えられます。

「リーチしたアカウント数」をタップすると、インプレッション数（投稿の表示回数）や曜日ごとのリーチ数などが確認できます。またそこではプロフィールのアクセス数も確認することができ、ここの数字をフォロー増加数で割ることでフォロー転換率を算出することができます。

「コンテンツでのインタラクション」

閲覧だけでなく、他のユーザーが自身の投稿に対して、「いいね！」や「コメント」「保存」「シェア」といったアクションをした回数が表示されます。

「コンテンツでのインタラクション」をタップすると、「フィード」と「ストーリーズ」「IGTV動画」「ライブ動画」について個別のインタラクションが確認できます。

「オーディエンス（合計フォロワー）」

ここにはインスタグラムでの自社アカウントの合計フォロワー数が表示されます。

フォロワーが100人以上になると、フォロワーについての詳細データも閲覧できます。次に詳細データの例を紹介します。

- 過去1週間におけるフォロワーの増減
- 年齢構成の割合
- 男女比率
- 居住地
- フォロワーが閲覧する曜日・時間帯

など

「あなたがシェアしたコンテンツ（フィード投稿）」

自社アカウントで過去1週間に投稿した「フィード」件数が表示されます。ここをタップすると「フィード」投稿に関する詳細なデータを確認できます。

また、画面上部にあるタブをタップすると画面が切り替わります。例えば、指標から「保存数」、期間から「過去6カ月」を選べば、その2つの項目でフィルターがかけられ「フィード」投稿が並び替わります。

● フィード投稿のソート条件

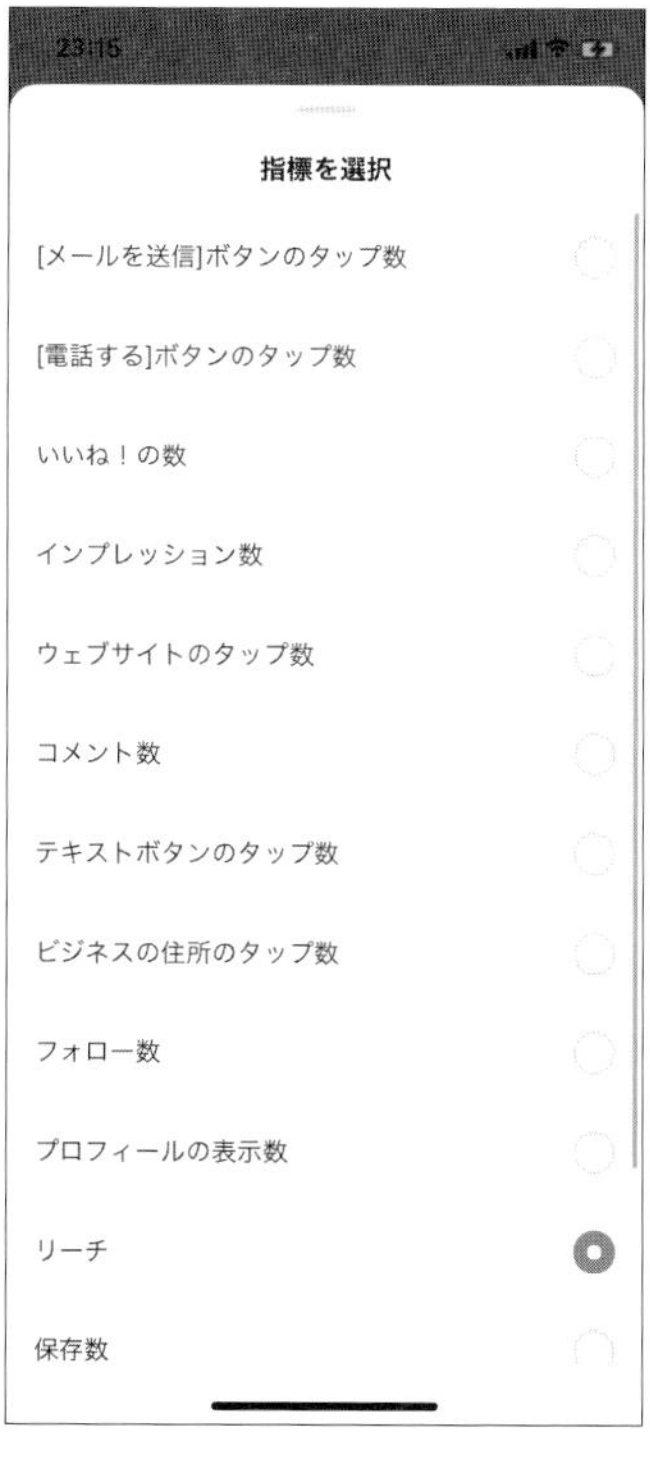

23:15

指標を選択

[メールを送信]ボタンのタップ数
[電話する]ボタンのタップ数
いいね！の数
インプレッション数
ウェブサイトのタップ数
コメント数
テキストボタンのタップ数
ビジネスの住所のタップ数
フォロー数
プロフィールの表示数
リーチ
保存数

「あなたがシェアしたコンテンツ（ストーリーズ）」

自社アカウントで過去1週間に投稿した「ストーリーズ」が一覧で表示されます。ここをタップすると、「フィード投稿」と同様に、条件を変更すればフィルターをかけられ「ストーリーズ」投稿を並び替えることが可能です。

5 フィード投稿のインサイト機能

インスタグラムのインサイトは、各「フィード」投稿からも閲覧できます。「フィード」投稿の画像の左下にある「インサイトを見る」をタップすると「投稿インサイト」の上部が表示されます。上方向にスワイプすると、次の項目が確認できます。

- **エンゲージメント数（「いいね！」、コメント、シェア、保存の数）**
- **プロフィールへのアクセス**
- **インタラクションの数（プロフィールの閲覧数）**
- **発見**

フォロー
リーチ数
インプレッション数（ハッシュタグ／ホーム／発見／プロフィール／地域／その他）

いいね！（♥）

この投稿の「いいね！」がタップされた数です。

コメント（💬）

この投稿にコメントされた数です。

シェア（➤）

この投稿を他のアカウントがストーリーやDM機能でシェアした数です。

保存（🔖）

この投稿を他のアカウントが保存した数です。

プロフィールへのアクセス

この投稿からプロフィールページを閲覧した数です。

インタラクション（プロフィールの閲覧数）

「この投稿からユーザーがプロフィールページを閲覧した回数」「この投稿経由で外部サイトへ

●フィード投稿の個別インサイト

の遷移や問い合わせなどのアクションが行われた回数」などがカウントされます。

発見

この投稿がどこで閲覧されたかが分かります。この投稿でリーチしたアカウント（ユーザー数）と、非フォロワーのアカウントの割合（何％含まれているか）が記載されています。

- **フォロー**

この投稿から他のユーザーにフォローされた数です。

- **リーチ数**

この投稿を閲覧したユーザーの数です。

- **インプレッション数**

この投稿の表示回数となり、その内訳となる詳細な数値が確認できます。

- ハッシュタグ：ハッシュタグ検索での表示回数
- ホーム：他ユーザー（フォロワー）のホーム画面で表示された投稿の回数
- プロフィール：「検索」の検索窓でアカウント名などを入力してプロフィールページから表示される回数
- 発見：「発見」タブの画面で一覧に表示された回数
- その他：ＤＭや保存、ＵＲＬ直打ちや位置情報検索などで表示された回数

6 ストーリーズ投稿のインサイト機能

各ストーリーズ投稿の画面左下にある「○人が既読」をタップすると、このストーリーズを閲覧したアカウントのアイコンが表示されます。アイコンの左上にあるグラフマークをタップすると、次の項目が確認できます。

インタラクション

ストーリーズからユーザーがプロフィールを閲覧した回数や、コメントした回数などがカウントされます。

● **リンクのクリック**

ストーリーにURLを設置した際に表示される指標で、外部サイトへの誘導数です。1万フォロワーを超えるとURLの設置が可能になります。

● **プロフィールへのアクセス**

ストーリーズからプロフィールへ

● ストーリーズの個別インサイト

ージが閲覧された回数です。

- **スタンプのタップ数**

ストーリーズにあるハッシュタグ、位置情報、商品スタンプなどをタップされた回数です。

発見

ストーリーズにリーチしたアカウント（ユーザー数）が確認できます。

- **インプレッション数**

ストーリーズが表示された回数です。

- **フォロー**

ストーリーズからフォローに至ったユーザー数です。

- **ナビゲーション**

「次へ」「戻る」などの合計数です。

- 戻る：ストーリーズの前の写真（または動画）を見るためにタップされた回数
- 次へ：ストーリーズの次の写真（または動画）を見るためにタップされた回数
- 次のストーリーズ：次のユーザーアカウントのストーリーにスキップするためにスワイプした回数
- ストーリーズからの移動数：ユーザーが自分のフィード（トップページ）に戻るために離脱した回数

7 リール投稿のインサイト機能

各「リール」投稿の画面右下にある「…」をタップし、「インサイトを見る」をタップすると次の項目が表示されます。

発見

- **リーチしたアカウント数**
動画を閲覧したユーザー数です。
- **再生数**
動画が再生開始された回数です。

インタラクション

- **いいね！**
動画につけられた「いいね！」の数です。
- **コメント数**
動画につけられたコメントの数です。
- **シェア数**

● リールの個別インサイト

動画がストーリーやＤＭ機能でシェアされた回数です。

- **保存数**
動画が保存された数です。

8 ライブ動画のインサイト機能

アーカイブを残さずライブ動画を破棄してもインサイトデータは保存されます。ライブ動画のインサイトでは次の項目が確認できます。

リーチ

- **リーチしたアカウント数**
このライブ動画を３秒以上視聴したユーザー数です。

- **ピークの同時視聴者数**
このライブ動画を同時に視聴した最多のユーザー数です。

● ライブ動画の個別インサイト

ライブのインタラクション

● コメント数

ライブ動画中に寄せられたコメントの数です。

● シェア

ライブ動画中に視聴者がシェアした数です。

9 インサイトで投稿の反響がわかる

インサイト機能で、制作した投稿や企画したライブ配信などの反響がわかります。検証することで、どういう企画やコンテンツがユーザーに評価されるのかが定量的につかめるようになります。

経験や感覚だけで企画していると、収益に繋がるものが作れません。自社が考えているターゲットが求めているニーズをいち早く見つけ、応えていくためにも、インサイトのデータをフル活用しましょう。

感覚で思うニーズと、実際に反応があるコンテンツは意外に違います。分析を活かしましょう。

03 フォロワー獲得のKPIを考える

KPI（Key Performance Indicators）は、日本語では**重要業績評価指標**と言います。簡単にいうと、最終的な経営目標（売上、利益率など）に向けて達成する必要のある、間接的な数字目標（新規顧客数、継続率など）のことです。

インスタグラムをビジネス目的で運用するにあたって、必ずその先の実施理由となる売上、集客、利益率アップなど最終ゴールがあります。その目標を達成するための指標、つまりKPIの1つが**フォロワー数**です。

フォロワー数ではなく、UGC数、コメント数、DMなどをKPIに設定するところもあると思います。しかし記事執筆時点、インスタグラムでは1万フォロワー以上になると外部URLへ誘導できるようになるなど、フォロワー獲得のメリットは

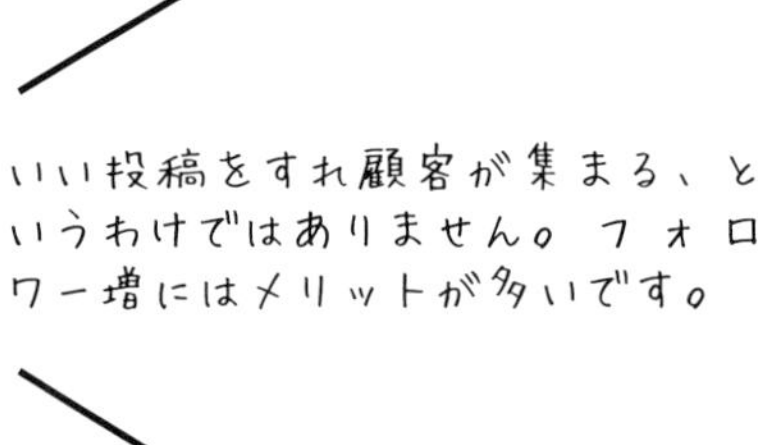

いい投稿をすれ顧客が集まる、というわけではありません。フォロワー増にはメリットが多いです。

大きいです（今後リンクスタンプで全ユーザーが外部誘導できるようになる可能性もあります）。
ここでは、フォロワー数獲得をゴールとした場合に、その最終ゴールを達成するために必要な要素を分解した上で、指標となるＫＰＩについて解説していきます。

1 なぜフォロワーの獲得が大切なのか

ＫＰＩを考える前に、そもそも「**なぜフォロワーの獲得を目指すのか**」について考えましょう。フォロワー獲得を収益に繋げる２つの方法について説明します。

フォロワー獲得を収益に繋げる2つの方法

１つ目は、外部ＵＲＬのリンクを貼りつけられる機能を利用する方法です。**1万フォロワーを超えると「ストーリーズ」に外部ＵＲＬのリンクを貼り付けられ、自社の商品（またはサービス）購入へ誘導できます**。

この機能が使えるようになったことで、売上が10倍以上増大したという企業や個人オーナーも多く、筆者自身もそのことを実感しています。フォロワー数に比例し、ストーリー経由で商品ページに良質な見込み顧客をいくらでも送客できるようになるわけです。それも無料で、何度も。これは非常に大きなメリットといえるでしょう。

２つ目は、多くのフォロワーがいることで、そのフォロワーから自社ブランドへの純粋想起を獲得できることが挙げられます。1つ目のメリットは直接売上に繋がるものですが、こちらは間接的に売上に繋がるものといえます。

フォロワーが増えているアカウントは、見込み顧客に選んでもらえる確率が高いといえます。フォロワー数に比例して売上に繋がるチャンスが増えているわけです。

顧客の日々の購買の意思決定で、どうやって自社ブランドを選んでもらう機会を増やすか。従来は、テレビCMなどの広告の大量投下でそれを実現していましたが、今は、個人ブランドでもインスタグラムを通して、同様かそれ以上のことができるようになっているのです。

2 フォロワー獲得のプロセス

新規フォロワーを獲得するためのKPIを設定するにあたって、非フォロワー（自社アカウントをフォ

● フォロワー獲得が売上増に繋がる

ローしていないユーザー）があなたのアカウントを「フォロー」するまでのプロセスを考えてみるとよいでしょう。

1 投稿する
2 エンゲージメントを獲得（保存数）
3 発見タブや#（ハッシュタグ）で露出が増える（インプレッション数）
4 投稿を閲覧する
5 プロフィールを見る（非フォロワーのプロフアクセス数）
6 フォローする（フォロー転換率）

これがインスタグラムでフォロワーが増える基本的なプロセスです。既存フォロワーからのエンゲージメント（保存数）を最大化させることで、発見タブやハッシュタグへの露出を最大化させ（インプレッション数）非フォロワーへリーチし、魅力的な投稿を通してアカウントに興味をもってもらい（非フォロワーのプロフアクセス数）、フォローしてもらう（フォロー転換率）というイメージです。

● **非フォロワーへのインプレッションからフォロー数を最大化させる**

インプレッション数

非フォロワーの
アクセス数

フォロー数

3 リーチを増やすために重要な「保存率」が最初のKPI

インスタグラムで投稿がバズった場合、その露出のほとんどが「**発見タブ**」で発生します。

1時限目05「インスタグラムでどう拡散するのか？」で説明しましたが、**保存率を上げることが発見タブへの露出を増やすための重要な指標**です。

実際はもっと複雑なアルゴリズムになっており、アカウントおよび投稿からもたらされる多くのシグナルで発見タブへの掲載判断をしています。中でも**投稿の滞在時間**を最重要視していると言われていますが、現在インサイトでは滞在時間を知ることができません。

そのため、間接的に保存率をお勧めの指標として挙げています。「いいね」は情緒的なもので一瞬でリアクションできます。しかし投稿を保存をするかどうかは、内容を吟味した上で判断されます。滞在時間をもっとも適切に表す間接指標として、今のところ保存数がもっとも適しているという判断です。

執筆時点では、インスタグラムはフォロワーへのリーチで一定の「**保存率**（リーチ÷保存数）」をクリアすると「発見タブ」に表示される仕組みになっているようです（シードアカウントなど様々な要因もありますが、その詳細は次節で詳しく解説）。

保存率の上昇で発見タブへの露出が増えると、非フォロワーが閲覧して保存数がさらに増えて発見タブへの露出度が一層高まるという好循環に入ります。まず「保存率」を上げましょう。

4 フォローされるためのKPI「プロフィールへの遷移率」

「プロフィールへの遷移率」とは、投稿にリーチしたユーザーのうち何人が投稿者のプロフィールページを訪れたのかの割合です。ユーザー視点で考えると、ある投稿をいいなと思っても、それだけでアカウントをフォローはしません。他にどのような情報を発信しているのか、フォローする価値があるのかを確認するために、その投稿者の全投稿を一覧できるプロフィールページを必ず訪れます。

「プロフィールへの遷移率」は、インサイトの「プロフィールへのアクセス」と発見にある「リーチ」の数から算出できます。

続きが見たくなる投稿でプロフィール遷移を促す

フィード投稿1つ1つを有益なコンテンツに作り上げ、い

● プロフィールへの遷移率を上げるプロセス

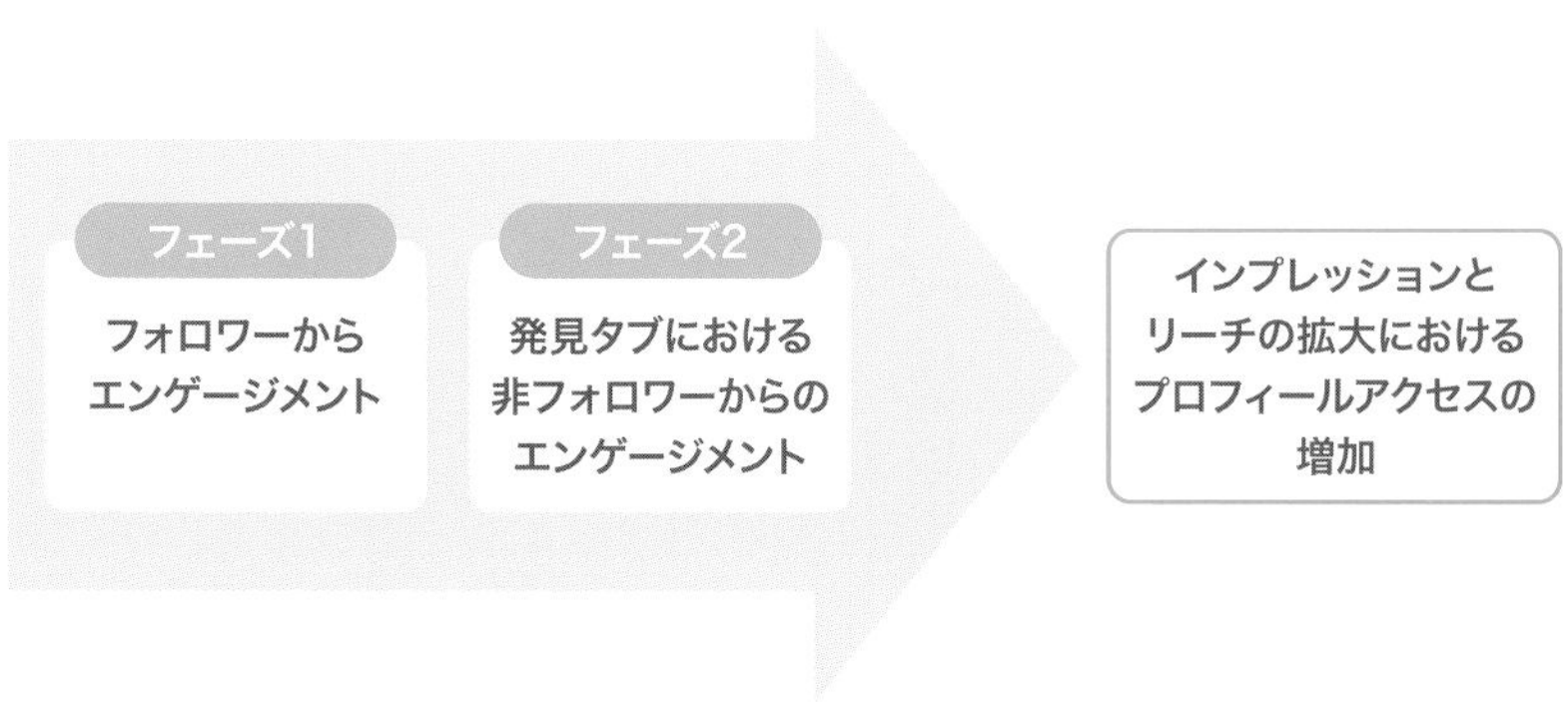

フェーズ1
フォロワーから
エンゲージメント

フェーズ2
発見タブにおける
非フォロワーからの
エンゲージメント

インプレッションと
リーチの拡大における
プロフィールアクセスの
増加

かにプロフィールに遷移させるかがポイントになります。プロフィールへの遷移を促す投稿のテクニックとして、例えばランキング形式の投稿で、1つ目の投稿を10〜5位までにしつつ、続きの4〜1位は次回の投稿でという形にすれば、エンゲージメントしたユーザーはプロフィールに遷移して4〜1位を紹介している投稿を探す行動を取る可能性が高くなります。

具体的な例を挙げましたが、このように他の投稿も見たくなるような導線を設けられるよう工夫をしてみましょう。

5 フォローするメリットをわかりやすく伝えて「フォロー率」をあげよう

3つ目のKPIは「**フォロー率**」です。フォロー率を上げるためには、**プロフィール画面の充実**が不可欠です。プロフィール画面を見れば、誰のために、どのような価値ある情報をわかりやすく伝えられているかが、ひと目でわかります。アイコン、プロフィール文言、最初に目に入る9枚の表紙画像の作り込みが、フォロー率を向上させるためにとても大切です。

「フォロー率」は「フォロー数÷プロフィールへのアクセス数」なので、各数値はインサイトの「プロフィールへのアクセス」と「フォロー」で確認できます。非フォロワーに絞ったプロフィールアクセスは確認できませんが、非フォロワーのリーチ率の推移を見ながら総合的に判断いただくのをお勧めします。

フォロー率向上のプロフィールページの作りこみ方法については4時限目04で詳しく解説します。

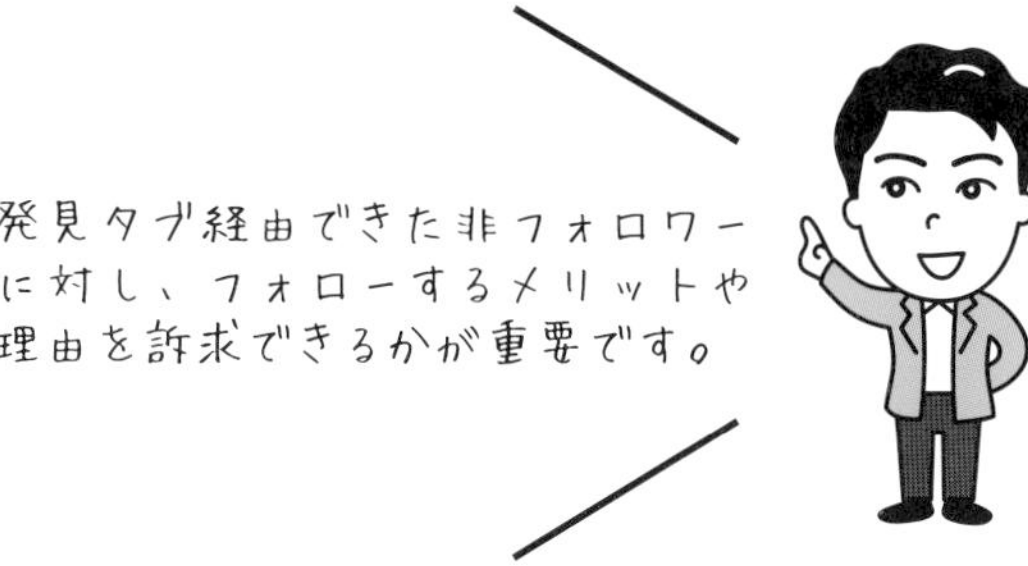

発見タブ経由できた非フォロワーに対し、フォローするメリットや理由を訴求できるかが重要です。

ここがポイント

- 1万フォロワーを超えると集客チャネルとして機能できる
- フォロワーが多いと様々な戦略を実行できる
- 「保存率」「プロフィールへの遷移率」「フォロー率」のKPIがフォロワー獲得のための指標としておすすめ
- 「保存率」を高めて、リーチ数を増やす
- 発見タブで目をひく表紙、そして良質な投稿コンテンツを通して「プロフィールへの遷移率」を上げる
- フォローする理由を明確にすることで「フォロー率」を上げる

04 PDCAの運用オペレーションを確立する

インスタグラムに限らず、SNSでは投稿したコンテンツにすぐにフィードバックが返ってきます。そのため、反応率を見ながら日々適切な改善を図っていけば、誰でも必ず成果を得ることができます。必要なオペレーション体制を整えるための5つのポイントを紹介します。

- KPIを決めて運用メンバーを揃える
- 運用スケジュールを立てる
- KPIをモニタリングして、改善案を立てる
- 要素分解をして、A／Bテストを繰り返す
- 「勝ちフォーマット」を見つける

改善可能な運用は、再現性があるということです。センスに頼らない運用ができます。

1 KPIを決めて運用メンバーを揃える

「売上」「店舗集客」「集客」など、インスタグラムを本格的に運用するにあたって何かしらの目的があるはずです。その**目的達成に繋げるためのKPIを決める**ことが、まずはじめに行うことです。

最初は「**フォロワー数**」「**エンゲージメント率**」などを目標にするのがベターでしょう。フォロワー数を増やさないと売上や集客に繋げることは難しいです。そしてフォロワー数を増やすためにはエンゲージメント率を上げる必要があり、そのためには**保存数**が重要です。

KPIを達成していくためには運用メンバーを揃える必要があります。一人で行えばスピード感は出ますが、**運用ノウハウが属人的になりすぎる**デメリットもあります。

● **目的達成のためのKPIを設定する**

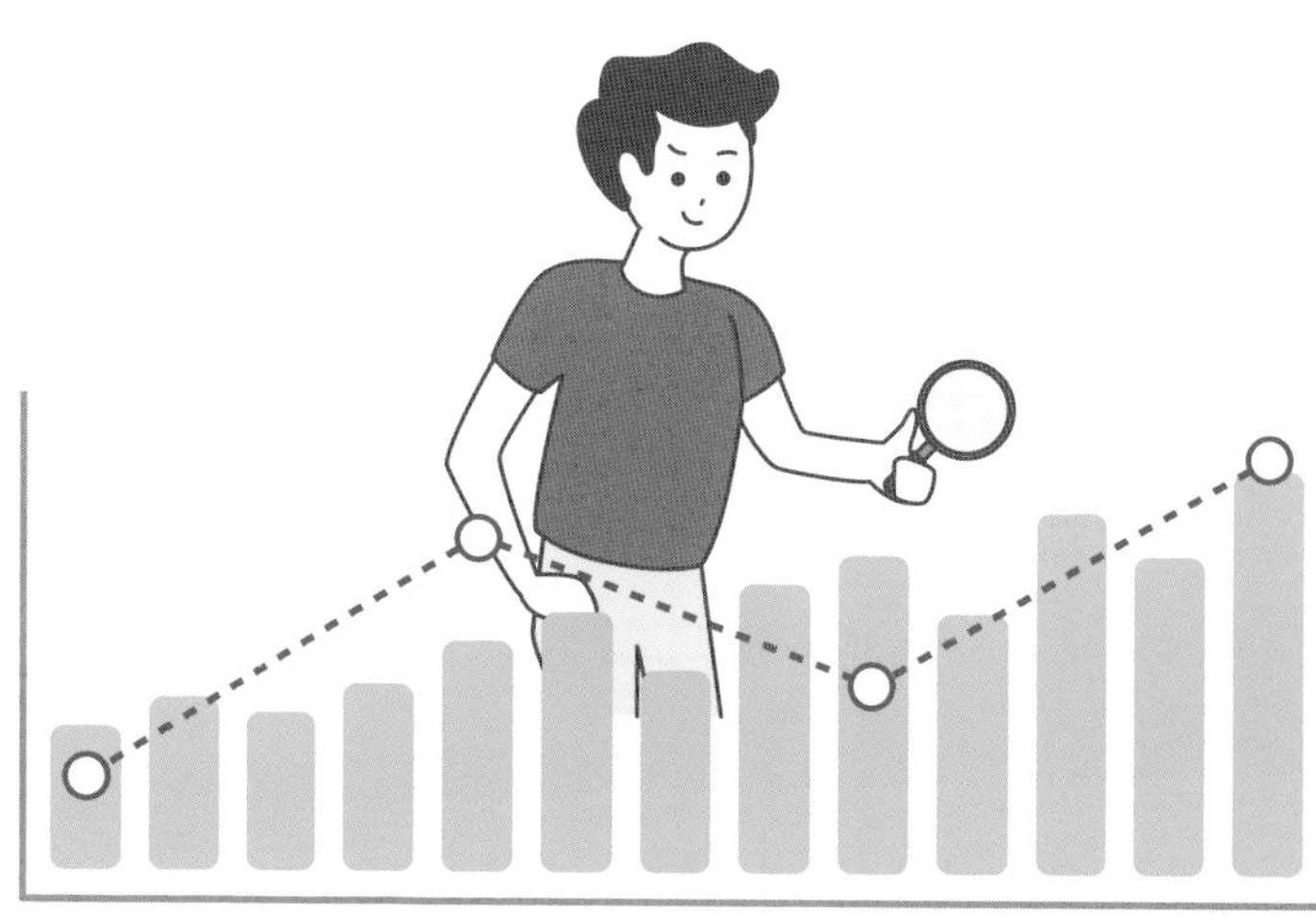

インスタグラムを運用するにあたっては、「企画」「クリエイティブ制作」「投稿」「数字分析（仮説立て）」に業務を要素分解ができます（運用体制によって異なります）。これらを一人で行うか、それとも担当者を決めて行うかを決める必要があります。

インスタグラムだけでなく**SNSにはそのユーザーにしかわからない空気感やマナーがある**ので、日常からインスタグラムが好きで活用しているスタッフをアサインするのをお勧めします。

2 運用スケジュールを立てる

運用スケジュールを作成します。お勧めは**1週間に1度、前の週の数字を振り返った上で、次週の投稿内容の企画立てを行う**ことです。例えば、水曜日に前週の月〜日のインサイトデータを振り返り、データから仮説を出して企画を立て、木曜と金曜で翌週分のコンテンツ（クリエイティブ）を作成していく、という感じです。

一方で**投稿コンテンツの新鮮さも重要**です。「これは伸びる！」という最新情報があったら、スケジュールをずらしてでも当日中に企画・クリエイティブ制作を行い、投稿までもっていけるチームの柔軟さが必要です。

例えば、スターバックスの「スタバ47都道府県フラペチーノ」が発表されたその日中には、その全まとめ投稿をしているインスタグラマーがおり、その投稿がものすごく伸びていました。

投稿後24時間では正しいデータは得られません。**伸びる投稿はじわじわと伸びていく傾向があ**

ります。フォロワーからのエンゲージメントが高い投稿は「発見タブ」で露出され始めますが、そこでの反応率を見て露出するボリュームが決まってきます。金曜日に投稿した反応データも反映するなら、次週の火曜日もしくは水曜日に振り返るのをお勧めします。

● 旬を逃さず投稿して注目を集めた例

10:52
EMME_TOKYO.JP
投稿
emme_tokyo.jp
限定!スタバ地元フラペ
1/10
いいね!: fe___826、他
emme_tokyo.jp 6/30〜47都道府県の地元限定フラペチーノが登場!!!
争奪戦になること間違いなしなので... 続きを読む
コメント179件をすべて見る

約7万いいね!がついており、この投稿は数百万人にリーチしていると考えられる

3 KPIをモニタリングして、改善案を立てる

毎週、KPIの各指標をエクセルなどのスプレッドシートにして、数値を可視化しましょう。その際、どういったフィードを投稿したかも確認できるようにまとめておくと、どの投稿が良かったのか悪かったのか、またエンゲージメント率の推移などを可視化できます。

これにより、チーム内で情報の共有が進み、暗黙知になりがちなインスタグラムの運用を、**再現性を持ったノウハウ**にできます。

追うべきKPI指標は、投稿ごとの「**リーチ**」「**リーチに対する保存率**」「**発見タブへの露出**」「**プロフィールへの遷移率**」「**フォロー率**」などです。中でも重要なのが**リーチに対する保存率**で

す。保存は滞在時間と相関のある指標でもあるので、この数字が各ＫＰＩに効いてくるセンターピンといえます。

4 Ａ／Ｂテストを繰り返す

企画や画像デザインは、参考になるアカウントをもとに、日々ブラッシュアップしていき、伸びる投稿フォーマットを見つけることが重要です。詳細は次節「ベンチマークアカウントを参考に、独自『勝ちフォーマット』を見つける」で説明します。

仮説を立ててデザインや要素の一部分を変えてユーザーの反応率を検証していくことを「**Ａ／Ｂテスト**」と言います。あらゆるウェブサービスで広く採り入れられている検証方法の1つです。

5 オリジナルの勝ちフォーマットを

「**勝ちフォーマット**」とは、Ａ／Ｂテストを繰り返し行うことで見出した、**一番高いＫＰＩを生み出せる投稿の型**（テンプレート）のことです。

Ａ／Ｂテストの目的は、投稿の「勝ちフォーマット」を見出すためです。ブランドごとにターゲットやコンセプトが違うように、インスタグラムのアカウントごとに「勝ちフォーマット」はそれぞれ異なります。勝ちフォーマットのテンプレートをベースに、コンテンツ企画やクリエイティブを制作していくことで、再現性高く数字を伸ばせます。

安定した運用ができるオペレーションを構築し、A／Bテストでトライ&エラーを繰り返して、いち早く「勝ちフォーマット」を見出すこと。それが、インスタグラムで成果を出すための近道だと言えるでしょう。

次節ではその勝ちフォーマットにもっとも早くたどり着くためのコツについて解説します。

投稿ごとに「キャッチコピー」「背景画像」「デザイン」「企画」など、1要素のみ変更して比較しよう。

ここがポイント

- KPIを決めて運用メンバーを揃える
- 運用スケジュールを立てる
- KPIをモニタリングして、改善案を立てる
- A／Bテストを繰り返す
- 勝ちフォーマットを見つける

05

ベンチマークアカウントを参考に独自「勝ちフォーマット」を見つける

「勝ちパターンを見出す」のは、保存率の高いインスタグラムの投稿やクリック率の高い広告クリエイティブ作成に限らず、あらゆる事業において必要なことです。

ゼロからクリエイティブやコンセプトを作り出す必要はありません。先駆者たちのノウハウを参考にしながら、自分たちの「勝ちパターン（勝ちフォーマット）」を見つけるのが近道です。

ティックトックの「ミーム」

ティックトックを見ると、この傾向が顕著です。ティックトックは「どのユーザーも同じ音楽で同じダンスやネタを発信している」という印象があるのではないでしょうか。ティックトックでは、ユーザーが自らコンテンツをゼロから考えることは稀です。

顧客から効率よく「対価」を得る「勝ちパターン」を、競合よりも早く見出しましょう。

バズっている投稿フォーマットに則ってコンテンツ作りを行います。これは「**ミーム（meme）**」と呼ばれています。

ティックトックを見ていると、ミームを踏まえた動画コンテンツが必ずお勧めに上がってきます。これはユーチューブでも同じで、バズった動画フォーマットは必ず真似され（例えば古くは「メントスコーラ」など）ユーチューブでも定番の「型」となっていきます。

最速でインスタグラムのフォロワーを伸ばすための考え方と方法を解説します。

1 「守・破・離」の考え方

勝ちパターン（勝ちフォーマット）を見つけるのに欠かせないのが「**守・破・離**」の考え方です。「守・破・離」とは、古くから武道や芸能などの世界で、その道を極めるために教わる基本的な姿勢や考え方のことです。

「守」…師に教えられた「型」を真似て「守る」こと。繰り返し行って基本を身に付けます
「破」…自分の創意工夫を交えてより良き「型」を作ることです。既存の型を「破」ります
「離」…自分らしさや独自性のある「型」を作り出し、すべての型から「離れる」ことです

古くから伝わる言葉ですが、この考えはインスタグラムの運用においても活かせます。インスタグラムはレッドオーシャンと言えるマーケットで、そこで完全オリジナルのやり方で簡単に結果を出せると考えるのはむしろおこがましいとすら言えます。

「守・破・離」の考え方に沿って、まずは「守」となる型を見つけ、徹底的に真似していくことが、結果を出すための第一歩です。まずやるべきことは、**すでに結果を出している「師」となるアカウントのリサーチ**です。

2 参考になる10アカウントをピックアップする

自社のジャンルやコンセプトで**参考にしていけそうな「型」となるアカウント10個をピックアップ**してみましょう。

「フォロワー数千以上」「エンゲージメント率5%以上」など（PCブラウザなら投稿ごとのいいねとコメント数が確認できます）、ある程度運用がうまくいっているアカウントが対象です。各種数字が極端に低いアカウントは参考にならないので注意してください。

「一番使われているデザインパターンはどれか」「反応率の高いフォーマットはどれか」といった視点で、できるだけ多くのアカウントをリサーチすることが非常に大切です。

これでインスタグラムでの人気コンテンツやデザインの相場観がつかめてきます。まずは10個のベンチマークアカウントをリストアップしてみてください。大量のインプットがないとアウトプットは出てこないので、この作業は非常に大切です。

リサーチ方法は2通りあります。

- 自社の商品やサービスに関連する「ハッシュタグ」で調べる
- 競合のアカウントから調べる

自社の商品やサービスに関連する「ハッシュタグ」で調べる

自社ターゲットの顧客が検索しそうなハッシュタグから他アカウントを調べましょう。

例えば、化粧水を扱っているメーカーであれば「保湿のコツ」「シワ改善」「肌のお手入れ」など、関連ワードハッシュタグで検索すれば、検索候補としてハッシュタグとその投稿数が表示されます。そのハッシュタグ経由で参考にできそうなアカウントを見つけ出します。

● 投稿数が多いハッシュタグの人気投稿を探す

14:24
保湿 キャンセル
上位検索結果 アカウント タグ 場所
#保湿力 投稿2.5万件
#保湿クリーム 投稿8.8万件
#保湿 投稿83万件
#保湿ケア 投稿25.7万件
#保湿化粧水 投稿1.2万件
#保湿下地 投稿2,444件
#保湿リップ 投稿3,489件
#保湿美容液 投稿1万件

競合アカウントを調べる

競合や類似ジャンルのアカウントも参考にしてベンチマークにしましょう。消費者向け商材を扱っているブランドはインスタグラムでほぼ必ずアカウント運用を行っています。

また、次の囲みのようなキーワードでグーグル検索すれば、「商材やジャンル」のキーワードをプロフィールに記載し、かつ1000フォロワー以上のアカウントを探せます。

● 「site:instagram.com k follower コスメ」の検索結果

site:instagram.com k follower コスメ
すべて　ショッピング　画像　ニュース　動画　地図

https://www.instagram.com › shiro_j...
SHIRO (@shiro_japan) • Instagram photos and videos
394k Followers, 1 Following, 1345 Posts - See Instagram photos and videos from SHIRO ... VOCE編集部／美容・コスメ・メイク・ヘア・ネイル.
含まれない: ~~k follower~~

https://www.instagram.com › fresh_...
フレッシュハウス（公式）(@fresh_house_design ...
13.1k Followers, 43 Following, 480 Posts - See Instagram photos and videos from フレッシュハウス（公式）(@fresh_house_design)
含まれない: ~~follower~~ | 含めて検索: follower

https://www.instagram.com › ...
omi プチプラ着回しコーデ (@omi08wear) • Instagram photos ...
19.4k Followers, 506 Following, 637 Posts - See Instagram photos and videos from omi プチプラ着回しコーデ (@omi08wear)

site:instagram.com k follower［商材やジャンル］

「**site:instagram.com**」は、検索対象をインスタグラムに限定しています。「K」というのは1000単位の略です。1000フォロワー以上を指定する検索キーワードです。

自分の好みは後回しにする

参考にするアカウントを調べる際に忘れてはならないのが、必ず「顧客視点で選ぶこと」です。個人的な好き嫌いは後回しにして、フラットにフォロワーが多く、投稿ごとのエンゲージメント率が高いアカウントを選ぶようにしましょう。エンゲージメント率はいいね！とコメント数をフォロワー数で割ることで算出できます。まずは3～5％以上のエンゲージメント投稿を安定的に出しているアカウントを選ぶようにしましょう。

3 デザインや企画を参考にフィードを作成

リストアップした10のアカウントをもとに（10に限らず多いほど可）、それぞれ共通するデザインやコンテンツの要素を抽出していきましょう。

同じ切り口の内容でも「勝ちフォーマット」の投稿は、エンゲージメント率がそうでないものの10倍以上になることが往々にしてあります。 同じ1万フォロワーで同じカフェを紹介していても一方は100いいね！で、もう一方は1000いいね！である、いうことがざらにあるのです。

高エンゲージメントを出している投稿やアカウントのコンセプトを徹底的に調べ、高いエンゲージメントを出せている理由を仮説を立てて言語化してみましょう。1つのアカウントだと偶然の可能性がありますが、複数アカウントや投稿で共通する要素があれば、再現性が出せる勝ちパターンと言えます。

なお、**コンテンツ内容やデザインをコピーすることは単なるパクリ**ですので、気をつけてください。あくまでヒットしている投稿やアカウントのデザインパターンやコンテンツの要素などを抽出して、自分自身のコンテンツに反映させるようにしてください。

4 A／Bテストを繰り返して最適解を見つける

「型」を参考にするのはオリジナルの「勝ちフォーマット」を見出すまでのスタート地点です。それをコンテンツに当てはめていきます。

テーマを絞る

コンテンツの企画を考える際は「**テーマを絞る**」ことが重要です。例えば、「節約」をテーマにしたアカウントを立ち上げるとします。単に「節約術」を紹介するだけでは伸びません。**「節約」というテーマでは範囲が広すぎる**からです。

「100均商品」「節約レシピ」などを節約というテーマにかけ合わせることで、よりニッチで具体的なテーマまで落とし込むことができます。「節約×子育て」「節約×生活アイテム」のようにジャンルを掛け合わせて考えると、1つ1つの投稿で反応率を上げられます。

A／Bテストで検証・改善を行う

投稿したコンテンツの反応結果を振り返り、そのデータをもとに「デザイン」や「ネタ」の一部を変更して、コンテンツの最適化を図っていきましょう。

その際「メッセージを横書きに変えた」「画像を2分割に変えた」など、どの要素を変更したのかがわかるようにして、KPIなどの数字をもとに検証・改善していくことが大切です。

5 コンテンツを改善し、ターゲットを拡張していく

自分なりの「勝ちフォーマット」を見出し、継続的なエンゲージメントを出せるアカウントが作り出せたら、次はそのフォーマットに最大限レバレッジをかけてKPIを最大化させます。近隣領域へテーマを広げたり、より深く掘り下げたりしながら、コンテンツを拡張していきましょう。

例えば、筆者が運用している「**trevary**（トレバリ）」というアカウントでは、当初は「沖縄のカフェ」のみ紹介していました。ニッチなテーマでスタートし、5万フォロワーまで増やせました。

5万フォロワーまでの勝ちフォーマットは、ずばり**「まとめ」形式の投稿**です。1つのカフェを紹介するよりも、「海が見えるカフェまとめ」というように、**1つの投稿で複数のスポットを紹介する投稿が再現性を持って高いエンゲージメントを出せる**ことを見出し、勝ちパターンを作る

ことができました。

その後、テーマを「沖縄グルメ」全般に拡張し、フォロワー増に従って「沖縄のホテル」「沖縄の観光情報」とジャンル展開していきました。

今は、そのアカウントは日本中のエリア別人気スポットまとめをメインに紹介し、別アカウントで「カフェ」「ホテル」の展開を行い、本格スタートから約2年ほどで3アカウント合計で約30万フォロワーまで増やせています。記事執筆時点、1週間ごとに数千フォロワーのペースで増えています。

ユーザーにハマる見せ方（勝ちフォーマット）が決まったら、その型を安易に変更せず、そこに載せる内容を拡張することで、ターゲットを拡大していくことが正攻法です。言い換えると、それだけ勝ちフォーマットを見出すことは難しいともいえます。

ユーザーに求められる情報の見せ方、まとめ型である「勝ちフォーマット」をいち早く見出し、本質的な自社ならではコンテンツに注力できるよう「ミーム」「守破離」という考え方を踏まえて、リサーチを日々徹底的にに行うことが大切です。

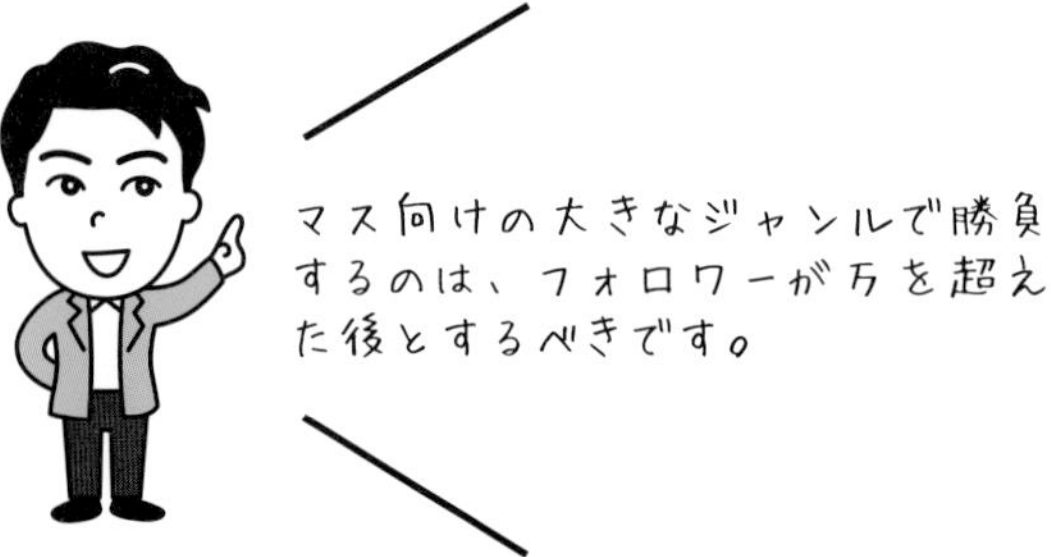

マス向けの大きなジャンルで勝負するのは、フォロワーが万を超えた後とするべきです。

● フォーマットは同じだが、内容や見せ方を改善していった例

左が2019年、右が2021年の投稿です。まとめフォーマットは変わらず、内容や見せ方を改善していきました。

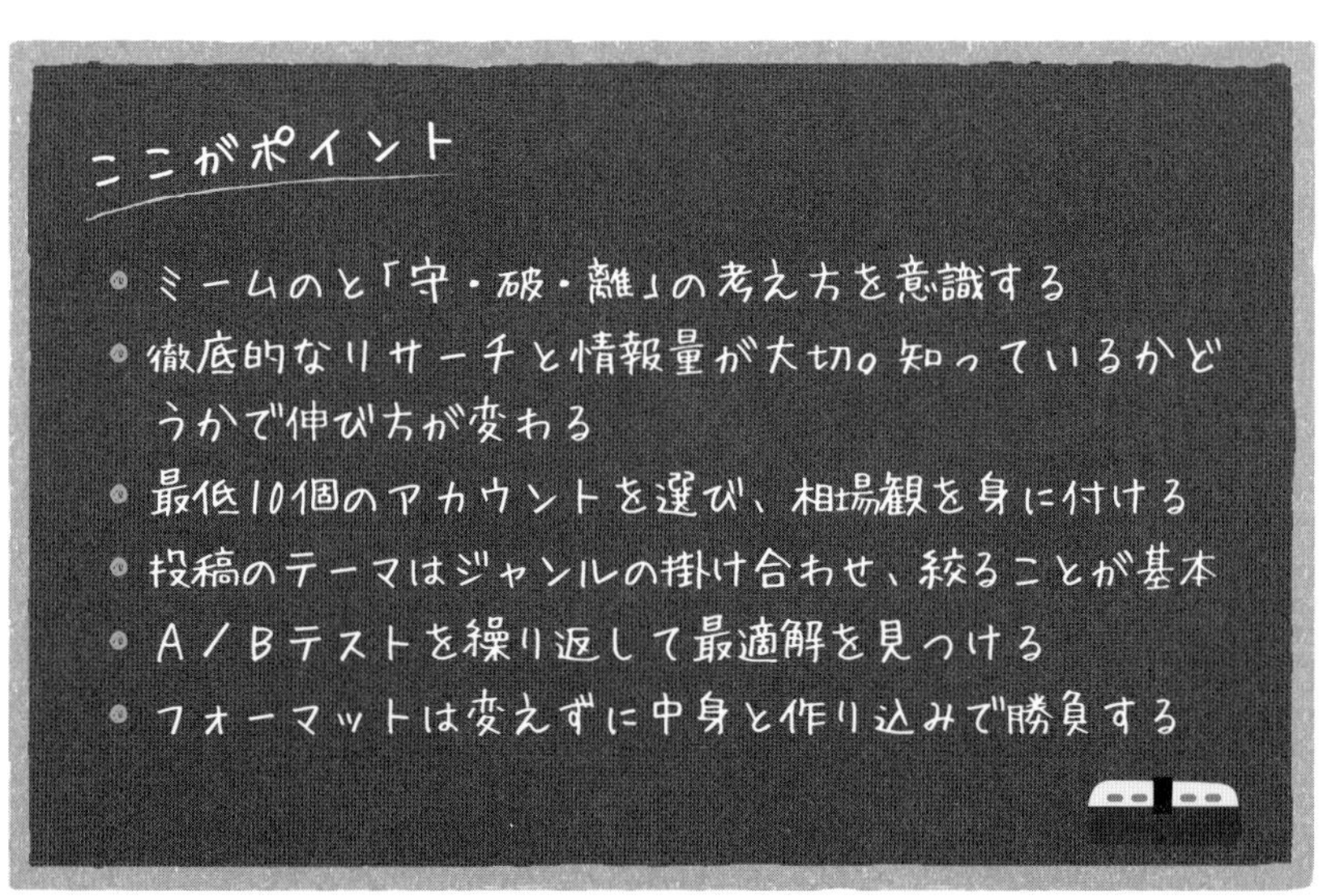

ここがポイント
ミームのと「守・破・離」の考え方を意識する
徹底的なリサーチと情報量が大切。知っているかどうかで伸び方が変わる
最低10個のアカウントを選び、相場観を身に付ける
投稿のテーマはジャンルの掛け合わせ、絞ることが基本
A／Bテストを繰り返して最適解を見つける
フォーマットは変えずに中身と作り込みで勝負する

06 投稿がまったくリーチされない？「シャドウバン」にならないために

インスタグラムでは、運営側から望ましくない行為やスパム行為と判断されてペナルティを課せられ、アカウントが閲覧されなくなったり、アカウントが停止されることがあります。それを「**バン**（BAN：アカウント停止）」といいます。

また、一見普通に運用できているように見えて、実際は他のユーザーにほとんど投稿が表示されない「**シャドウバン**」という現象もあります。シャドウバンになると、ハッシュタグを付けていてもハッシュタグページで表示されなかったり、発見タブに表示されなかったりするなど、リーチが増えない状態に陥ります。

シャドウバンは、ユーザー自身はなかなか気づきません。そのような状態になってしまう理由の代表的な例と、その対応策を紹介します。

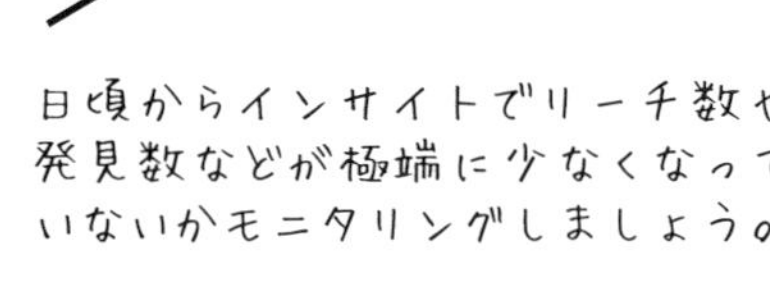

日頃からインサイトでリーチ数や
発見数などが極端に少なくなって
いないかモニタリングしましょう。

1 外部サービスを使った「自動フォロー」や「自動いいね」は御法度

アカウント停止を受けるパターンでもっとも多いのが、外部サービスを使った「自動フォロー」や「自動いいね！」を行ったケースです。外部サービスにログイン許可を与えて、指定のハッシュタグや位置情報で投稿している投稿を、自動でいいね！やフォローするものです。

昔は、インスタグラムのシステム的に管理がゆるかった時期もありましたが、今はとても厳しくなっています。

このような「自動フォロー」のサービスやアプリを使ってフォロワーを増やすのは、アカウント停止される可能性が非常に高いので、使ってはいけません。利用した瞬間にバンされることもあります。

基本的に、外部サービスにログイン許可を与えないようにしてください。アカウントを乗っ取られる危険性も高く、インスタグラム側も神経質になっている部分です。

● 自動フォロー・自動いいねツールは使用してはいけない

広告・

インスタ担当者必見の運用ツール - 勝ち...

AIであらゆるデータを見える化し、運用を自動アシストする Instagramの運用支援ツール　特許取得のプロ...

お客様の声

広告・

AIで自動化しフォロワーを増やす | 自動...

スマートアプリにお任せ。2万ダウンロード突破記念！今...

料金

よくある質問

広告・

【10日間無料お試し】 | 自動でフォロワ...

【業界最安値】全部の機能が揃っていて今だけ月額2,480円相当〜!! 面倒な作業はAIにすべてお任せで、人気アカウ...

価格　サービス　登録ステップ　導入事例　機能

広告・

凍結リスクなしのインスタツール - 満足...

今だけの「無料お試し特典」あり！あなたもインスタグラマー目指しませんか？ あなたに最適なハッシュタグをAIがご...

2 手動の大量のフォローといいね！も注意

手動でも、短時間で大量のフォローを行うと「シャドウバン」の対象になりかねません。正確な数字は定かではありませんが、実際試したところ**1日に100人前後フォローすると、それ以上フォローができないようになります**。24時間経つとまたフォローできるようですが、それを日々繰り返すとスパムと認識されシャドウバンされたり、注意アラートが表示されたりします。

情報収集やアカウントの関連付けのために積極的なフォローをしたいのであれば、1日50フォローなど目安を決めたり、間隔を空けてフォローするなどして調整を行いましょう。

また、フォローする場合は自社の商品（ブランド）をタグ付けしているユーザーや、関連ワードのハッシュタグで投稿をしているユーザーに絞って行えば、フォローバックも得られやすいでしょう。

3 メンバー同士で「いいね！」やコメントをしあう「ポッド（Pod）」

「**ポッド（Pod）**」とは、数人のグループを作り、そのグループメンバーの投稿に対して「いいね！」や「コメント」などをつけ、全員のエンゲージメントの向上を協力しあうことです。

投稿直後に毎回いいね！やコメントのアクションが同じユーザー同士で行われていることをインスタグラムに検知されると、そのグループメンバーのアカウントが一斉にシャドウバンになる恐れがあります。ダミーアカウントを多数作って、そのアカウント同士でいいね！しあう行為にも同様のことが言えますね。

4 規約違反や他ユーザーからの報告など

他ブランドのロゴや商標を投稿したり、サイトのスクリーンショットや他人の写真・動画を勝手に投稿したりすることは、インスタグラムの規約違反にあたります。インスタグラムでは投稿について**「写真や動画は、自分で撮ったか、共有する権利を得ているもののみをシェアしてください」**と定めています。リポストするときは、必ず権利者にコメントやDMで許可を取ってからにしましょう。また、暴力、性的、賭博などセンシティブなコンテンツの投稿を続けることもバンの可能性が高まると言われています。

このような投稿は、システムに検知されることもありますが、他ユーザーから「報告」されやすいというのもバンの原因の一因でし

運営や他のアカウントから不信感を持たれるようなサービスの利用・行動は避けましょう。

ょう。一定の期間で一定数の報告を受けると、バンされる要因になります。そのためにも、不適切な投稿やネガティブな投稿は行わないようにしてください。フォロワーが増えないのはもとより、運営に報告されてアカウント自体がバンされます。

5 身に覚えのない理由でシャドウバン状態になった場合

まったく不適切な投稿はしていないのにシャドウバンに陥ることがあります。フォロワーが増えてきて影響力がつくと、アンチが一定数出てきます。心無いユーザーグループによる戦略的な報告によってシャドウバンになることもあり得るのです。そのように、特に心当たりがないにも関わらずシャドウバンの状態に陥っている場合は、運営に報告を行うことをお勧めします。

アカウントの「設定」⬇「ヘルプ」⬇「問題を報告」⬇「機能の問題」を選び、次ページのような文言で英語も含めてメッセージをしてみましょう。「#●●●●」部分はハッシュタグです。

他に「ログアウトする」「プロフィールのリンクを外す（スパムURLと誤認識されているかも）」「ビジネスアカウントから個人アカウントに戻す」などの方法もあります。これらの方法も検討してみてください。

運営への問い合わせ文例

Hello,sir.
My Post does not appear in the hashtag #●●●●.
Is it a problem?
Please confirm and I will wait for your reply.
Thank you.

@アカウント名

（日本語訳）
こんにちは
私の投稿が#●●●●というハッシュタグで表示されません。何が起こっていますか？
確認して返信をください。
よろしくお願いいたします。

@アカウント名

ここがポイント

- 自動フォロー／いいね！やPodなどは使わない
- 手動フォローも一度の大量に行うのは御法度
- インサイトをチェックしてシャドウバンされていないか気をつける
- ポジティブで正しい運用を心掛ける

07 目の前のファンと丁寧なコミュニケーションを築いていく

インスタグラムで成果を生み出すには、ユーザーとのコミュニケーションが欠かせません。

インスタグラム上のユーザーをブランドの本質的なファンとしていくためには1対1のコミュニケーションが必要不可欠です。

一人一人とコミュニケーションを行うのは一見非効率で遠回りのように見えますが、「急がば回れ」というように実はそれが成功への道なのです。

絶対に真似してほしいインスタグラムでの「**コミュニケーションの鉄則**」を紹介します。

広告、キャンペーン、文字入れ投稿はリーチを増やす施策。ファンを大事にすることも重要です。

1 自社製品の宣伝をしない

一方的に情報を伝える広告に対して、ポジティブな感情を持つ人の方が少ないのではないでしょうか。インスタグラム上のオーガニック運用で自社商品を紹介することは、広告を配信していることとまったく同じです。それでフォロワーが増えることはありません。売上に繋がることもないでしょう。自社商品のみを紹介していく運用は、商品を買ってほしいという企業目線の運用であり、ユーザー目線のコンテンツとはかけ離れたものになります。

一概に商品紹介のみの運用を否定しているわけではありません。コンセプトの問題です。インスタグラムに求めるものがブランディング目的であれば、作り込んだ商品写真や世界観の投稿でも問題ないでしょう（ラグジュアリーブランドのアカウントのイメージです）。ランディングページ代わりに活用しているブランドもあります。

このようなものは、もともとブランド資産や顧客基盤がある企業の運用方法です。新興ブランドでその運用をしても、ユーザー視点ではフォローする理由やメリットがないので、フォロワーは増えないと割り切った方がいいでしょう。

顧客にとっての有益な情報提供に徹する

ユーザー（フォロワー）がメリットに感じる、有益な情報を投稿を通じて提供することが大切です。エンゲージメントが高くなってコミュニティが活性化し、フォロワーを獲得でき、最終的には商品の「購買・購入」に繋がります。

反対に、自社商品やサービスの一方的な発信や宣伝はユーザーを遠ざけることになります。

営業ではよくある話ですが、自社製品を強引に売り込まず、業界情報や顧客にとってメリットになる情報を提供してくれる営業の方が、顧客から信用されて結果的に売上を伸ばすことがあります。

自社商品の紹介は極力なくし、顧客の課題や悩みを解決する情報発信に徹するのです。逆説的ですが、自社の宣伝をしなければしないほどフォロワーが増えます。

費用対効果を図りづらい部分はありますが、中長期的にみれば必ず売上となって返ってきます。

思わず保存して見返したくなる有益なコンテンツを届けよう

2 DMやコメントなど、インスタ上でコミュニケーションする

エンゲージメントの高いアカウントは、フィード投稿のコメント1つ1つに返信したり、DMの質問や相談のメッセージにもきちんと返信をしています。

対応に人的工数がかかるので、効率性を考えて問い合わせは（インターネット）メールに一元化している企業やブランドも多いのではないでしょうか。

しかし、もし可能であれば**DMやコメントなど、できるだけインスタグラムのサービス上で対応する**ことをお勧めします。なぜなら、DMやコメントでやりとりをしたアカウント同士は、インスタグラムのアルゴリズムによって「**親しいアカウント同士**」と認識されて親密度が上がり、そのユーザーへ優先的に投稿やストーリーが表示されるようになるからです。その結果、リーチボリュームが増えていきます。

筆者は、成果を出しているインスタグラムアカウントの運用者に話を聞く機会が多いのですが、ものすごく丁寧にDMなどの返事をしているそうです。

何気ないやりとりでも、フォロワーにとっては嬉しいものです。小さなエンゲージメントの積み重ねが増幅されて大きな影響力に育っていくのがインスタグラムの醍醐味でもあり、他の主要プラットフォームにはない大きな特徴です。

3 「ストーリーズ」は関係性を深められる機能

記事執筆時点、現在のインスタグラムユーザーの多くは、アプリを起動してまず見るのは縦スクロールのフィードではなく、上部にある**ストーリーズ**であるといいます。

ストーリーズは「24時間で消える」ということもあり、リソースを割くべきか迷っている人も多いのではないでしょうか。重要性や活用方法は5時限目で解説しますが、ここでは「メンション」機能を使ってファンと関係性を高めるコツを紹介します。

DMを送るのと同じ効果がある「メンション」

「**メンション**」は、ストーリーズに投稿したコンテンツに、他ユーザーのアカウントを紐付けられる機能です。メンション用のスタンプでも設置できるほか、テキストを記載する際、ユーザー名冒頭に@マークを付ければ、それによってメンションが機能します。ストーリーに投稿した際、そのメンション部分をタップすると、メンションされたユーザーのプロフィールページに遷移できるようになり、自分のフォロワーにアカウントを紹介できる便利な機能です。

もう1つ、少し紛らわしいですが、同じ機能で「**タグ付け**」があります。これはメンションと同じ用途に用いられますが、タグ付けは「フィード投稿」におけるメンションと考えていいでしょう。

インスタグラムでは、ストーリーズでメンションを付けてシェアすると、メンションされた相手にDMで通知が届きます。つまり**メンションをするのはDMを送っているのと同じことになる**のです。

DMに通知されるので、その相手からは何かしらリアクションがもらえる可能性が高いです。さらに、メンションされたユーザーはそのストーリー投稿を、ワンタップで自身のストーリーにシェアできます。フィード投稿のシェアボタンから、投稿をストーリーにワンタップでシェアすることもできます。

自社ブランドをタグ付けしてくれた投稿をストーリーにシェアする際、そのユーザーをメンションすれば、相手は高い確率で自分のストーリーでそれをまたシェアしてくれることでしょう。

メンションを使うことで親密度が高まるだけでなく、そのユーザーのフォロワーにブランドが露出することにも繋がります。ストーリーズは、エンゲージメントを深めるだけではなく、新規フォロワー獲得の良質な導線にもなり得ます。活用しない手はありません。

●メンションしあってコミュニケーションするのもインスタグラム文化の１つ

4 「ライブ配信」で、フォロワーとより深いコミュニケーションが築ける

インスタグラムで「**ライブ配信**」を開始すると、フォロワー全員に通知が届きます。ライブ配信を見るのは一定時間拘束されてスマホで他の操作もできないので、ライブ配信を視聴してくれる人は非常にエンゲージメントの高いコアフォロワーといえます。

ライブ配信ではリアルタイムで視聴者とコミュニケーションを取りながら、その場で質問に答えたり、商品開発秘話やスタッフ紹介などを行ったりできます。

ライブ配信で名前を呼んでもらうことは、視聴者にとってはとても嬉しい体験です。フォロワーとストーリーズ以上に深いコミュニケーションを図ることができるので、ぜひ試してみるといいでしょう。ライブ配信についても5時限目で詳しく解説します。

ライブ配信中はフォロワーのストーリーズ枠の一番左側に固定表示されます。エンゲージメントが下がっているフォロワーにもアプローチできます。

3時限目

インスタグラムでエンゲージメントを上げる方法

インスタを売上に結びつける方法や、インスタに注力する理由についても解説します。

01 なぜ、企業やブランドはインスタグラムに注力するべきなのか？

1 新規顧客獲得のための広告費の高騰

3時限目から、本格的にインスタグラム運用について掘り下げていきます。

そもそも、なぜ企業やブランドはインスタグラムに注力するべきなのでしょうか。その背景に**新規顧客を獲得するための広告費の高騰**が挙げられます。

新規顧客獲得のための広告費高騰について、次のような課題を多くのブランド担当者が抱えています。思い当たる節がある人も多いのではないでしょうか。

インスタを上手く活用して運用すれば、顧客獲得費用を低減できます！

1. 広告最適化によるCPAの下げ止まり
2. クッキー規制による広告効果の悪化
3. 獲得優先で後回しになっているLTV最適化
4. ギフティング頼りでオーガニックUGCが出せない
5. フォロワーが増えずインスタグラムでの集客がうまくいかない

インスタグラムでオーガニック運用をうまく行えば、新規顧客獲得のための費用を大幅に低減できます。この3時限目では、そのための考え方や実践方法について解説します。

まず、インスタグラム運用の第一歩である、インスタグラムのアルゴリズムの理解と攻略方法について解説します。

そして、インスタ運用を回していくための基礎になる、フォロワーのエンゲージメントを上げる具体的な方法について解説します。オーガニック運用で成果を出すためにはフォロワー獲得が必要ですが、インスタグラムはまず既存フォロワーとのエンゲージメントを高めることで、徐々に非フォロワーへの露出が増える仕組みになっています。

また、さらに売上や集客にブーストをかけられる**インスタグラム広告**についても解説します。

02 アルゴリズムを理解する

1 インスタグラムのアルゴリズム

「アルゴリズム」はなんらかの問題を解決するための手順や計算方法を指す言葉です。検索エンジンが検索キーワードから検索結果を表示するために用いるのも独自の検索アルゴリズムですし、インスタグラムの場合は、ユーザーの閲覧行動からお勧めの投稿を発見タブなどで表示したり、ハッシュタグ検索で表示順序を決定するのもアルゴリズムです。

こういったアルゴリズムは仕様が公開されているわけではありません。また、日々アルゴリズムも進化しているので、過去の常識が未来永劫通用するわけでもありません。しかし、基本的なアルゴリ

アルゴリズムの理解は、エンゲージメント率を上げるための投稿の企画に必ず役立つでしょう。

ズムの仕様を理解して、それに則した投稿・運用をすることで、投稿に対するレスポンスが格段に向上します。本書で解説する内容も、インスタグラムが公式に発表している情報をもとに、著者の運用データや経験則などを交えて導き出したものです。

インスタグラムのアルゴリズムは、インスタグラムが掲げる「**大切な人や大好きなことと、あなたを近づける**」というミッションに則して開発されています。２０２１年６月に、インスタグラムの開発責任者であるアダムモセリ（**Adam Mosseri**）氏によるアルゴリズムに関するブログ記事が公開されました。ここでアルゴリズムの導入について次のように説明しています。

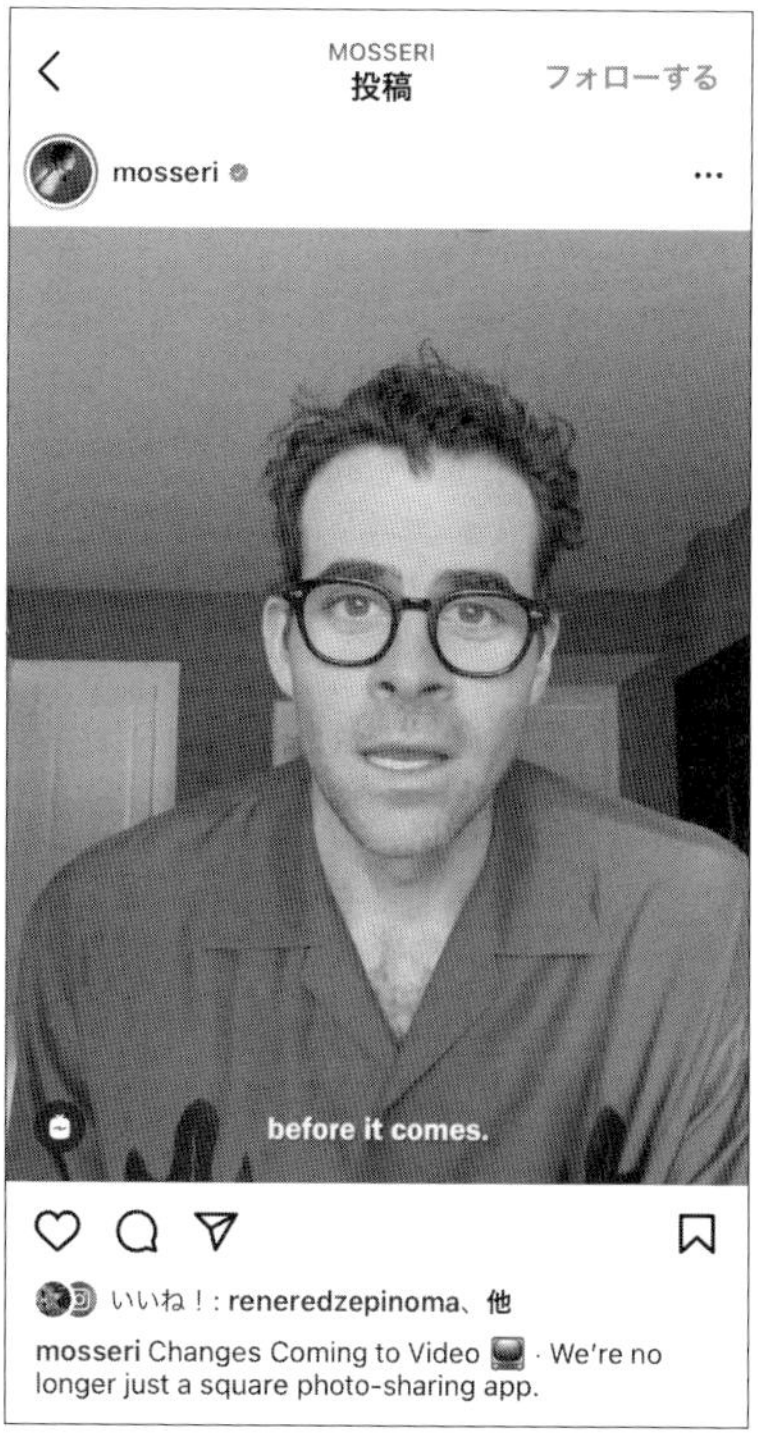

インスタグラム利用者と投稿が増えるにつれ、見られずに終わる投稿が70％に達した
それを解決するため、利用者の関心に基づいたランク付け機能をフィードに導入した
フィード、発見タブ、リールなど各機能には別のアルゴリズムを使用している
（ストーリーズは親しい友人の投稿、発見タブは新しいものを求める用途など）

● フェイスブック社のインスタグラムの責任者であるアダムモセリ氏

インスタグラムでは、アルゴリズムを用いてフィードやストーリーズ、発見タブなどで、各機能の利用目的に沿ったパーソナライズ（ユーザーへの最適化）をしているということです。パーソナライズはユーザーが見たい・関心があるものを見落とさないための仕組みと説明しています。

シグナルによってアルゴリズムが決定する

アルゴリズムは単一の仕組みではなく、数千の「**シグナル**」と呼ばれる要素から成り立っています。シグナルには様々な要素があり、投稿が公開された時刻、過去にやりとりしたユーザー、動画を見ている頻度など多岐にわたります。

ここではフィードとストーリーズ、発見タブとリールタブのそれぞれで、どのようなシグナルが重視されているかを解説していきます。

2 インスタグラムの表示順を決める3つの要素

記事執筆時点、主に次の3つの要素によって「表示順」が決定すると言われています。

- **Relationship（親密度）：アカウントと利用者がどのくらい親密であるか**
- **Interest（関心度）：ターゲット層の関心にあったコンテンツであるか**
- **Timeliness（鮮度）：最近の投稿であるか**

Relationship（親密度）

まずは「**Relationship**（**親密度**）」の反応です。これはそのユーザーとの**つながりの深さ**を指しています。コメントやDMでのやりとり、投稿への「いいね！」などのリアクション、プロフィールへのアクセス数などをもとに計算されます。

「間接的な親密度」も重視されます。例えば、仲の良いフォロワーたちが「いいね！」している投稿は、あなたのフィードにも表示されるようになります。

Interest（関心度）

過去の閲覧履歴や行動情報から「**関心度**」を分析して、ユーザーが関心を持つであろう投稿を表示します。例えば、あるユーザーがラーメンの投稿に「いいね！」をたくさんしていると、関係性の深くない投稿者の投稿であっても、ラーメンの投稿がそのユーザーのフィードや発見タブに表示されるようになります。

Timeliness（鮮度）

インスタグラムは**投稿の鮮度**を重視します。最新の情報（コンテンツ）ほど重要であり、優先的に表示されます。ユーザーのアクティブ率の高い時間帯に投稿すれば、最新の情報が表示されるので、リーチ数はもちろんエンゲージメント率にも高い効果が期待できます。

インスタグラムユーザーのアクティブ率のピークの時間帯は午後9時前後です。投稿時間を何時にすればいいか、頭を悩ましている人は午後9時（21時）前後に投稿してみましょう。

インサイトを使えば、フォロワー（オーディエンス）のアクセス数が多い時間帯を調べることができます。それを参考にするのもいいでしょう。なおオーディエンスはフォロワーが100人以上の場合に利用できるサービスです。ご注意ください。

3 フィードとストーリーズで重要視されるシグナル

代表的な機能がどのような影響を受けているかを紹介します。まずはフィードとストーリーズです。前述した3つの要素をベースに、次のシグナルを重要視していると言われています。

● フィードとストーリーズ

1 投稿に関する情報

投稿の人気度（いいね！、保存、コメント、シェアなど）は重要なシグナルの1つです。**インタラクションが多い投稿ほど上位表示されやすくなります**。また投稿には投稿日時、動画の長さ、位置情報などの情報が含まれていますが、それもアルゴリズムに関連付けられる情報です。

2 投稿者の情報

投稿者の情報は重要なシグナルです。**DMでやりとりをすればエンゲージメントが上がり、フィードやストーリーで表示されやすくなります**。他にも過去数週間にやりとり（投稿閲覧、いいね、コメント、DM、プロフィール遷移など）をしたことのあるユーザーの投稿はフィードやストーリーに表示されやすくなります。

3 閲覧者のアクティビティ

閲覧ユーザーが頻繁に見ている投稿、いいね！や保存した投稿の内容に合わせて、フィード表示の優先順位が変わります。また、投稿ではなくどのユーザーとやりとりをしているかもシグナルの対象です。どのカテゴリのユーザーと積極的にコミュニケーションをしているか、アクションした投稿だけではなく、アカウントベースでアクティビティが評価されています。

閲覧者のアクティビティはブランド側ではコントロールが難しいですが、インタラクションを最大化させる投稿を作成したり、密にコミュニケーションを行うことは努力で可能です。「投稿に関する情報」「投稿者の情報」のシグナルの獲得に繋がります。

インタラクション（「いいね！」等のアクション）が高いことが重要であるとされているので、まずは投稿でエンゲージメントを集めることに注力しましょう。

投稿のタイミングや動画の長さなど、投稿自体の情報も重要です。どんなコンテンツがリーチやエンゲージメントを取れているのか、分析する必要があります。傾向はアカウントによって異なるので、**自社のフォロワーはどんなコンテンツを好むのか**をアカウントごとに分析しましょう

これらのアルゴリズムは、一般ユーザーのアカウントでもプロアカウントでも同様に適用されます。アカウントの種類やカテゴリーはアルゴリズムに影響しません。また、コンテンツの種類もアルゴリズムに影響はありません。例えば、**動画の投稿が静止画よりも表示されやすいということはありません**。ただし、これはユーザーの「関心度」には影響されます。動画をよく見るユーザーには動画が優先的に表示されますし、動画を見ないユーザーには表示が少なくなります。

4 発見タブ、リール、ショップタブで重視されるシグナル

発見タブには、シードアカウントに類似した投稿が表示

発見タブでは、過去にエンゲージメントしたアカウント（**シードアカウント**）と類似したアカ

ウントの投稿が優先的に表示されます。過去にエンゲージメントしたアカウントとは、**未フォローで、投稿に対し「いいね！」「コメント」「保存」をしたアカウント**です。

例えば、あなたが最近いいね！をした投稿が「渋谷にあるカレー屋さん」だったとします。その投稿を好んで見るユーザーの多くが、原宿のドーナツ屋さんにも何らかのエンゲージメントをした場合、あなたの発見タブに原宿のドーナツ屋さんが表示されるわけです。ドーナツ屋さんだけでなく、渋谷近辺の飲食店やカレー屋さんに関する情報も優先して表示されるようになります。

発見タブ攻略の基本は「**一貫性のあるジャンルで投稿を続ける**」ことです。アカウントの特徴を明確にすることで、適切なターゲットにいいね！や保存をしてもらえます。過去にエンゲージしたユーザーの母数を増やす施策が大事なので、**フォローしてもらう必要は必ずしもありません。**

発見タブ攻略には、例えば次のような施策が考えられるでしょう。

ハッシュタグ上での露出を最大化するためのハッシュタグPDCAを回す
1投稿あたりのリーチ数とエンゲージメント率を高めるためのクリエイティブ改善を回す
投稿の回数を増やす
広告を利用することで投稿をブーストさせ、広くエンゲージメントを集める

発見タブのような興味関心に基づくレコメンドでは、保存など**「実益目的」のシグナルがより重視されている**と考えられます。

まとめると、まずは一貫性あるコンテンツの投稿をしてシードアカウントを増やします。次に、保存数を最大化させるための改善を行うという手順です。

シードアカウントが十分になければ、発見タブに上がることはありません。最低でも**1カ月以上毎日投稿し、インスタグラムのアルゴリズムに対して十分な情報を与えた後からがスタートライン**といえます。

リールタブでは「楽しさ」が重要

リールも発見タブと同じく、ほとんどの露出先は未フォローアカウントです。リールも発見タブと似たプロセスでリーチが拡大される仕組みであると、公式が発表しています。リールも発見タブと同様に対策します。これはショップタブも同じです。

リールの場合「**楽しさ**」が特に重視され

● 関連度のシグナルが重要視される「発見」「リール」「ショップ」タブ

発見タブ

リールタブ

ショップタブ

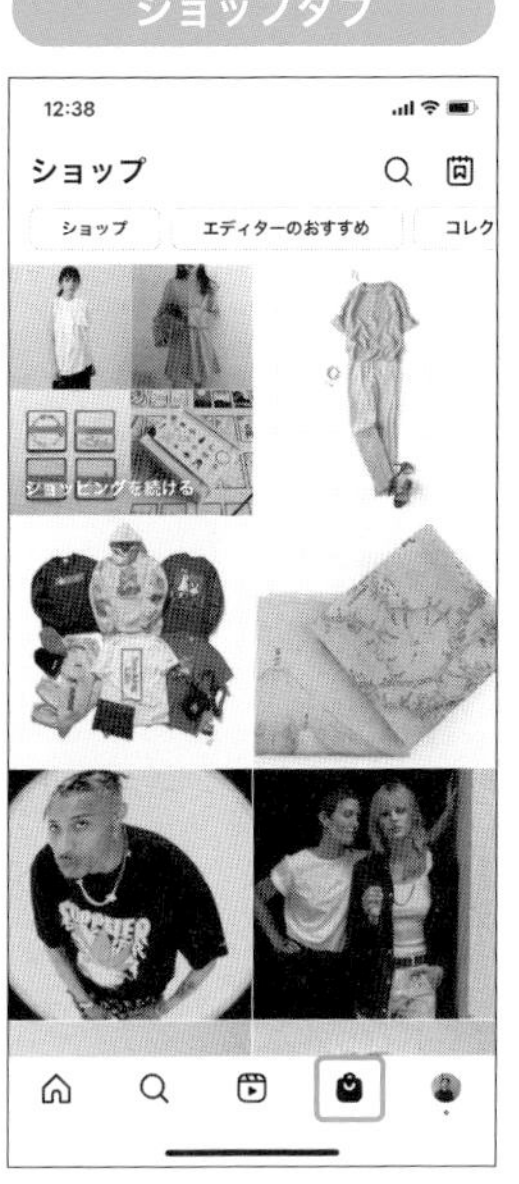

ると言います。その指標は保存だけではなく、**リールを最後まで見る、いいね！する、「楽しかった」または「面白かった」とコメントする、音源ページに移動する**（自分のリールを作ってみたいという刺激を受けたことを意味します）などのアクションです。このようなアクションを引き出せるコンテンツを意識しましょう。

逆に評価されないものは、**解像度が低い、ティックトックなど他サービスの透かし（ウォーターマーク）が入っている、政治的な問題を扱っている、政治家・政党・政府関係者またはその代理が作成したリール**なども、お勧めの対象からは外されます。

リール攻略については242ページで詳しく解説します。

5 自分に表示される投稿をコントロールするには

ユーザーのインスタグラムで何が表示されるかは、利用方法が大きく影響します。誰ひとりとしてフィード、発見タブ、リールで表示されるコンテンツは同じではありません。どんなアクションをすると、インスタグラム上のコンテンツを取捨選択できるようになるのか、今回はユーザー視点からその方法を解説します。

「親しい友達」を指定

ストーリーズでは「親しい友達」を選択できます。これは、親しい人とだけシェアするための機能ですが、ここで指定した友達はフィードやストーリーズでも優先的に扱われます。

興味のない人をミュート

特定の人の投稿を見るのを止めたいが、その人のフォローは止めたくない場合は、その人のアカウントをミュートできます。ミュートしたことは相手にはわかりません。

お勧めの投稿を「興味なし」とマーク

発見タブやフィードでお勧めされた投稿を、「**興味なし**」として指定できます。そうすれば、似たような投稿については、その後は表示されにくくなります。これでユーザーは自分に表示される投稿を制御できます。逆の視点で見ると、エンゲージメントを上げるためには「親しい友だち」に指定されるか、ミュートや興味なしとされないようにコンテンツを配信していくかが重要です。例えば、内容の薄いどうでもいいコンテンツや一方的な宣伝投稿を何度も行うと、興味なしとされたり、フォローを外されたり、さらに通報されシャドウバンになる危険性すらあります。

顧客の立場で見て良質なコンテンツを届けることが、アルゴリズム攻略の本質です。アルゴリズムに過度にとらわれていては、顧客を見失ってしまう恐れがあるので注意してください。

03 アルゴリズムを攻略する

謎も多いインスタグラムのアルゴリズムですが、攻略の具体的なフローを解説します。

1 既存フォロワーからシグナルを集める

既存のフォロワーとのエンゲージメント率を最大化させることがリーチ拡大の第一歩です。

具体的な施策としては**勝ちパターン発見のためのPDCA**、保存数を増やしやすい**文字入れ投稿**が有効です。

鮮度も非常に重要です。可能な限り毎日投稿しましょう。投稿数が増えると、何が伸びて何が伸びなかったかなどのデータも蓄積され、改善スピードを上げていくことができます。

アカウント成長の第一歩はエンゲージメントを高めること。それがリーチを増やすキーになります。

ただし、リソースの問題もあるので、投稿頻度を上げることで投稿の質が下がるくらいなら、頻度を下げて質の高い投稿を行うことを推奨します。あくまで「**フォロワーにとってベストな投稿**」を徹底して考えてください。

参考までに、筆者が運用している**trevary**アカウントでは、**1日3回の投稿を始めてから、リーチおよびフォロワーの伸びが加速**しました。投稿の鮮度が上がるのに比例して親密度が上がってエンゲージメントが増え、発見タブでのシードアカウントの蓄積も増加したことが推測できます。

投稿は親密度の高いユーザーに優先表示されます。フォロワーからリアクションを得ることでシグナルが高まり、関心度が近しい他のフォロワーへのリーチが増え、さらにエンゲージメントが増えてシグナルが貯まるという好循環が生まれます。**既存フォロワーに求められるコンテンツを高頻度で出し続ける**ことがアルゴリズム攻略の第一歩です。

● アカウント成長サイクル

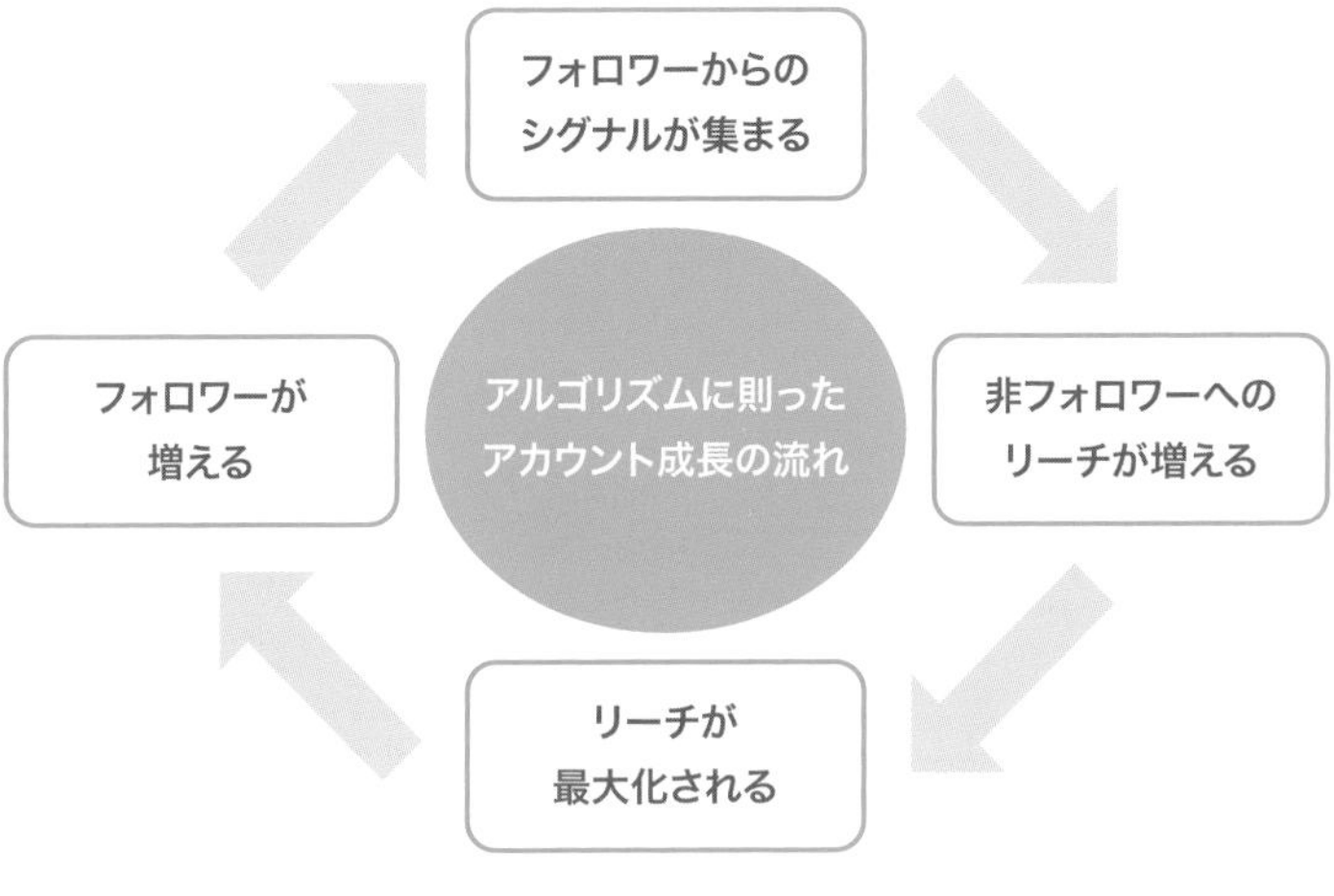

2 フォロワー以外へのリーチが増える

既存フォロワーからのエンゲージメントが一定のしきい値を超えると、ハッシュタグの人気投稿や発見タブに露出されるようになります。ここは新規フォロワー獲得のチャネルです。

外部リーチが発生する明確な値はありませんが、筆者の経験上「投稿者のキャラクターを感じる共感性ある投稿」「滞在時間が長くなるまとめ系の投稿」「保存数がいいね！数を超える投稿」「投稿直後のいいね！と保存数の伸びが過去平均以上である投稿」など、**投稿当たりの情報量、保存数、初速の伸び**が相関しているのではないかと推察しています。

発見タブやハッシュタグは関心度のみでコンテンツが評価される場所です。ここでは「保存」という投稿の有益性が測れる指標がシグナルとして評価されていると考えられます。

真似したくなるコンテンツ

リーチが爆増するのは発見タブでの露出です。リーチを最大化するために、保存数を増やすコンテンツが重要です。フォロワー向けの共感性と発見タブ向けの有益性、いずれの概念を含む「**再現性**」を持つ投稿、つまり「**真似したくなるコンテンツ**」の作り込みが重要だと筆者は考えています。詳しくは132ページで解説します。

3 非フォロワーのシグナルが貯まりリーチが最大化される

発見タブやハッシュタグ画面でリーチしたユーザーが、自分のアカウントをフォローしてくればベストです。しかし、そうでなくても投稿やプロフィールを閲覧したり、いいね！や保存などのシグナルを得るだけでも非常に価値があります。それはシードアカウントと呼ばれ、あなたのコンテンツに興味関心を持つであろう、まだ見ぬファンにリーチを促進する種となるのです。

シードアカウントの情報がないと、アルゴリズムは誰に対してあなたのアカウントや投稿をレコメンドすればいいかわかりません。極端に言えば、**フォロワーは増えなくてもシードアカウントが増えれば、リコメンドの精度が向上して適切なユーザーへリーチされるようになる**のです。

フォローもしない「タブる」ユーザー

今のインスタグラムユーザーは、発見タブをよく見ています。**フォローしなくても自分にぴったりなコンテンツが流れてくるため、わざわざアカウントをフォローする必要がない**と考えるユーザーが一定数いるのです。「**タブる**」とも言われ、グーグル検索でもハッシュタグ検索でもなく、自動的に情報が集まってくるタブを好んで使う行動パターンが主流になりつつあります。

関心度が高かったり、過去にエンゲージメントしているユーザーには、発見タブ上で優先してあなたの投稿の露出が促されます。そこで何度かタッチポイントを作ることで、やっとフォローしてもらえるというわけです。

繰り返しになりますが、多くの魅力的なコンテンツが並ぶ発見タブで、情報量が多い**文字入れ投稿は有効**です。投稿の一枚目はユーチューブでいうサムネイルと考えて、タップ率を最大化させるためと割り切って文字入れ投稿に取り組みましょう。

4時限目ではフォロワーに転換するための方法を解説しますが、無理にフォロワー転換を狙わずにリーチ最大化をKPIとして運用していくのもアリです。

4 一貫性のある投稿でアカウントのテーマをインスタグラムに認識させる

これまでの流れに「新規フォロワーの獲得」を加えてまとめると、インスタグラムのアルゴリズムに則ってフォロワーやリーチが増えていくフローは次のとおりになります。このサイクルが回ることでフォロワー獲得のスピードが上がり、リーチが増えます。

❶既存フォロワーのエンゲージメント率を増やしシグナルを集める
❷発見タブやハッシュタグ画面などフォロワー以外へのリーチが増える
❸非フォロワーのシグナルが貯まりリーチが最大化される
❹アカウントのマッチする新規フォロワーが増える

くどいようですが、重要なのは「**一貫性のあるアカウント運用**」です。アカウントのテーマが一定であれば、そのテーマと共通性があるユーザーとエンゲージメントしていきます。

一貫性のある投稿を続けて、投稿にエンゲージしてくれるユーザーのシグナルを貯めていき、インスタグラムへどのユーザー郡の発見タブに露出すべきアカウントかを教える必要があるのです。

投稿するだけでなく、自分からフォローやいいね！することも有効

アカウントのテーマを明確にするのに、能動的に**関連ユーザーをフォローしたりいいね！をしたりしてシグナルを作り出していくことも有効**です。コメントでのやりとりで親密度が上がり、いいね！返しやフォローバックでシグナルも蓄積されます。なお、前述したようにバンされる危険性もあるので、やりすぎには気をつけてください。

地道なアクションを続けることで、アルゴリズムに対してアカウントのテーマ性が伝わりやすくなります。

ここがポイント

- フォロワーからのエンゲージメント率最大化
- 共感性、有益性、再現性が保存数増加に有効
- 発見タブでシグナルを貯める
- ユーザーの多くは発見タブで情報収集している
- 一貫性のある投稿でシードアカウントを蓄積

04 投稿のエンゲージメント率を最大化させる8つの方法

1 エンゲージメント率

リーチを増やしてフォロワーを獲得するには、まず既存フォロワーからの反応率を最大化させる必要があります。この反応率とは、**エンゲージメント率**のことです。

エンゲージメント率は、インタラクションの合計値（いいね！数＋コメント数＋保存数）をフォロワー数で割ることで算出できます。

エンゲージメント率はフォロワーが増えるほど小さくなる傾向があります。例えば1０００フォロワーであれば10％の１００インタラクション。５０００フォロワーであれば５％の２５０イン

投稿のいいね！やコメント、保存を増やす様々なテクニックを紹介します。

タラクション。10000フォロワーであれば3％の300インタラクションは最低でも欲しいところです。

インタラクションを得る方法

ここではフォロワーおよびリーチしたユーザーからインタラクションを得るための方法を解説していきます。何度も説明していますが、インタラクションの中でフォーカスすべきなのが「**保存**」です。ユーザーの滞在時間に影響する指標で、リーチ数にもっとも相関があります。この指標を伸ばすための方法として、これからの内容を運用に取り入れてみてください。

2 投稿における有益性

その投稿が**フォロワーとって有益性があるか**どうか、今一度確認してください。インスタグラムのアルゴリズムは、一瞬で終わるいいね！よりも、投稿の有益性と相関性が高い指標である保存を重要視しています。

投稿を見た人が試したくなるものか、後日見返す価値のあるものか、友人に教えたくなるものか、情報に鮮度はあるか……こういった視点を意識して、有益性のある投稿を作りましょう。

情報量をできるだけ多くし、その上で読みやすくデザイン（整理）しましょう。ユーザーは投稿閲覧時間あたりの情報量を評価するので、見づらいデザインは御法度です。さらに、**自身の体**

験談も盛り込むことで、リアリティのあるコンテンツとなり共感度が上がります。

投稿のキャプションは読まれない

有益性（滞在時間）を最大化させるためには、「**文字入れ**」投稿が必須です。**投稿のキャプション（文章）はほとんど読んでもらえない**ので、キャプションに有益な情報を盛り込んでも、あまり意味がないからです。

コンテンツを最後まで見てもらい保存してもらうには、表紙（1枚目）でメリットが一瞬で伝わるようにし、そのままカルーセル投稿をスワイプして最後まで投稿を楽しんでもらうことが重要です。滞在時間を長くするため、カルーセルの各画像に文字や動画を入れ込みましょう。

3 投稿を「自分のこと」のように感じてもらう共感性

「インスタグラムは共感性よりも有益性」と説明したばかりですが、他人の投稿を自分のことのように捉えてもらうには、共感性を意識したコンテンツ作りも重要です。

この場合の共感性というのは、ビジュアルに対してではなく、**情報に対しての共感**です。ユーザーが自分で言語化できていて知っている顕在的共感と、言語化できていないけれどなんとなく感じている潜在的共感。この2つを狙いにいくのがポイントです。

「**あるあるネタ**」がいつの時代も人気なのはそういった理由もあるでしょう。潜在的共感は「◯

○○だけど、実は▲▲▲」のよう、な隠れた心理を言い当てるイメージです。「マクドナルドでサイドメニューはサラダを頼みがち
⬇（本当はポテトが食べたくてしょうがない）」など。簡単には思いつかないかもしれませんが、自社のマーケットにおいて、多くの人が言語化できていない共感性を、先駆けて言語化することを心がけてみてください。

● フォロワー100万を超えるあるある系アカウント

あるあるネタを中心に投稿するアカウントには、100万フォロワーを超える超人気アカウントもあり、とても高いエンゲージメントを獲得しています。

ハマればものすごい保存数を叩き出すことができます。現実と理想のギャップなど、問題意識を持って身の回りを見ると、まだまだネタはたくさんあります。

4 ユーザーがすぐに再現（アクション）できる内容

「**投稿を見た人が試してみたくなるものかどうか**」という視点も重要です。足を運べる場所か、どこで購入できるものか、価格はいくらか、どうやったら真似できるのか、実際に試す方法は

……など、ユーザーがアクションに繋げられる情報を盛り込むことが、保存数を増やすポイントです。コンテンツを見た人に行動を促せられる内容であるかが、保存数に比例するという面白い構図になっています。

モノや場所の情報を伝える際に、次のポイントを意識することが大切です。

わかりやすく伝えられているか
商品の名前は入っているか
商品の価格は入っているか
電話番号、住所、平均価格、アカウント名は入っているか（店舗やホテルの場合）
具体的な使い方は記載されているか
どこで買えるか、どこがいいのかが書かれているか

例えば次ページの投稿は「コンビニのネットプリントでPCのショートカットキー一覧表などお仕事に役立つ情報シートを印刷できる」という内容です。

投稿に記載されているユーザー番号をコンビニのコピー機に入力することで、印刷代のみでこのシートをゲットできるというものです。見た人が「後でコンビニで印刷しておこう」という行動に移すわかりやすい例だと言えるでしょう。こういう内容だと、思わず保存したくなってしまいますよね。

思わず真似したくなる投稿は、滞在時間が伸びて保存数が増えるだけではありません。真似した結果を、ユーザーがインスタグラムに投稿して、結果報告してもらうこともできます。自社のUGC投稿を増やすフックにもなる最強の投稿ともいえます。参考にしてもらったアクション結果の投稿までをゴールとして、コミュニケーションを行いましょう。

5 表紙画像にこだわる

そもそも投稿を見てもらうためには、一枚目の表紙画像で興味を引く必要があります。

いくら充実した内容の投稿でも、一枚目で目を引かなければ、すぐにスクロールされて記憶にすら残りません。見る人の目に止まり、横スワイプさせる投稿が必要です。

一枚目の写真は、画像と文字の組み合わせでほぼ決まると言っても過言ではありません。画像と文字のギャップ、フォントや配置のセンス、画像のクオリティやインパクトなど、それらの要素をしっかり意識することで、2枚目以降を見てもらう可能性をグッと上げられます。

●「見逃すと損」と感じさせる投稿

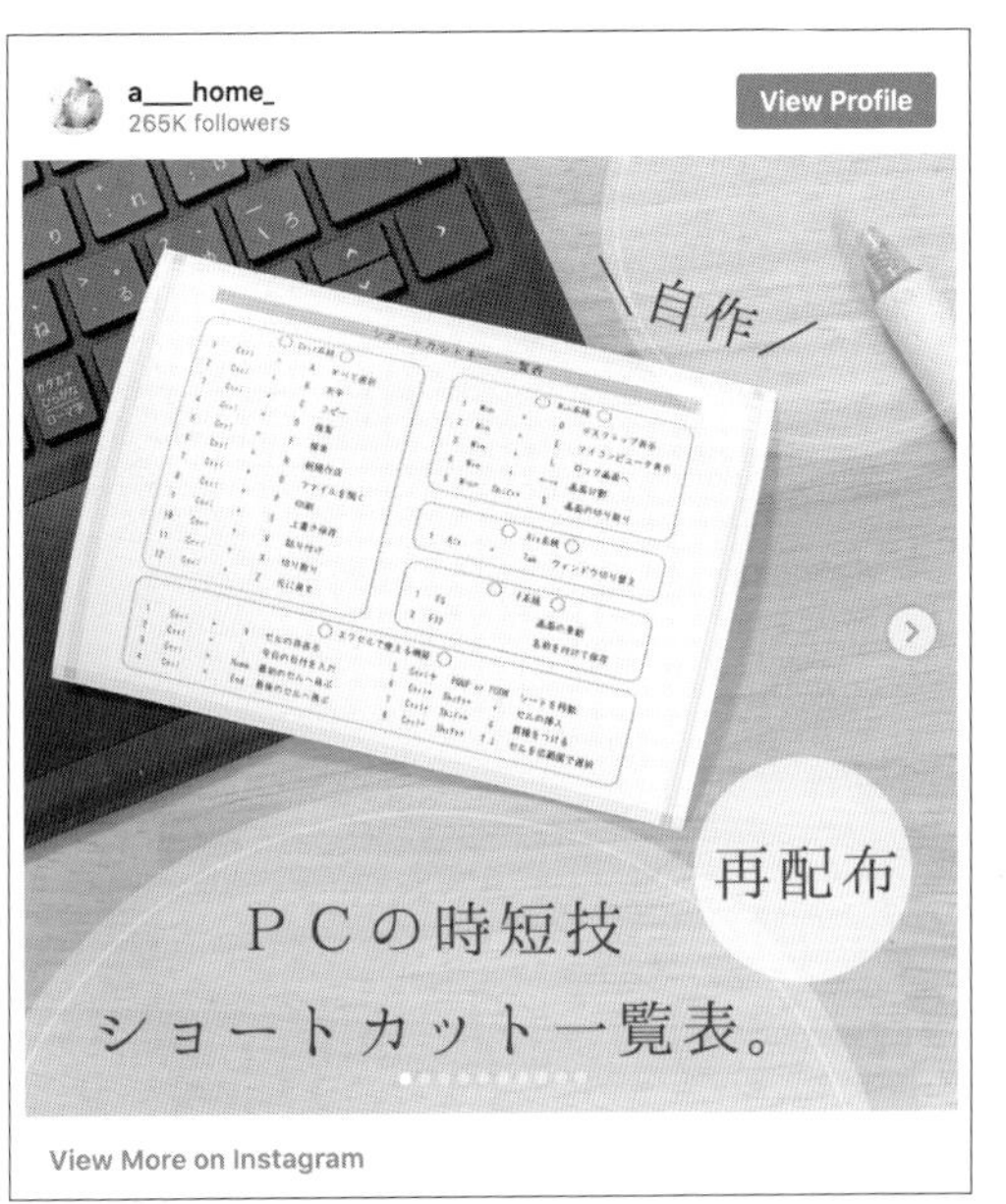

写真映えするコンテンツと情報よりのコンテンツ

「グルメ」「旅行」「ファッション」など映えるコンテンツであれば写真の比重を多くし、「節約」「暮らし」「美容」「健康」などの情報寄りコンテンツであれば文字の比重を大きくします。意外性・新規性はもちろん、フィードの統一感も意識しながら、表紙作りにこだわってください。

表紙を制するものがインスタグラムを制すとまではいいませんが、もっと労力を使うべき要素であるのは間違いありません。なお、2枚目以降は手抜きをしてもいいということではないので注意してください。いくら表紙が素晴らしくても、2枚目以降のコンテンツがよくなければ、保存には繋がりません。

補足ですが、**縦長の画像を使った投稿も有効**です。理由は、フィード上での専有面積が増えて目に止まりやすくなるからです。フィードをスクロールするとわかりますが、横長よりも縦長の方が投稿の面積は増えますよね。

● フォント、テキスト配置、画像、テキスト内容の4つに徹底的にこだわる

発見タブやプロフィールに表示される際は、中央が切り取られ正方形で表示されます。中央の正方形に情報を寄せつつ、上下幅を広げて縦長にしましょう。

6 まとめ系コンテンツにする

投稿内容に迷ったら**まとめ系コンテンツ**をお勧めします。1つの投稿でまとめて情報を見られるフォーマットは伸びやすい傾向があります。

まとめ系コンテンツで重要なのが「**領域選定**」です。領域内におさまる情報をまとめるように心がけてください。例えば「沖縄グルメ」領域だと「沖縄グルメ」や「カフェまとめ」は広すぎます。

「那覇で食べられる沖縄そばまとめ」「海沿いカフェまとめ」のように、エリアやジャンルをもう少し絞って、より具体性のある範囲で情報をまとめることが大切です。

● 対象を絞りこむことでエンゲージメントが上がり、関連性の高いユーザーにリーチする

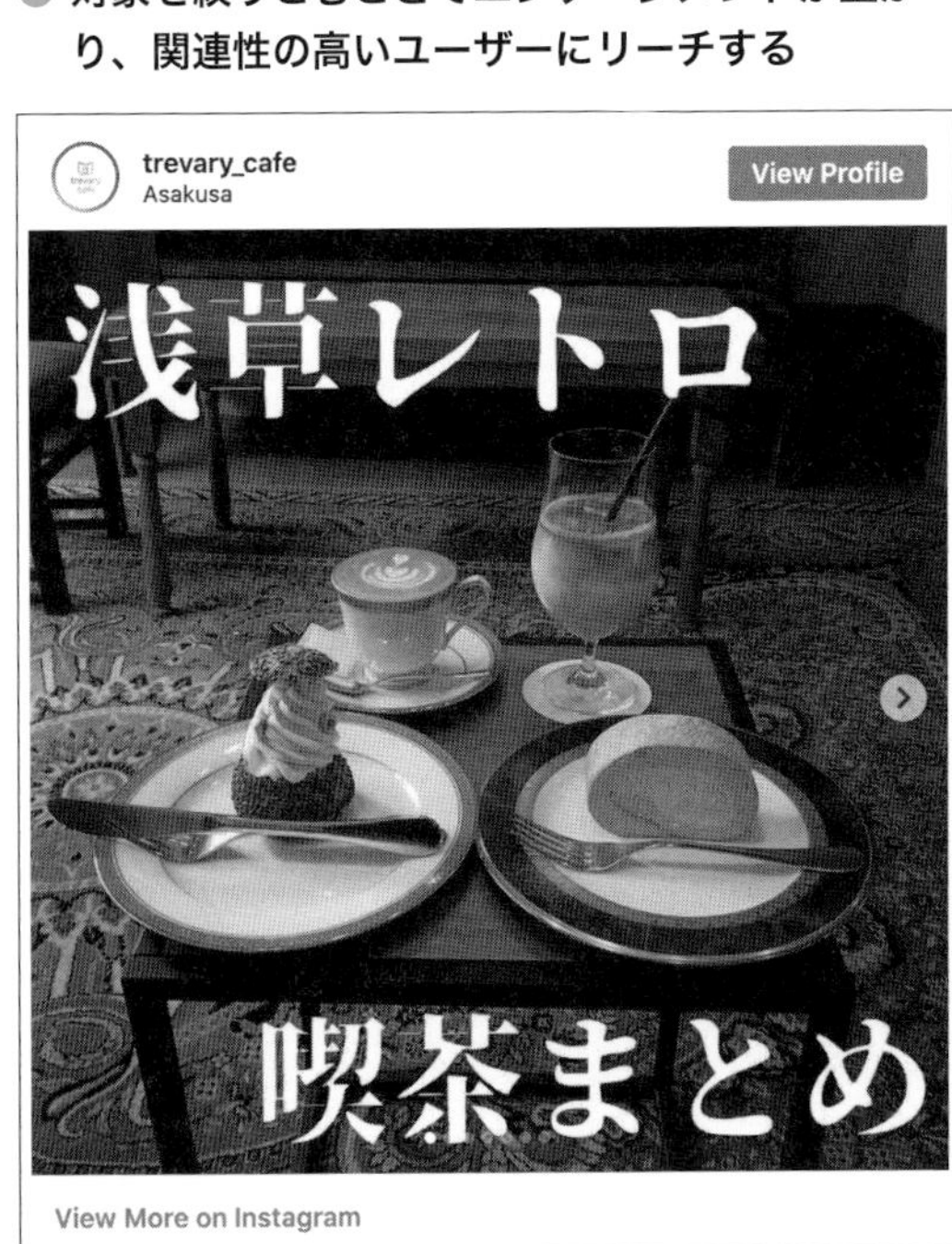

前ページの写真は、「東京カフェ」からエリアとジャンルをもう一段絞り込んで、「浅草×レトロ喫茶」という切り口の投稿です。

7 読みやすいデザインにする

いくら情報が素晴らしくても、内容が伝わらなければまったく意味がありません。見やすさ、読みやすさを意識したデザインにしましょう。

①「文字壁」になっていないか

「**文字壁**」とは、画像内を文字で埋め尽くすことです。これでは、どれだけいい内容でも読む気が失せてしまいます。文字量を削って、情報を絞る努力も必要です。インスタグラムで保存を増やすには、端的でわかりやすい内容で情報を伝えるのが大切です。

● 文字壁画像のイメージ

岐阜県飛騨地方南部の下呂市にあり、
飛騨川沿いにある中心街から山腹にまで50軒を超す宿泊施設が建ち並び、
一大温泉街を形成しています。
単純温泉かつ高温であることから、
肌ざわりが非常に良く美容や健康に効果あり。入浴後はスベスベの肌になれること間違いなし！
手形加盟旅館の中から3軒のお風呂に入浴できる「湯めぐり手形」の利用もおすすめ。
発行 下呂温泉旅館協同組合
0576−25−2064

②左右の余白を十分にとる

文字が画面の端までぎっちり記載されていると窮屈な印象になり読みづらいです。余白をとり、見出しと本文などメリハリを持たせることで情報をシンプルに伝えましょう。

③画質の良さは大前提！

画質が悪いとアカウントの信頼性も下がります。スマホでも綺麗な写真は十分に撮れるので、画質の悪い素材は使わないようにしましょう。フリー素材も素材感、宣伝感が出てしまうのでお勧めしません。

④フォント（文字）

丸ゴシック体のような可愛らしい柔らかいフォント、明朝体のような真面目なフォントなど、ターゲットに合わせてフォントを変えてみてください。また、アクセントとしていつもと違うフォントを使ってもい

● ブランドの世界観に合う、反応率を最大化できるフォントを探そう

いでしょう。

⑤可愛さお洒落さの追求

保存数を求めるのであれば、文字の可読性、視認性を優先しましょう。世界観のためのデザインや文字入れもいいですが、伝わらなければ意味がありません。投稿で一番大切なことを意識して、投稿のデザインを考えることが大切です。

8 「人」の要素を入れる

文字入れ投稿の特徴は**非属人的な投稿でも十分に数を伸ばせる**という点です。有益性のある情報がメインなので、誰でも再現性を持って展開できるからです。

これまではそれで十分成果が上がったのですが、昨今少し変化があります。投稿に「人の温度感」「人間味」がないと、保存が伸びなくなっている傾向があるように感じます。

具体的には、写真に「手」を入れる、横顔

● 人が入る写真とそうでないものは多くの差が出る

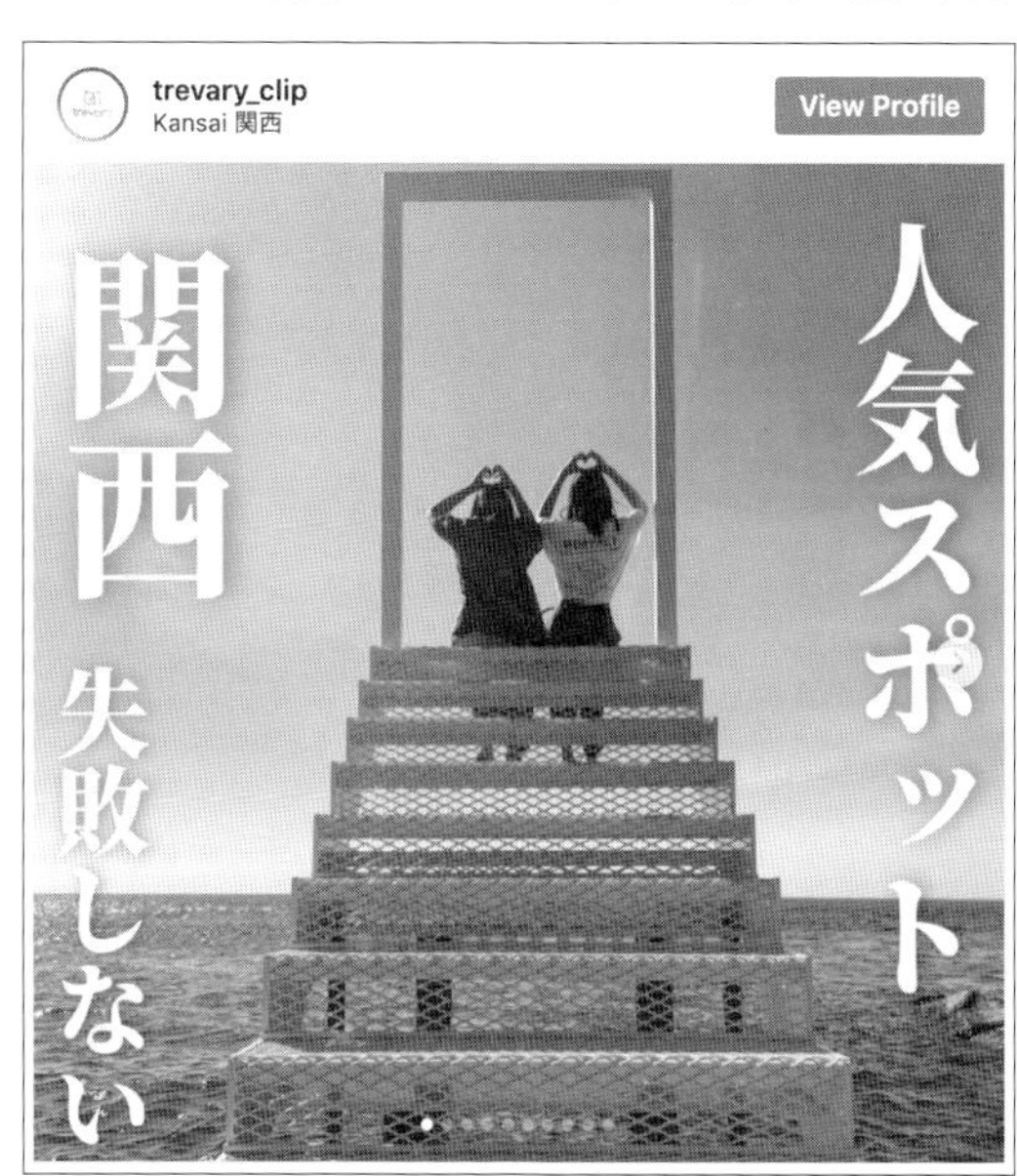

や後ろ姿を入れる、動画で声を入れるといった感じです。必ずしも顔出しは必要ありません。運用者の人間性を感じさせるような、安心感ある投稿を心がけてみてください。

9 投稿内に動画を加えて滞在時間を伸ばす

投稿の情報量、滞在時間を延ばすのにさらに有効なのが**動画**を加えることです。次の画像の投稿では、カフェのまとめ投稿の5枚目に動画を使うことで、紹介したお店の雰囲気をより直感的に確認できます。

インスタグラムでは滞在時間も見てシグナルを貯めています。動画を加えることは滞在時間を増やすだけでなく、情報密度も増えて保存率アップにも繋がります。

細かなテクニックも含めて解説しましたが、結局はコンテンツがすべてです。フォロワーの課題を見定め、自分達からの視点での解決策を、共感性を意識しながら届けてください。

● まとめ投稿に動画で店舗の雰囲気がわかるように

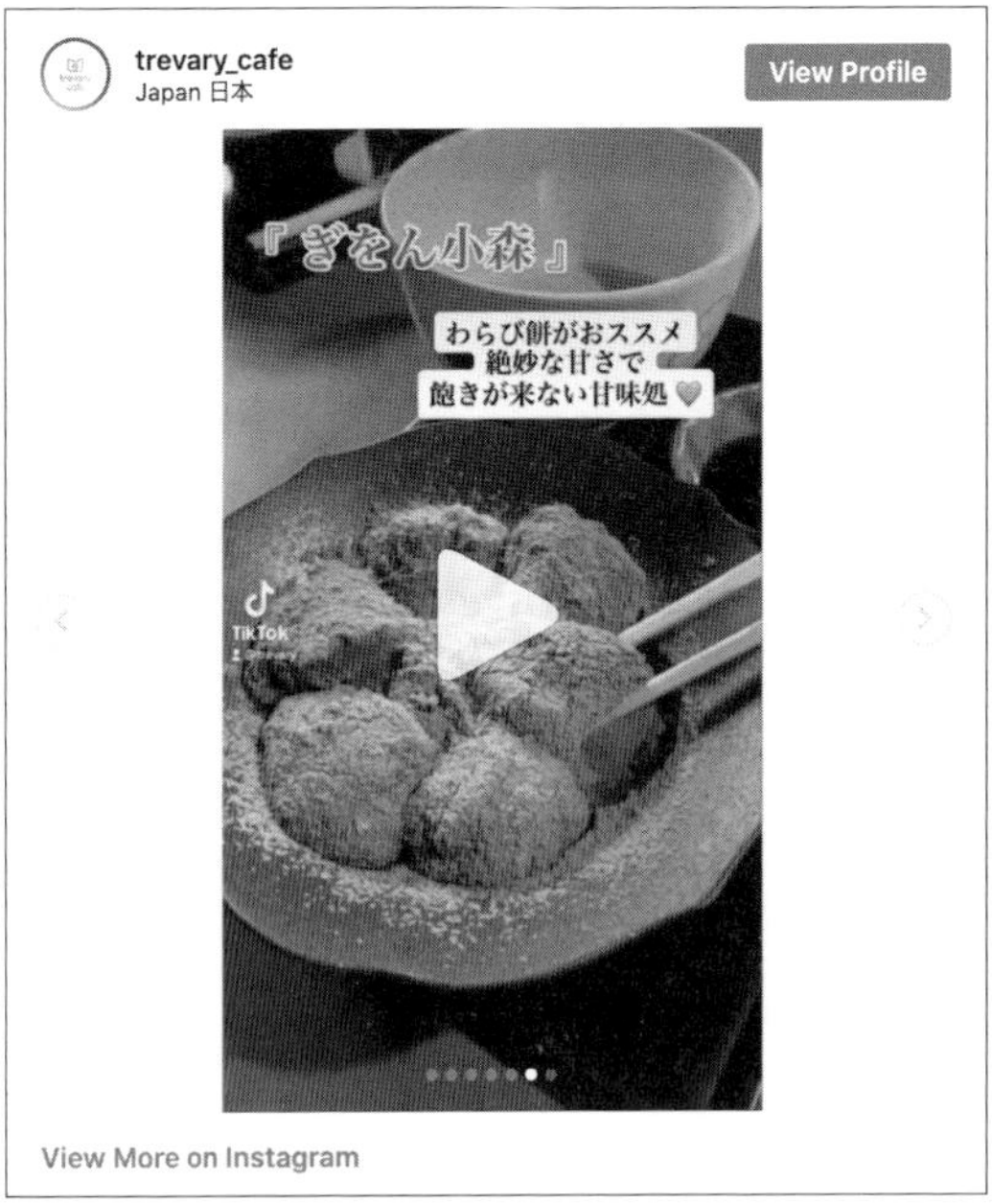

trevary_cafe
Japan 日本
View Profile
『ぎをん小森』
わらび餅がおススメ
絶妙な甘さで
飽きが来ない甘味処
TikTok
View More on Instagram

05 滞在時間と保存数アップに有効な「文字入れ投稿」

ここでは「**文字入れ投稿**」について解説します。左の写真のように、画像に文字情報が入っている投稿を見たことはありませんか？

２０１９年頃からこのような文字が入った投稿が増えており、もはや写真共有ＳＮＳという域を超えてインスタグラムは「**ミニブログ**」化していると言えます。

インスタグラムのアルゴリズムが、投稿あたりの**滞在時間**を評価し、**滞在時間が長いアカウントの露出を増やす**傾向にあることが、その遠因です。投稿へのアクセス解析を行いＰＤＣＡを回していけば、必然的に滞在時間が増える文字入れ投稿が最適解となるのです。

● ミニブログ化するインスタ

ユーザーの限られた時間を少しでもインスタグラムで費やしてもらうために、これからインスタグラムのミニブログ化と動画への注力傾向は一層高まるでしょう。

ここでは文字入れ投稿について深掘りしていきます。

1 文字入れ投稿が有効な理由

滞在時間を評価する指標「保存数」を増やしやすい

インスタグラムは、投稿を見たユーザーの滞在時間を評価しています。しかし、記事執筆時点のインサイトには、その滞在時間をはかる指標はありません。直接滞在時間の指標はありませんが、代わりに「**保存数**」を見ていきます。保存数は滞在時間ともっとも相関がある指標です。

いいね！はどちらかというと直感で好感を持った作品に行われます。フィードをスクロール中に瞬間的にいいね！をタップし、またすぐスクロールをするイメージです。

● 保存ボタン

一方で「保存」は、内容をじっくり読み込んだ後にまた見返したいと思う投稿に対してリアクションをするものではないでしょうか。

いいね！は相手に対して「共感したよ」という（カジュアルな）意思表示であり（投稿者に通知がいきます）、**「保存」は自分のためにする行為**とも言えるかもしれません。保存は、しっかり投稿を見た後のアクションである可能性が高く、滞在時間を割いて見ている証拠といえるのです。

実際、**リーチが伸びている投稿はいいね！数よりも保存数が多くなる傾向があります。**保存してもらう投稿では文字入れは必須です。

● 発見タブに露出しリーチが伸びる投稿は保存数が多くなる

文字入れ投稿は「とりあえず貯める」行動パターンにフィット

大量の情報が巷にあふれている今、若者には手元のスマホに必要のない情報は極力入れたくないという心理があります。多くのユーザーは興味のある情報だけが自分の手元に集まるように、上手にハックしているのです。

その方法の1つが「保存」です。気になった情報をスクショする文化はもう定着していますが、あふれる情報の中で、気になった情報をどんどん保存する行動パターンは当たり前のものになっています。

博報堂ＤＹメディアパートナーズによる「メディア定点調査」の調査では、10〜20代の男女に、「**欲しいものや行きたい場所、ちょっといいなと思ったら、スクショやメモでとりあえず保存するか**」を尋ねたところ、「保存する」が全体では40・1％であったのに対し、**10〜20代女性では67・4％**と高い割合を示しました。また「**SNSで気になる情報や画像があると、その投稿をとりあえず保存するか**」を尋ねたところ、「保存する」が全体では22・0％であったのに対し、**10〜20代女性では48・7％**と、半数が保存しているという結果になったそうです。この調査は２０１８年のものなので、今ではさらに一般的な行為になっているかもしれません。

また今のインスタグラムユーザーは、気になる投稿を保存するだけではなく、自分にぴったりな情報を投稿しているアカウントにはいいね！やフォローを積極的に行い、自分の興味関心をインスタグラムのアルゴリズムに学習させています。自分の興味あるものをインスタグラムに教え込み、発見タブ上での体験をよりよくしようとしているのです。アルゴリズムをユーザーは直感的に理解しており、逆にその仕組みを活用しているというのは面白いですよね。

2 「文字入れ情報」投稿の作成方法

1 ベンチマークとなるアカウントを探す

「文字入れ投稿」を作る上で、参考にできるアカウントをピックアップしましょう。関連するハッシュタグと競合アカウントから探すことができます。詳しい方法は2時限目05「ベンチマークを参考に独自『勝ちフォーマット』を見つける」（86ページ）を参照してください。

ユーザー視点で探せば、ユーザーに求められている情報（コンテンツ）をより深く理解できるようになります。

2 コンテンツの企画を立案する

コンテンツの企画は次の手順で考えてみましょう。

目的（誰に、どんな価値を提供するのか）をもとに細かいターゲットを設定する

次の切り口で企画を立案する

・ターゲットの困り事（「不安」「不満」「不便」など）を解消する内容
・ジャンルの掛け合わせ（例：「エコ ×料理」など）

2時限目で「勝ちパターン」を探すことの重要性を解説しました。リサーチを徹底し、自社にフィットするパターンをぜひ見出してください。企画立案では、ターゲットの興味・関心をとらえる切り口をいかに増やせるかが重要です。投稿に関するターゲットとペルソナについては、4時限目02を参照してください。

3 加工アプリを使ってデザインを作成する

インスタグラムユーザーのほとんどは、フィード投稿をじっくり読みません。スクロールしながら投稿の画像やメッセージを斜め読みしている状態なので、フィード投稿を作る際には「**1メッセージ**」と「**わかりやすさ**」を心がけましょう。

デザインには高い保存率を獲得できる「勝ちフォーマット」が必ずあります。ただし勝ちフォーマットは自分で見つけないと再現できないものでもあるので、繰り返しA／Bテストを実施して勝ちフォーマットを見出してください。

「**Canva**」(**https://www.canva.com/**) という写真編集アプリには、おしゃれなテンプレートも豊富にあるので、デザイン知識や経験がなくても、質の高いコンテンツを作成できます。他には「**Phonto 写真文字入れ**」(文字入れアプリ)、「**VSCO：写真加工・動画編集アプリ**」(画像加工アプリ)、「**CapCut- 動画編集アプリ**」(動画編集アプリ) などもお勧めです。投稿を便利にするツールに関しては、157ページのコラムでも紹介します。

4 カルーセル10枚を使い切る

「**カルーセル**」は1投稿で複数の写真や動画を使える機能です。インスタグラムのフィードは1回につき最大10枚まで投稿可能です。情報密度の最大化を図るためにも、**10枚全部使ってコンテンツを作成**しましょう。ユーザーの滞在時間が伸びてエンゲージメントを上げるのにも有効です。

10枚使い切る勝ちパターン投稿のヒントは「**まとめ投稿**」です。過去に「NAVERまとめ」などまとめサイトが人気を博しましたが、まとめフォーマットはインスタグラム上でも通用する優秀なフォーマットです。迷ったらまとめ系の切り口のコンテンツをお勧めします。

3 「文字入れ」ができない場合の対処法

企業によっては「文字入れ」投稿がブランドの世界観に合致しないというケースもあります。そういう場合の対処法を紹介します。2通りの方法があります。

2枚目から「文字入れ投稿」にする
サブアカウントで「文字入れ投稿」を展開する

2枚目から「文字入れ投稿」にする

1枚目はブランドの世界観に合った投稿にして、2枚目から「文字入れ情報」投稿を展開する方法です。もちろん「文字入れ情報」の文字（テキスト）やフォーマットもブランドの世界観を踏襲したものを検討する必要があります。

なお1枚目の画像の右下に小さく「**スワイプしてね**」というテキストを入れると、2枚目以降の画像もより閲覧してもらいやすくなります。

サブアカウントで「文字入れ投稿」を展開する

もう1つは、別アカウントで文字入れ投稿を展開する方法です。企業は公式アカウントを立ち上げたものの、「フォロワーが増えない」課題を抱えているケースが多いです。それを解決するため、別にサブアカウントを立ち上げて文字入れ投稿を展開します。本アカウントでブランドの世界観を確立しながら、サブアカウントでフォロワーを増やしていくことができます。

この方法を選択した場合、本アカウントのフォロワーも増やしていくために、**サブアカウントのフォロワーを本アカウントに誘導していく**必要があります。例えば、サブアカウントのプロフィールページに本アカウントを案内したり、サブアカウントのフォロワーのUGC投稿（メンション付き）などを本アカウントの「ストーリーズ」で紹介して、本アカウントを広めていきます。

フィードはアカウントの顔なので文字入れ投稿できない企業もあるはずです。しかし、ストーリーズは投稿後24時間で消滅するので、アカウントの世界観を損なわず本アカウントを多くの人に認知させられます。

「古きインスタ映え」にとらわれていないか

筆者は、今後あらゆる企業のインスタグラムで文字入れ投稿をするようになると考えています。テロップのないテレビ番組はありませんし、字幕が入っていないユーチューブも稀です。**ビジュアルや動画はテキスト情報とセットで伝えるのが最適解**であるのは周知の事実になっています。消費時間から得られる情報パフォーマンスを最大化したい人が増えていることからも、それは間違いありません。

多くの企業やブランドは古き良き「インスタ映え」にとらわれ苦戦していると感じています。そのギャップに大きなチャンスさえ感じるのです。極論すると、ブランド側のこだわりで文字入れしないのは1つのリスクではないかとも思います。文字入れ投稿は個人ユーザーでは当たり前になっています。企業やブランドでも当たり前になる未来は確実にくるでしょう。

ここがポイント

- 文字入れ投稿はユーザーの滞在時間を最大化させやすい。「大事な情報は保存する」というユーザーの行動パターンにもマッチ
- カルーセル10枚を使い切ろう。文字入れできない場合は2枚目以降かサブアカウント運用を

06 インスタグラム広告を成功させる方法

1 時間と労力をスキップできる広告利用

オーガニック運用は時間と労力がかかるのも事実です。その時間と労力をスキップし、直近の売上獲得や集客を行う方法として「**インスタグラム広告**」の利用があります。

フェイスブックはグーグルに次ぐ世界最大の広告会社です。インスタグラムはその傘下のサービスで、広告の仕組みはとても秀逸です。適切に運用すれば高い費用対効果を出せます。広告の出稿方法や仕組みなどを解説するだけでも一冊の本になるので、ここではインスタグラム広告を成功させるための大切なポイントに絞って紹介します。

インスタ広告で効果を上げるノウハウを解説します。上手く運用すれば驚くほどの成果が出ます。

2 成功の可否は「勝ちクリエイティブ」の発掘

インスタグラム広告で成果を出すためには、**もっとも費用対効果が高いクリエイティブ（広告素材）を一刻も早く見出すこと**にかかっています。

入稿素材は、クリック率や購入（コンバージョン）率に大きな影響を与えます。素材によってその差は10倍以上になるものもあります。例えば、「商品写真」と「利用シーン」の2つの場合、前者はクリック率0・1％でクリック単価100円、後者は5％でクリック単価10円というように、大きな差が生まれるのです。同じ予算で出稿した場合、後者の方が10倍の結果に繋がり、費用対効果が高いといえます。ここではクリック率や単価で例え

● 様々なパターンのクリエイティブをテストすることが大切

ましたが、コンバージョン率にもクリエイティブは影響します。**インスタグラムで広告を出稿する場合は、複数のクリエイティブを入稿して、効果を比較検証することが必須**です。できるだけ多くのパターンを同時配信して、それぞれの成果を測ります。

複数クリエイティブを出稿するには、インスタグラムのアプリ上からは難しいため、ビジネスマネージャーの広告管理画面から操作する必要があります。

リアルタイムにインプレッション数、リーチ数、クリック率、クリック単価などの数字としてフィードバックを得ることができます。２・３日ほど配信を行えば、広告ごとの結果の違いがはっきりとわかるでしょう。

3 広告を設定する

管理画面から広告を配信するには、フェイスブックページとインスタグラムの連携が必須です。フェイスブックのビジネスマネージャ上の広告マネージャーから操作する必要があります。インスタグラム広告は、フェイスブック広告のオプションとして配信ができるイメージです。

フェイスブック広告の概念として、「キャンペーン∨広告セット∨広告」と入れ子式で各項目を管理していく仕組みになっています。

「**キャンペーン**」は目的別で設定できます。例えば「新規顧客獲得キャンペーン」「来店促進キャンペーン」などを設定しましょう。

キャンペーンを設定したら、その中に「**広告セット**」が配置される形となります。広告セット上でターゲティングが可能で、かつキャンペーン内に複数設定できるので、例えば「年齢」「性別」「エリア」ごとに広告セットを作成し、どのターゲットがもっとも高い費用対効果を出せるか把握できます。

特にターゲティングなどが必要なければ、広告セットは1つでもかまいません。ターゲットごとではなく「動画」「カルーセル」「画像」のようにフォーマットごとに分けるのもいいでしょう。

広告セットでターゲットや予算を設定したら、今度はその中に複数の「**広告**」（クリエイティブ）を入稿していきます。

4 ターゲットを絞りすぎない

広告出稿の際の重要な点として「**ターゲットを絞りすぎない**」ことがあります。女性向け商品ならタ

● インスタグラム広告におけるキャンペーンの概念

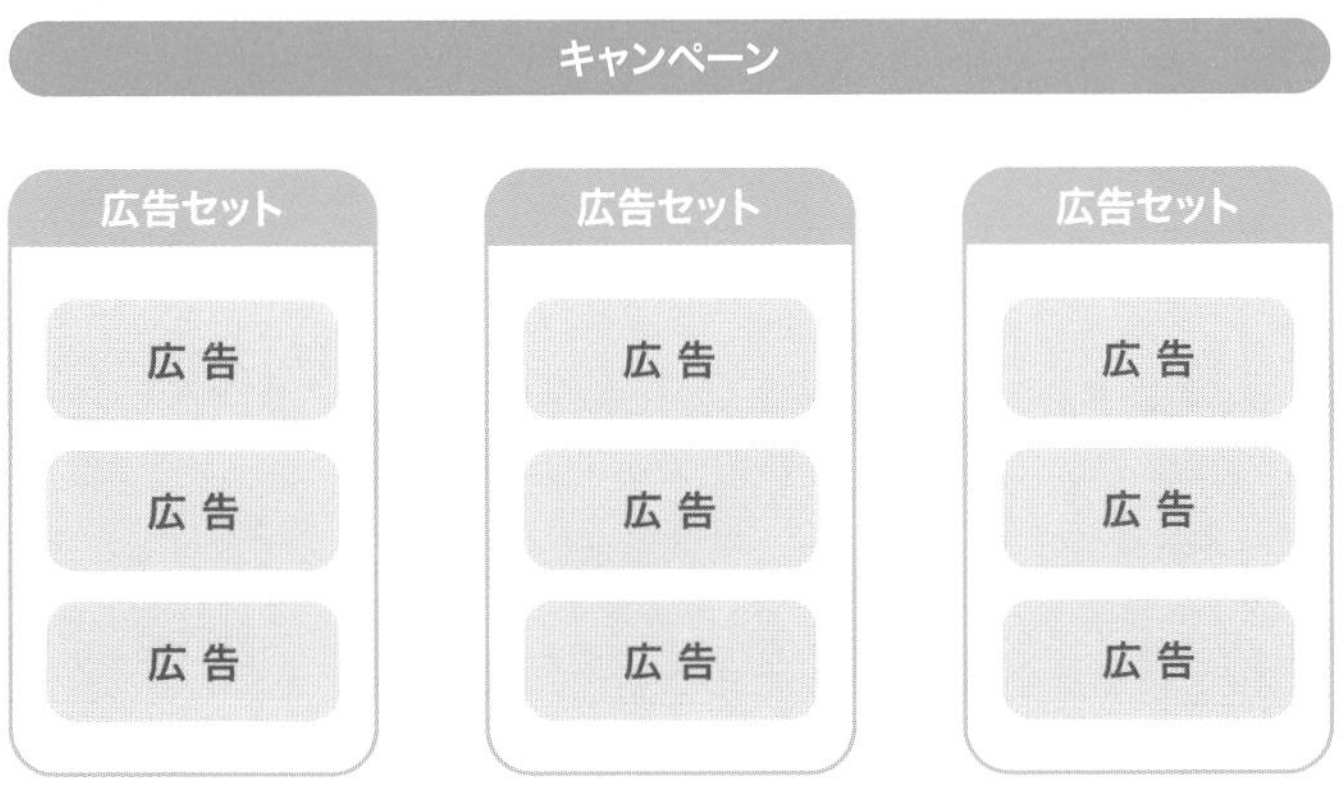

キャンペーン		
広告セット	広告セット	広告セット
広告	広告	広告
広告	広告	広告
広告	広告	広告

ーゲットは「女性」、エリアが東京なら「東京都在住」、20代向けの商品なら「20代」といった具合です。商材ごとの最低限のターゲティングは必要ですが、絞るのはそのレベルにとどめ、できる限り広い範囲で配信しましょう。

「年齢」「性別」「地域」の他にも「興味関心」「利用デバイス」「家族構成」「年収」「学歴」など非常に多くの項目で設定できます。しかし、**細かく設定すると配信できる範囲が狭くなり、クリック単価が高騰して費用対効果が悪くなります。**

広いターゲット設定で配信することで、システム側で最適化を行い、もっとも反応率の高いユーザーへ広告を自動配信してくれます。

● 広告セット画面におけるターゲット設定

オーディエンス
広告を配信するターゲットを設定してください。詳しくはこちら
新しいオーディエンスを作成
保存済みのオーディエンスを使用 ▾
カスタムオーディエンス
新規作成 ▾
既存のオーディエンスを検索
除外
地域
地域:
・ 日本
年齢
18 - 65+
性別
すべての性別
詳細ターゲット設定
次の条件に一致する人を含める:
利用者層、興味・関心、行動を追加
おすすめ 参照
除外
詳細ターゲット設定の拡大
パフォーマンスを向上できそうな場合は、現在の詳細ターゲット設定よりも広い範囲の人にリーチする。
言語
すべての言語
オプションを非表示 ▴
つながり
全員
このオーディエンスを保存

興味関心のキーワードは、追加するほど関連のターゲットが広がる仕組みになっているため、できる限りターゲットに合うキーワードや条件を入力する

広告クリエイティブは要素ごとに比較を

クリエイティブの構成要素は「**キャッチコピー**（訴求軸）」「**画像**」「**デザイン**（レイアウト）」がありますが、この**どれか1つの要素に特化して複数パターンの広告を作る**のがポイントです。

例えば、10案のキャッチコピーを考える際は、「価格」「商品力」「機能性」「作り手の思い」「顧客目線」など、様々な訴求軸で案を出しましょう。その際、背景の「画像」や「デザイン（レイアウト）」は固定にして、キャッチコピーの変化で効果を比較検討します。

キャッチコピーで一番効果の高い案がわかったら、次は画像を「商品」「男性」「女性」「若者」「複数」「顔アップ」など、それぞれにおいて10案（パターン）作り同じように比較検討します。

要素ごとに複数パターンのテストをし、各要素で一番効果のある広告パターン同士を組み合わせます。ちなみに**各要素の中でもっとも数字としてインパクトが出るものは「画像」です**。画像の最適化から優先することをお勧めします。

複数の要素の変更を同時にして比較すると、結果に影響した要素がわからなくなるので、必ず要素ごとにテストしてください。

要素ごとの比較を自動で行う「**ダイナミック広告**」という機能があります。広告に対して10パターンの画像、5パターンの見出しと本文を入稿できます。自動でもっとも成果が出る組み合わせを配信してくれます。これを使えば複数パターンの広告を作成しなくても、システム側で自動的に配置（デザイン）してくれます。

少人数でインスタグラムを運営している企業にとっては効率的に広告を運用できて便利です。フェイスブックも利用を推奨しているので試してみてください。

● ダイナミック広告の入稿画面

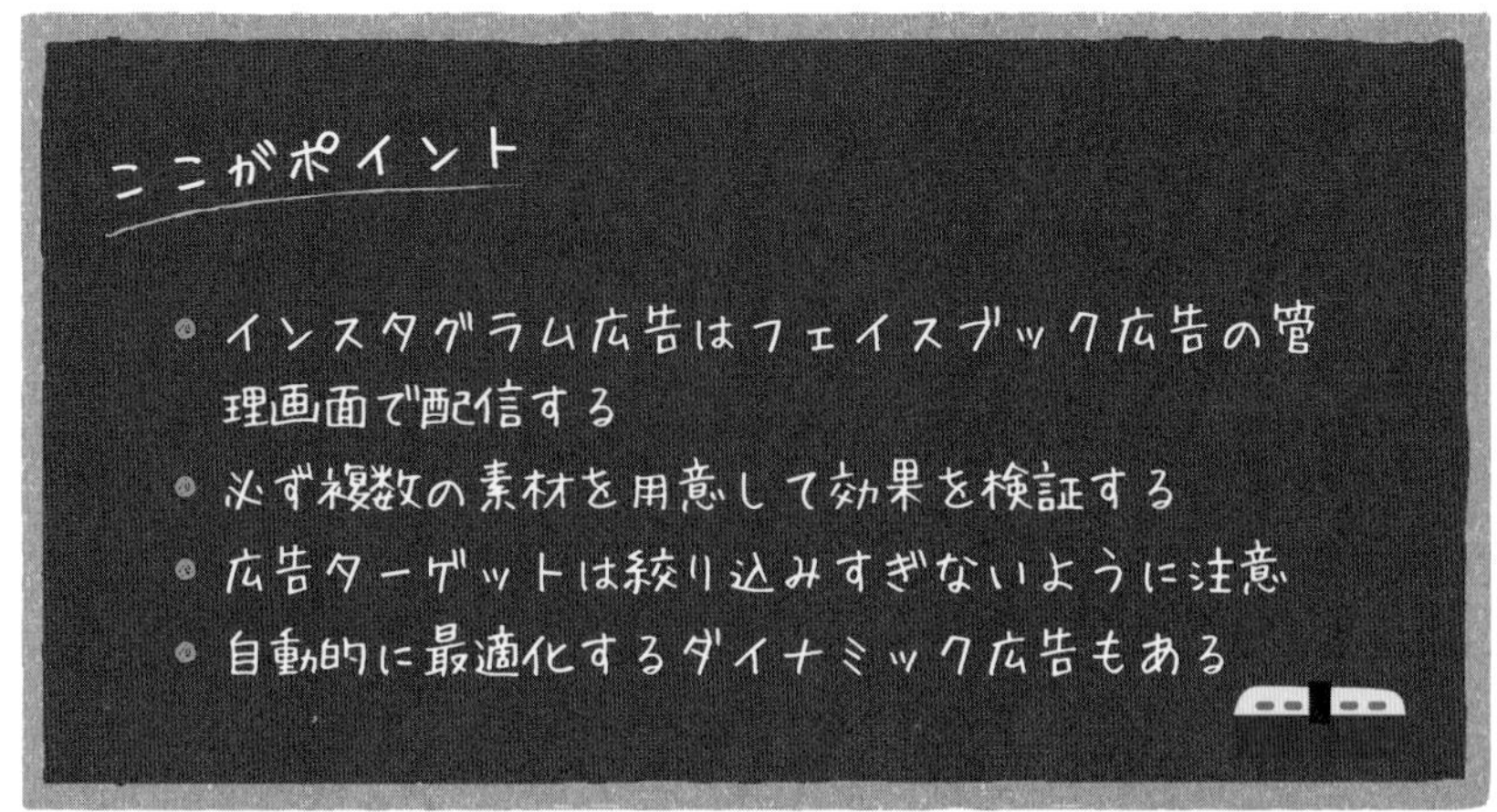

ここがポイント
● インスタグラム広告はフェイスブック広告の管理画面で配信する
● 必ず複数の素材を用意して効果を検証する
● 広告ターゲットは絞り込みすぎないように注意
● 自動的に最適化するダイナミック広告もある

業務効率＆集客効果を高める お勧めツール・アプリ

インスタグラムの運用で効率的に作業するためには、最適なツール・アプリ選びが必要不可欠です。筆者自身が一番使いやすいと考えるお勧めのツール・アプリを紹介します。

分析ツール「Iconosquare（アイコノスクエア）」

● iconosquare のダッシュボード画面の一部

「SINIS(サイニス)」「アイスタ」など分析ツールには様々あります。どれもフォロワーの推移や各投稿のエンゲージメント数などの基本的なデータを閲覧・分析できます。その上で「Iconosquare(アイコノスクエア)」をお勧めするのは次の６つの機能があるからです。

1. 表示期間を自分で選べる

インスタグラムのインサイトはデータの表示期間が最大60日前までしか選べません。しかし、Iconosquareなら制限なくどの期間のデータでも閲覧できます。

2. エンゲージメントの高い投稿がわかる

もっともいいね！の付いた投稿や一番コメントの多かった投稿がランキングで表示されます。さらに、その２つを総合したエンゲージメントの高い投稿のエンゲージメント率も可視化できます。

3. 最適な投稿タイミングがわかる

Iconosquareは、フォロワーがよく閲覧している時間帯と曜日、そしてこれまで投稿した時間帯を考慮した「お勧めの投稿時間」を教えてくれます。

次の写真は筆者のアカウントの分析結果です。縦軸が曜日、横軸が時間で、紫色の濃くなっている箇所が、高いエンゲージメント率を獲得できるお勧め投稿時間帯です。グラフの上部には、英文テキストでお勧めの時間帯「日曜日の午後九時」と表示されています。

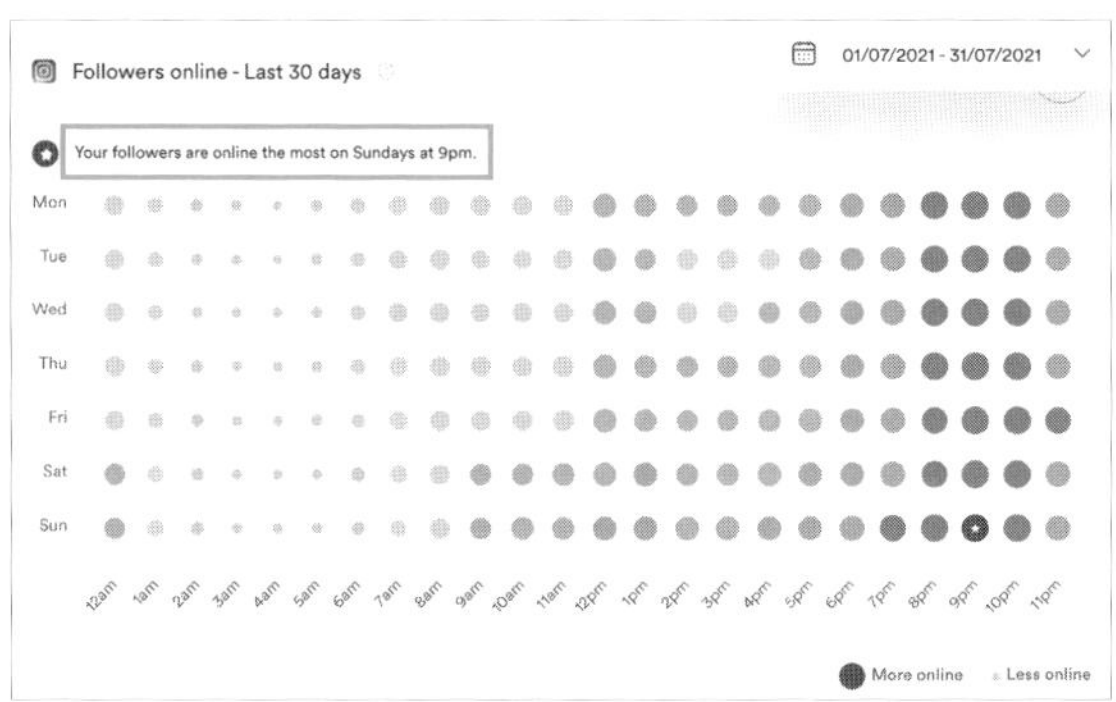

4. 人気のハッシュタグがわかる

投稿で使ったハッシュタグの中から、エンゲージメントの高かった人気ランキングをチェックできます。これを活かせば、非フォロワーに向けた、効果的なハッシュタグが作りやすくなります。

5. 競合や業界との比較ができる

競合アカウントを登録しておけば、競合の投稿頻度やフォロワー数、エンゲージメント数、よく使われているハッシュタグなどがわかり、自社のアカウントと比較できます。また、業界平均（フォロワー、エンゲージメント数、投稿数、グロスレートなど）も算出可能です。

6. 毎日・毎週レポートが届く

フォロワー数の増減、エンゲージメント数、競合分析などのレポートが、毎日・毎週、登録メールに届きます。そのレポートをチェックするだけで、アカウントが今どういう状況にあるのかを把握できます。

なおIconosquareは英語版のみです。しかし操作が簡単で、わかりやすいインターフェイスなので、英語に自信のない人でもすぐに使いこなせるはずです。

有料プランしかありませんが、登録せずに使える無料のお試し版（14日間）があります。まずはそれで機能を実感してみてください。

グラフィックデザイン「Canva（キャンバ)」

● Canva のデザイン画面

画像を加工したり、レイアウトを組んだりするのは、デザイン経験がないと難しく感じます。特にインスタグラムのフィード投稿は、「勝ちパターン（デザイン）」を見つけるまではトライ＆エラーで何度も画像やテキストを組み替える必要があるので、簡単に編集できるツールが必要です。そこでお勧めなのが「Canva(キャンバ)」です。

1. 何万点ものテンプレートがある

何万点ものデザインテンプレートや画像（動画や写真、イラストなど)、フォント（書体）があるので、ゼロからデザインを考える必要はありません。なお無料の場合は、使えるテンプレートなどが限定されます。

2. ドラッグ＆ドロップで直感的に操作できる

基本は、使用したいテンプレートを選択し、指定の場所にドロップするだけです。書体や画像選びも同様の操作なので、数日間でマスターできます。カスタマイズも縮小・拡大、配置変更などをその場で行うだけなので、直感的に操作できます。

画像サイズもインスタグラムのフィード投稿仕様に最適化されているので、完成すればそのままアップロードできます。

3. 一人でも使えるし、グループで共有もできる

スタッフをチームに招待すれば、連携をとりながらリアルタイムでデザインを共同制作できます。短期間で仕上げなければならないときなどは、複数のスタッフと業務を分担できると効率的に進められます。

画像や動画をダウンロードするサービス「SaveFrom.net」

● 投稿画像や動画のダウンロードが可能

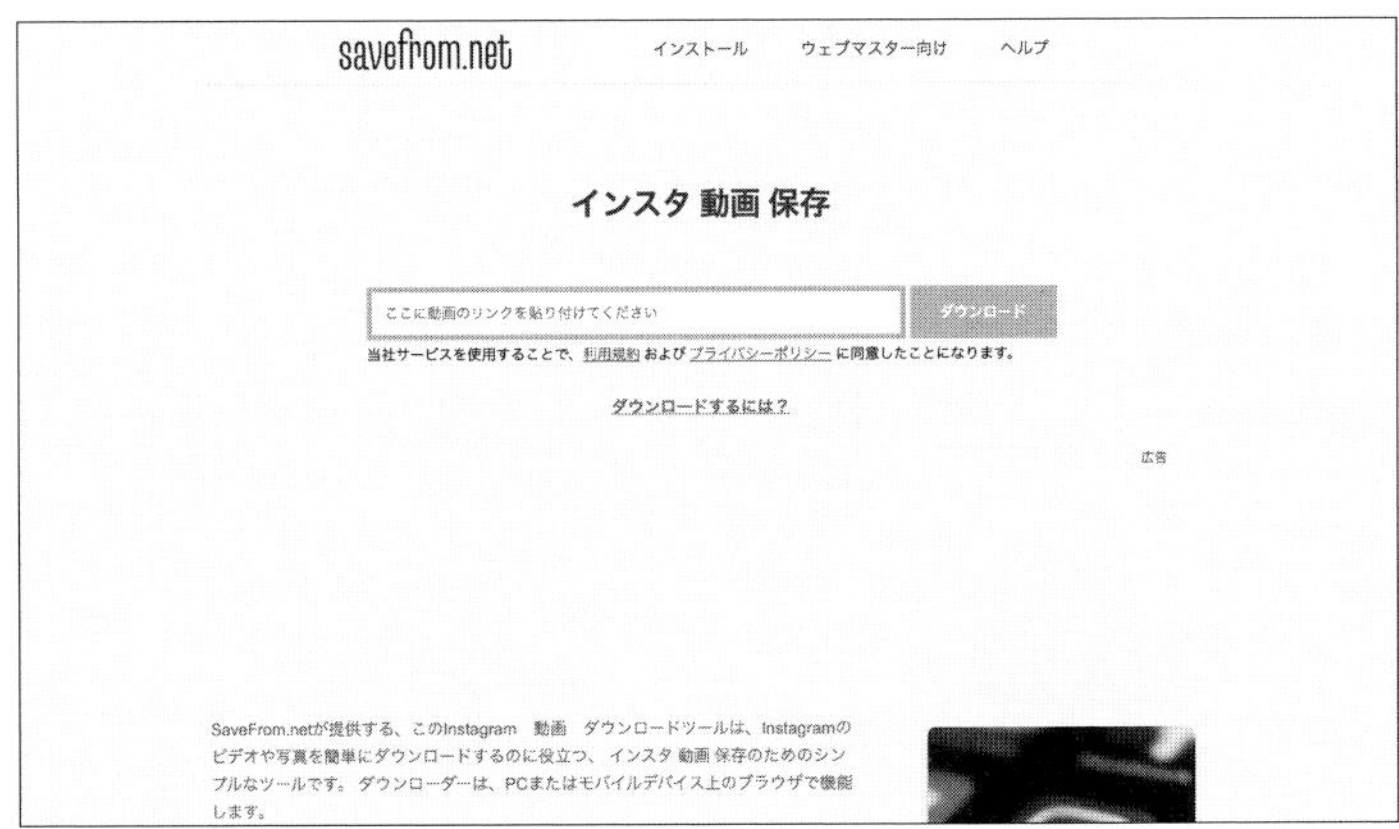

インスタグラムには、公式機能としてシェア（リポスト）機能はありません。リポストする場合は投稿画像をダウンロードして、アップし直す必要があります。

リポストアプリを利用する方法もありますが、リポスト画像にリポストマークが付いたり（有償で外せる）、パソコンで編集するにはアプリから転送したりと面倒です。

「SaveFrom.net」は、ブラウザで投稿画像をダウンロードできる便利なサービスです。インスタグラム投稿のURLをコピーして貼り付けるだけで、自分のパソコンに画像をダウンロードできます。

このツールを使うのは、許可を取った上でリポストする場合だけです。許可無くダウンロードするのはガイドライン違反ですので注意してください。

4時限目
インスタグラムで フォロワーを増やす施策

外部へ誘導が可能になったり、コラボも容易になるなどメリットがたくさんあります。

01 フォロワーを増やす理由

フォロワー数は数字であり、フォロワー増はその後の目的（純粋想起の獲得、売上、マーケやＣＳの予算削減、ブランディング、認知率アップなど）の手段でしかありません。１万フォロワー達成後にどうビジネス成果に活かすのか、そのイメージが大切です。

それを意識しながら、インスタグラムでフォロワーを増やすことで得られるメリットを説明します。

1 ストーリーズから外部ＵＲＬへ誘導できる

フォロワーを増やすと、ストーリーズから外部ＵＲＬへ誘導できるようになります。これが売上に直結するもっとも大きなメリットです。

記事執筆時点、インスタグラムでＵＲＬを設置できるのはプロフィー

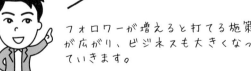

フォロワーが増えると打てる施策が広がり、ビジネスも大きくなっていきます。

ル画面のみですが、1万フォロワーを超えるとストーリーズにURLが設置できるようになります。中央下をスワイプアップ（タップ）することで外部サイトへ誘導できるようになります。なお、2021年8月30日以降はスタンプ形式に変更されました。今後1万フォロワー以下のユーザーへの展開も検討中とのことです。

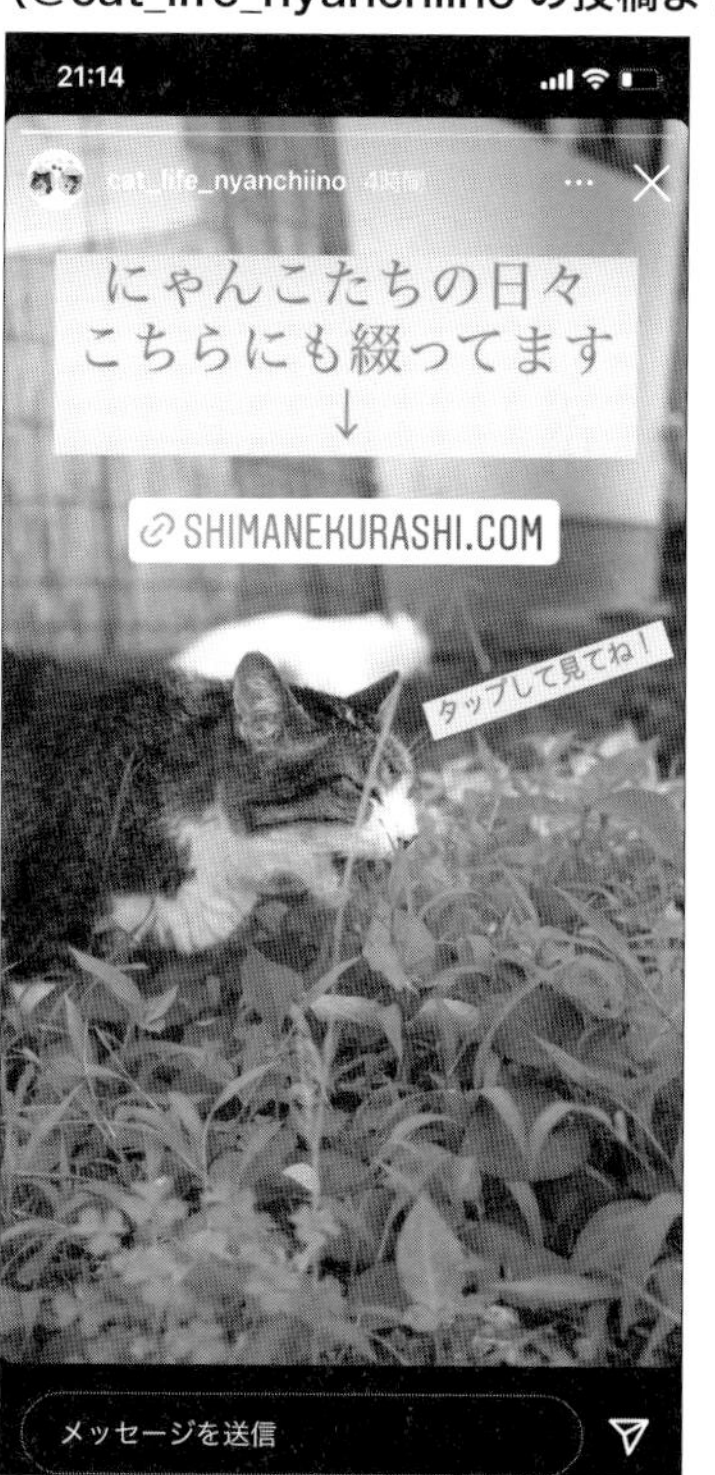

● ストーリーのリンクスタンプ
(@cat_life_nyanchiino の投稿より)

筆者はインスタグラムで収益化している多くの個人ユーザーを知っていますが、この機能の実装以前・以降で売上が何十倍も変わると聞きます。実際、筆者にもその実感があります。ストーリーズの平均閲覧数はフォロワーのおよそ15～30％、そこからのアクション率は5％といったところでしょうか（平均値。コンテンツによって異なる）。

ストーリーズは24時間で消えるため「お得な情報は今見ておかないと！」と損失回避の意識が働きやすい側面もあります。各要素がハマれば驚異的な誘導数（率）を叩き出すことも可能です。

ストーリーズはフォロワー向けに露出する機能なので、閲覧するのはフォロワーの中でもエンゲージメントの高い良質ユーザーです。誘導先のCVR（購入や申込みへの転換率）も期待できる重要な導線といえます。つまり、フォロワー数が増えるほど、無料で任意のページに誘導できる数も増やせるのです。

特筆すべきなのが**ハイライト**機能です。通常24時間で消えてしまうストーリーズを、プロフィールに固定して残せます。ハイライト上でも設置したリンクは消えないので、注力する誘導先があれば、ハイライトに残すようにするとよいでしょう。ストーリーズについては5時限目02で詳しく解説します。

● プロフィール画面のストーリーハイライト

2 保存数が伸びやすくなり発見タブに表示される（正のループが起きる）

発見タブにどれだけ表示できるかが、新規フォロワーを増やす重要なポイントです。2時限目でも説明したとおり、それは投稿の保存と明確な相関関係があります。

正確には「保存数」ではなく、フォロワーへのリーチに対する「保存率」に比重が置かれています。リーチボリュームが多いほど、投稿への評価に偏りもなくなり再現性を持って（狙って）

保存数の多い投稿を作ることができます。これはあくまで筆者のイメージですが「フォロワーへのリーチで投稿が評価され、一定の保存率をクリアすると、次は発見タブのステージに引き上げられる」というイメージです、

フォロワー数が少なくても発見タブに載って保存数が爆増することがありますが、500人よりも1万人に評価された方がその数字は信頼性が増し、極端に保存数が少ない・多いということがなくなってきます。

インスタグラムの面白い点として、**「保存率が上がればアルゴリズムが自動でバズらせてくれる」**点にあります。フォロワーが多いほど再現性が高まり、狙って発見タブに載せることができます。そこからさらにフォロワー獲得に繋がるという弾み車を回せる仕組みになっています。

3 ビッグワードのハッシュタグ検索で有利に

フォロワーが多ければ、投稿あたりの反応数（率）が増えるため、**ビッグワード**でのハッシュタグでも人気投稿に表示されやすくなります。例えば「#渋谷カフェ」というハッシュタグを付けた投稿で、いいね！やコメント数が１００と1万の投稿を比較すると、後者の方がそのハッシュタグで検索したときにトップに表示され続けやすくなります。フォロワー数が多い方が反応数も多くなるので、ハッシュタグ検索から投稿を見つけてもらいやすくなるのです。

アルゴリズムの進化で、反応数が少ない投稿も検索ユーザーとのマッチングが最適と認識され

たものはトップ表示されることが増えています。しかしその場合はすぐに入れ替わるので、上位表示に固定されやすいのは反応数が多い投稿である傾向が高いです。

検索経由のユーザーはモチベーションが高い良質な見込み顧客です。インスタグラムの検索は、複数キーワード検索を実装予定です。インスタグラム上での検索結果に優先的に表示していくためにも、フォロワー数の獲得は重要といえるでしょう。

２０２１年５月に地図機能がリリースされるなど、今後も検索機能のアップデートが行われるでしょう。

● ビッグワードハッシュタグとマップ機能

インスタグラムのストーリーズでは、フォロワーと気軽にコミュニケーションができる**スタンプ**を充実させています。

写真の囲み部分がスタンプです。ユーザーに二択を選んでもらう「POLL」、質問の回答を得る「QUESTIONS」、アンケートなどが可能な「QUIZ」など、様々なスタンプがあります。それらでフォロワーからフィードバックをとても簡単に得られます。

フォロワーが多いほどフィードバックの信頼性が増してきます。コミュニケーション手段というだけでなく、事業の意思決定のための情報となります。数秒で投稿できるストーリーズで、見込み顧客の声を数千〜数万件集めることができるインスタグラムの便利さを感じずにはいられません。フォロワーというターゲットが明確な人に絞って回答を得られるのもいいですよね。

なお、ワンタップで回答できるハードルの低さや、スタンプによる回答は顕在化されているニーズでもあるので、どこまでその結果を商品やコンテンツに反映させるかについては、慎重になったほうがいい点にも注意してください。あくまでコミュニケーション目的や参考程度にとどめ、重要な意思決定に関しては個別インタビューを行うことをお勧めします。

● リサーチとコミュニケーションを同時に行える便利な機能

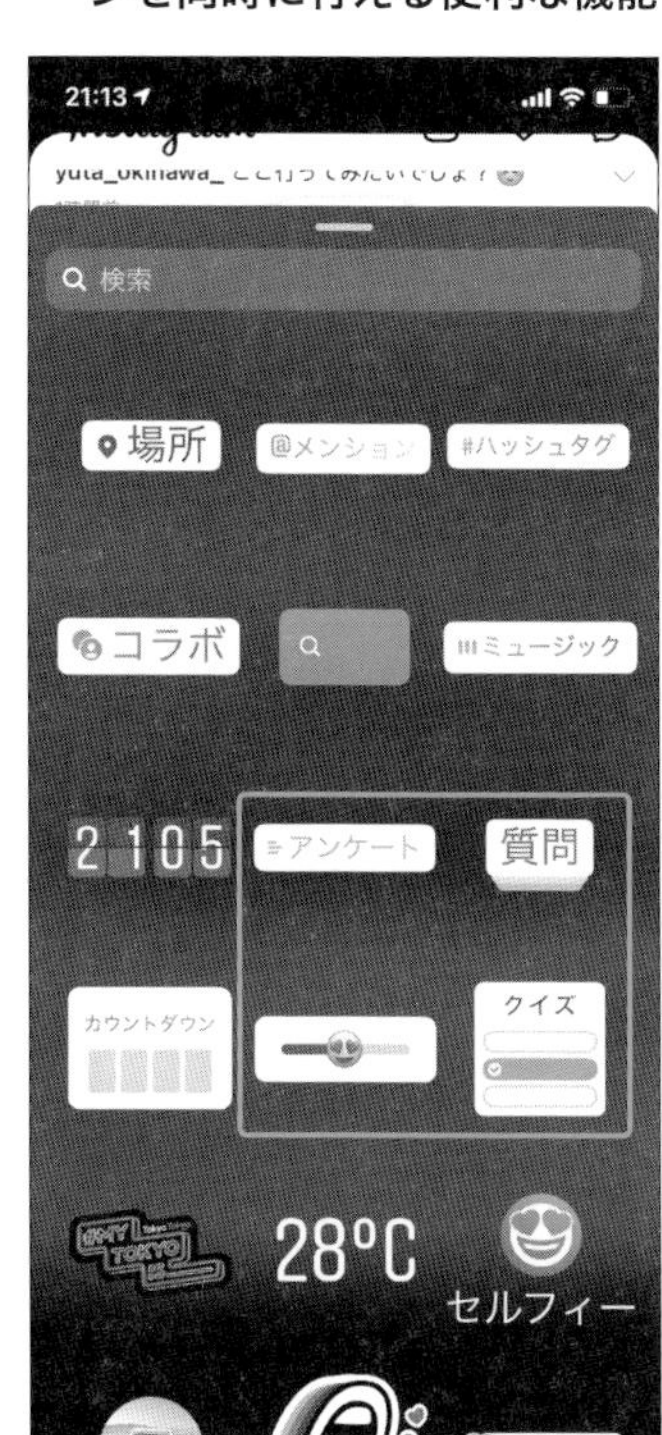

5 UGCを発生させやすい

フォロワーが多いほどUGC（口コミ）を発生させやすくなります。主な理由を説明します。

ブランドアカウントの存在を認識される確率が高まる

UGCには、自社の商品を撮影した投稿はもちろん、自社アカウントのタグ付けも含まれます。何らかの形でアカウントの目的達成に繋がるユーザーの投稿をUGCと呼びます。たまたまフォローユーザーによる投稿を見つけたり、ハッシュタグによるエゴサーチで見つけるなら別ですが、アカウントにタグ付けもしくはメンションしてもらわないと、UGCが起きてもそれを認識できません。フォロワーが増えアカウントの認知度が高まれば、インスタグラム上に自社のアカウントが存在することを周知させることにも繋がります。

ハッシュタグは通知はありませんが、アカウントのタグ付け・メンションは通知が来ます。すぐに御礼コメントなどもできますし、タグからアカウントプロフィールに遷移もできます。それによってさらにフォロワー獲得に繋がるので、アカウントのタグ付け・メンションの方がハッシュタグより価値が高いといえます。

「タグ付け・メンションでリポスト」でUGCを発生させる

インスタグラムで積極的に投稿するユーザーは、自分のコンテンツをできるだけ多くの人に見てもらいたい、フォロワーを増やしたいという強いモチベーションを持っていることが多い傾向にあります。フォロワーが1万人を超えていれば、そのユーザー心理をうまく捉えて、戦略的にUGCを発生させることが可能です。

その方法は簡単です。「**タグ付け・メンションをしてくれたらリポストします**」とプロフィールや投稿キャプション内で伝えるだけです。この手法については6時限目で詳しく解説します。

6 上位数%のスーパーファンが誕生

1万人ものフォロワーがつくと、一定数（3～5％ほど）は**スーパーファン**と呼べる、熱量高い人々が存在します。投稿やストーリーに高頻度でタグ付け・ハッシュタグを付けてくれる、週に一度はブランドの写真や動画を投稿をする、コメントやDMを頻繁にくれるなど、1万フォロワー以上になればそのようなコアファンが一定数付いてきます。そういったスーパーファンを軸に、様々な展開が可能です。

インスタグラムの機能の中では、**ライブ配信**や**ストーリーズの質問スタンプ**などが、スーパーファンを増やすのにもっとも適した機能です。最近は、ライブ配信に「**バッジ**」というチップ機能も実装されています。

スーパーファンに向けての先行販売、UGCの依頼、アンケートやインタビュー、副業の依頼、サブスク展開など、多くの施策があります。ブランドロイヤルティが高い母集団を把握しておくことは、これからの企業ではマスト施策です。

筆者が運営するアカウント「**trevary**」では1500名もの高いエンゲージメントを持つアンバサダーコミュニティを持っており、コミュニティを軸に約1年でアプリダウンロード数6万件を広告費ゼロで達成できました。

7 他ブランドとのコラボなど

フォロワーが増えれば発信力も高まります。その影響力を期待して、他の企業やブランドからもDMなどで声がかかることが増えます。

SNSにおけるコラボ文化はとても重要です。アカウントで紹介しあうことで、新しいファンの獲得に繋がり、ブランドの認知にも繋がります（**YouTuber**や**TikToker**がよく動画でコラボをしていますがそのイメージです）。

コンセプトとかけ離れたパートナーの場合、無理して

● 積極的なコミュニケーションを取りスーパーファンを醸成しよう

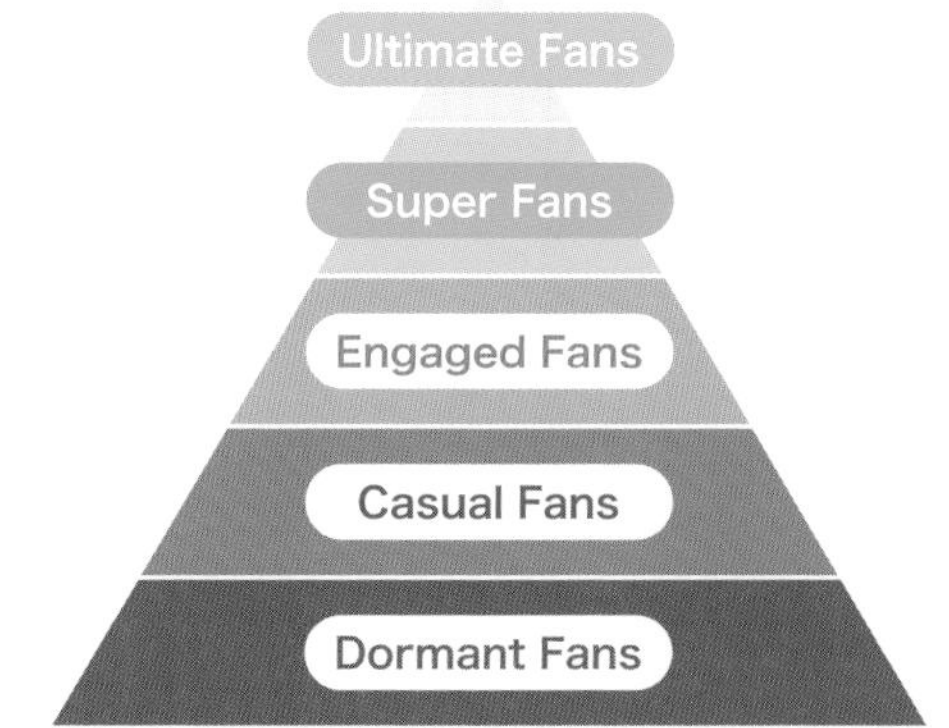

コラボする必要はありませんが、顧客層が近いなど親和性がありそうなら、積極的にコラボを行うことをお勧めします。また、自発的にオファーをしていくのもいいでしょう。自分の方がフォロワーが多ければ（Win-Winであるのが前提ですが）先方には断る理由があまりないため、コラボも行いやすくなります。

筆者の例では有名リゾートホテル、旅館、飲食店などとコラボし、いいね！をした人から抽選で宿泊費が当たるキャンペーンや、「trevaryを見た」で割引になるキャンペーンなどを過去何度も実施してきました。

フォロワーに喜んでもらえてエンゲージメントが上がり、施設側でも認知が広がるメリットがあります。施設側でのインスタグラムでもシェアしてもらうことで自社のフォロワーも増えるなど、三方良しの関係性を作ることができるコラボは、今後重要な施策になるでしょう。

● 航空会社とのコラボキャンペーン投稿

8 フォロワー数は1つのマイルストーン

1万フォロワーを達成するべき理由を解説しました。1万フォロワー達成で追加される明確な機能の変化は外部URLへの誘導のみですが、その他にも多数のメリットがあることがわかったと思います。

ただし「1万」という数字はあくまで過程であり、売上やコスト削減に繋がるKPIの1つでしかありません。その先にインスタグラムでどのようなコミュニケーションを行ってビジネスで成果を出していくか、しっかりイメージした上で運用に取り組んでいくことが大切です。一方、1万フォロワーは継続的な発信で積み上がった信頼が可視化された数字でもあるので、まずは目標にすべき数字です。

UGC活用やスーパーファンの巻き込みなどレバレッジを効かせた運用を続けることで、フォロワーの増加スピードも上がり、コラボ企画のきっかけなど、ビジネスにおける偶発的な幸運も生まれてくるでしょう。

ここがポイント

- 1万フォロワーを超えるとストーリーズから外部URLへ誘導できるようになる
- 保存数が伸び発見タブに表示されやすくなる
- ビッグキーワードで上位表示されたり、コラボ企画も容易になるなどメリットが多い

02 アカウント設計について

1 「誰にどうなってほしいか」

インスタグラム運用の前提として、**どのようなコンセプトでアカウントを運用していくか**がもっとも重要です。明確な方向性がないと、コンテンツを作り込んでも上手くいきません。

コンセプトは「誰に」にどのような「価値」を届けて、その人に「どうなってほしい」のかを、明確に答えられるようにしておく必要があります。それは企業やブランドの存在意義にも通じるものです。それに合わせたコンセプトでもいいでしょう。

フォロワーを増やすヒントは、自社の宣伝をしないことです。自社製品やサービスの押しつけではなく、「ブランドの世界観や考え方、姿

アカウント設計は、フォロワー増や今後の施策などすべてに影響します。慎重に行いましょう。

勢を好きになってもらう」ことがインスタグラムに限らずＳＮＳでは大切です。

顧客の持つ悩みを解決する

自社製品・サービスの顧客のことは、誰よりもわかっているはずです。その**顧客が普段感じている課題、悩み、不安などを解決する**コミュニケーションを徹底すれば、フォロワーは増えます。**情報発信の本質は顧客の問題解決**です、その視点を徹底して、まずは売り込みよりも信頼を獲得することを念頭に起きながら運用をしていきましょう。

宣伝は二の次です。もっとも顧客のためになる情報を届けましょう。自社の宣伝をしなければしないほどフォロワーが増え、結果的に売上が上がります。そのような構造になっているのがインスタグラムの面白いところと言えます。

2 コンセプトを考えるときに注意すべきポイント

「誰のどんな課題を解決して、どうなってほしいか」それに明確に答えられることがコンセプト設計の第一歩です。それを考えるにあたって注意すべき点を紹介します。

① 競合にない価値があるか

インスタグラムは個人だけでなく、多くのブランドが投資してフォロワー数を伸ばしています。

そのような中、競合と同じような情報を発信しても価値はありません。

ネットで調べればあらゆる情報にあふれる世の中です。自社だけにしか出せない価値はどこにあるのか、自社ならではのユニークなポイントやストーリーを徹底的に深堀りしていきましょう。

②ターゲットが抱く潜在的問題を解決できるか

ビジネスをしていれば、顧客の課題解決の対価として金銭を得ているはずです。お金をいただいている理由、つまりブランドやプロダクトが解決している**「顧客の課題」**について高い視点でとらえることが大切です。例えば、**自社製品・サービス以外の解決手段やよりよいライフスタイルの提案**など、顧客の課題解決に繋がる発信内容の方向性を決めましょう。

顧客が問題だと感じているが言語化できていない部分や、解決できたら嬉しい&痒いところに手が届く内容を、チーム内で話し合ってみてください。

③自分自身にその分野に情熱があるか

運用は広告と違い、すぐに成果が出るものではありません。毎日情報発信を続ける必要がありますし、それは簡単ではありません。その情報がどれだけユーザーに対して価値があっても、**自分自身に情熱がないものは継続できません。**

チームで運用をするならなおさら、リーダーには継続的なモチベーションが求められます。インスタグラムが好きで、顧客の課題解決にコミットできる人物をアサインしましょう。

アカウント設計の具体例

参考例として、筆者が運営するアカウント（travary）設計を挙げます。trevaryメインアカウントは国内旅行ジャンルでも上位フォロワー数です。

■ターゲット

次の休日のお出かけ先を探している20代後半の女性

■ターゲットが持つ課題

可愛い写真が撮れる、リアルなユーザーの写真をベースにした、エリアごとのまとめ情報がない

■ターゲットにどうなってほしいか

trevaryに触れることで、お出かけ選びを楽しいものにし、現地で特別な体験ができるようになる

● trevary メインアカウント

3 ターゲットとペルソナ

「誰のためのアカウントなのか」が明確でないと、発信する内容に統一性がなくなります。ターゲットのイメージを明確にしておくことは非常に大切で、インスタグラム運用で最初にやるべきアクションといえます。

ターゲットだけではなく**ペルソナ**も明確にしておきましょう。**ターゲットはざっくりとした対象範囲**で（年齢、性別、職業、エリアなど）、ペルソナはターゲットから実在する人物のように行動や思考などを詳細に設定した、**具現的な人物像**のことです。

すでにいる顧客の一人をペルソナとして挙げるのもいいでしょう。

なぜペルソナが必要なのかというと、**情報発信の精度を上げるため**です。「みんなのための情

ターゲットとペルソナ

ターゲット

年齢や性別、属性などの大枠で
顧客をグルーピングしたもの

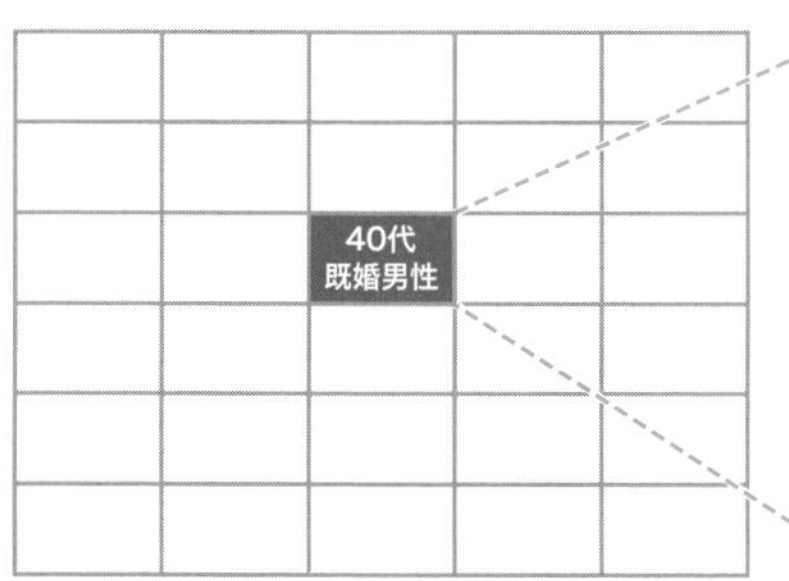

ペルソナ

属性だけの「ターゲット」ではなく、
趣味や嗜好、行動パターンまで設定したもの

重岡 隆浩／広島県広島市在住／46歳／
既婚／年収600万円／人事部長／
趣味はゴルフ／口癖は……

報」は往々にして「誰のための情報でもない」ことがあります。ペルソナという明確な的（まと）を決めることで、情報を確実に刺しにいくことができます。

ペルソナは具体的な設定なので、価値観・考え方・行動特性を詳細に把握できます。日本中にいるそのペルソナユーザーのために情報を発信するのです。

ターゲット全体に対して問題解決を提示しようとすると、問題提起が抽象的になることがあります。そのため解決策も不明瞭になり、結果として伝わらない発信になる恐れがあります。ペルソナに対して問題解決の提示をすると、考え方や価値観の近い特定の層に強く刺さります。ペルソナに当てはまる人が数人しかいなくても、その周囲の何千、何万という人たちに対しても明確に価値提供がしやすくなるのです。

4 どのマーケットで戦う？ 領域選定の考え方

「ファッション」「グルメ」「コスメ」「旅行」「ライフスタイル」「料理」「掃除」「お金」「インテリア」……インスタグラムで発信する領域（ジャンル）は様々です。自社ブランドのマーケットに合わせて、インスタグラムの領域選定を行います。ここで一点注意が必要です。

最初から大きな領域は狙わないということです。

最初から大きな領域で発信しても、アカウントの信頼性が低いため、投稿はほとんど保存されずリーチが伸びません。1万フォロワー未満のインスタグラムアカウントでは、大きなジャンルを狙って投稿するのは遠回りになるのです。

大ジャンルで発信すると、反応するシードアカウントにばらつきが生じます。アカウントの領域を明確にしないと、発見タブ経由でのターゲットユーザーへの露出ができないのです。

逆に、極端にニッチなジャンルを狙っても、労力（コスト）に見合ったユーザーがいない恐れがあります。それでは運用する意味がありません。

初期は大分類から1つ下を狙う

領域を考える上でお勧めなのが、大分類から1つ下の小分類の領域を想定することです。

筆者が運営するtrevaryのメインアカウントは現在、「国内旅行」領域で運用しています。これは10万フォロワーを超えてからです。それまでは「沖縄カフェ」に特化したアカウントでした。

「旅行」領域の中でも「沖縄」という小分類まで狭め、さらに「カフェ」に特化したわけです。小分類

● 初期からニッチ領域で情報を発信するのは悪手。少なくとも10万件以上のハッシュタグボリュームがある領域を選ぼう

初期運用の領域選定失敗例

領域
旅行

ホテル　観光地　グルメ
絶景　温泉　コスパ

最初から領域全般のコンテンツにまたがると統一感がなくなる

初期運用の領域選定成功例

領域
旅行

沖縄カフェ

沖縄×カフェという掛け合わせの領域から展開

の掛け合わせでニッチですが、ハッシュタグで30万件以上あり、一定数の規模があることがわかっての参入でした。5万フォロワーを超えた後から「沖縄×旅行」などへ領域を拡大しています。

小領域で信頼を積み上げていくという考え方が大切です。特定領域内で、課題を抱えているユーザーに対して解決策を届けることを意識してください。

ハッシュタグから領域のマーケットサイズを推定

狙う領域の大きさは、**ハッシュタグ件数**で把握できます。

まずはハッシュタグ件数10～50万件くらいが、エントリー領域として適しています。10万件より少ない場合は、逆にサイズが小さすぎます。深く刺さる人がいても、その周辺マーケットが小さいとビジネス上のリターンが得づらくなります。領域の掘り下げイメージ

● 領域の掘り下げイメージ

- 旅行
  - ホテル
  - 観光スポット
  - エリア別など
- グルメ
  - ジャンル
  - エリア
  - 時間帯
  - シチュエーション
  - レシピなど
- 仕事
  - 転職
  - 仕事術
  - アルバイト
- 住居
  - インテリア
  - 引っ越し
  - 一人暮らし
  - 家具など
- 美容
  - スキンケア
  - メイク
  - ダイエット
  - プチプラ
  - 年代別など
- 恋愛
  - 同棲
  - 結婚
  - 出会い

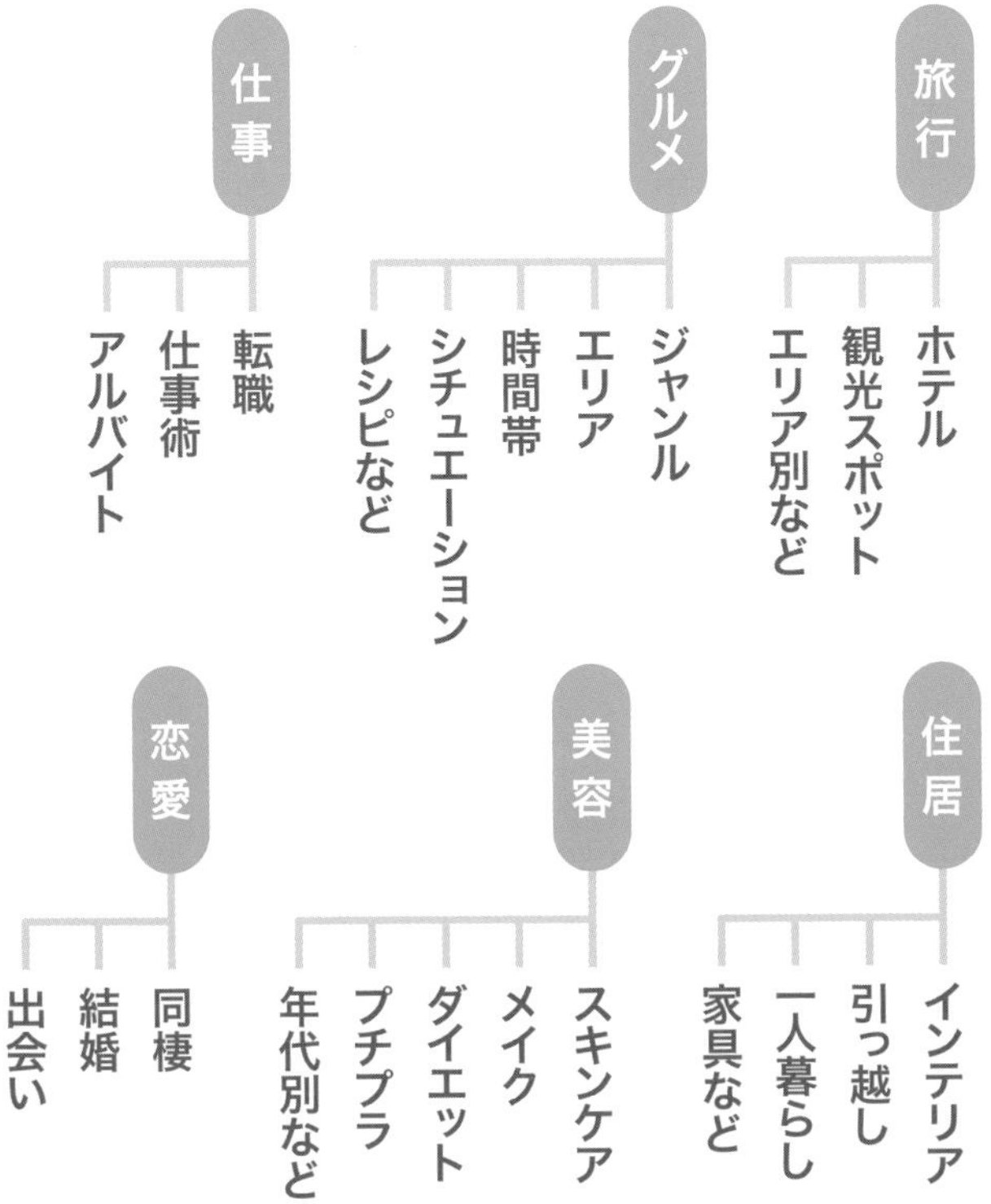

を図示しました。ジャンル選定の際に役立ててください。

5 「ポジションをとる」ということ

インスタグラム上には様々な領域でアカウントが乱立していますが、後発でもやれることはたくさんあります。

その中の1つが「ポジションをとる」ことです。アカウントのポジショニングが明確であれば、運営者のパーソナリティが伝わり、投稿の共感性にも繋がります。

さらに、今後はより踏み込んだポジショニングとして、投稿者（運営者）のパーソナリティを前面に打ち出す必要性も感じています。「誰がどういう理由でその情報を発信しているのか」がわかりやすく伝わるよう、日々のコンテンツ作りを工夫してみてください。

ここがポイント

- アカウント運営の基本は「誰に」「どんな価値を提供し」「どのようになってもらいたいのか」
- ターゲットから一歩踏み込んだペルソナを設定
- 大きすぎず、需要がある領域選定が大事。大きくするのは5万フォロワー超えてから

03 最初の1000フォロワーを獲得するキャンペーン展開方法

1　1000を超えると加速度的に増加

立ち上げたばかりのアカウントで一番苦労するのが、最初の1000フォロワーの獲得です。

1000フォロワー達成まで1〜3カ月は見ておくべきですが、その後は加速度的にフォロワーが増えていきます。その後の成長を期待して、生みの苦しみに耐える周囲の理解と運営者の情熱が必要です。

ここでは、最速で最初の1000フォロワーを獲得するための、すぐにでもできる具体的な方法を紹介します。

キャンペーンはインスタ公式も認める手法です。積極的に活用してフォロワー獲得に役立てましょう。

2 インセンティブを用意してフォローキャンペーンを実施

まずお勧めしたいのが「**フォローキャンペーン**」です。

「フォローといいね！をした人から、抽選で10名さまへお好きなアイテムをプレゼント」といったキャンペーン投稿を見た人も多いのではないでしょうか。アカウントのフォローを条件に、無料で特典がもらえるというものです。ほとんどが「フォロー」「いいね！」「コメント」を条件としています。

筆者も、何度もブランドのキャンペーンを支援した実績があります。2021年7月に実施した沖縄のリゾートホテルの無料招待キャンペーンでは、2日で4000フォロワーが増加する実績になりました（3週間で合計6000フォロワー増）。3組の無料招待という原価のみで、高い成果を出せました。他のキャンペーンでも同様に数千フォロワー獲得でき、再現性がある施策です。

応募期間、応募条件、プレゼント内容、当選発表、注意事項などの要素を決めればすぐ実施でき、高い効果が期待できます。以降にポイントを記載します。

● 沖縄リゾートホテルのキャンペーン投稿クリエイティブ例

インスタグラムのキャンペーン規約に抵触しないか

結論から言えば**キャンペーンの特典が金銭や金券など（Amazonギフト券など）でなければ問題ありません**。

インスタグラムでの公式でプロモーションガイドラインを次ページに引用しました。筆者は何度もキャンペーン支援していますが、問題は一度もありません。キャンペーンの特典を自社の商品とすれば大丈夫です。安心してキャンペーンを展開しましょう。

フォロワー獲得後のUGC増加

「モニター募集キャンペーン」で商品やサービスの活用後のUGC（口込み）投稿を必須とすれば、キャンペーン後の盛り上がりも作ることができます。応募条件に適合するユーザーを一人一人確認したり、DMでやりとりをする手間はありますが、熱量ある見込みユーザーのUGCを獲得していくことはインフルエンサーマーケティングと同じ効果が得られ

● ストーリーでキャンペーンが拡散されるイメージ

ます。

キャンペーンの前と後で2つの山を作り、アカウントの影響力を高めましょう。その際のコツで、フォローやコメントだけでなく**「ストーリーでのキャンペーン投稿シェア」**を応募条件にすることをお勧めします。

インスタグラムはフィード上では拡散性がありません。フィード投稿はアカウントの初期段階ではフォロワーにしか露出しないからです。キャンペーンを実施しても既存のフォロワーを中心にリ

● **プロモーションガイドライン**
(https://help.instagram.com/179379842258600)

プロモーション

1.プロモーション(コンテスト、懸賞等)の案内や運営のためにInstagramを利用する場合、ページ作成者は、次の事項を含めて、当該プロモーションを合法的に運営する責任を負います。

公式ルール

・規約と資格要件を設定すること(年齢や居住地の制限等)
・プロモーションおよび提供される賞品や、賞金に適用される規則や規制を遵守すること(登録、規制上必要な承認の取得等)

2.コンテンツに誤ったタグを付けたり、そうするように他の利用者を仕向けることはできません(利用者が写っていない写真に利用者自身をタグ付けするよう仕向けるなど)。

3.Instagramでのプロモーションについては以下の点にご留意ください。

・Instagramが応募者または参加者に関与することはないこと
・プロモーションはInstagramが後援、支持、または運営するものではなく、Instagramにまったく関係していないことの認識

(4以降はインスタグラム運営の免責事項なので省略)

ーチが出てしまうので、新規フォロワーの獲得には「**参加者に告知してもらう導線**」が大切です。

筆者が過去に実施したキャンペーンでは、「このキャンペーン投稿をストーリーでシェアしたら応募確率アップ」として、ストーリー内での拡散を促していました。

これにより、参加者のフォロワーという似た属性のユーザーにもリーチできます。

「偽キャンペーンアカウント」に注意

キャンペーンは有効な施策ですが、**キャンペーンアカウントを装う偽アカウントの出現**に注意する必要があります。

キャンペーン実施中のアカウントを装い、参加者にＤＭを行って個人情報を抜き出す悪質なアカウントが横行しています。ＤＭの日本語は稚拙で海外の犯罪集団による組織的な犯行と思われます。**キャンペーン展開時には偽アカウントが発生する危険性を事前に告知しましょう**。

偽キャンペーンアカウント対応に不安がある場合は、業者にキャンペーンを代行してもらうやり方もあります。例えば筆者が運営する**trevary**アカウントでは、キャンペーン代行も請け負っています。「□□アカウントをフォローすると□□が当たる」という内容にすれば、自社アカウントではキャンペーンのことに一切言及せずにすむので、自社アカウントのダミーアカウント発生を避けつつ新規フォロワーを獲得できます。

3 キャンペーンと併せて広告を配信する

そもそもフォロワーがいないので誰にもキャンペーンを気付いてもらえず盛り上がらない……そのジレンマを解決するために**インスタグラム広告**を利用する手があります。

キャンペーン広告配信はクリック単価を下げられる

キャンペーンの広告配信は反応率が圧倒的によくなるボーナスモードなので、通常時に配信するよりも費用対効果が高くなります。予算は必要ですが、平均の5分の1ほどの低いクリック単価になることもあります。せっかくのキャンペーンなので、成果を最大化させるためにも**数千円から数万円ほどの予算**を捻出し、見込みターゲットにキャンペーン情報を届けましょう。

ただの商品紹介などの広告と、フォローすると魅力的な商品がもらえるキャンペーン広告、どちらが成果が出るかは明白ですよね。

プレゼントのインパクトも重要

プレゼントのインパクトもキャンペーンの成果には重要です。「**1万円分**の商品が当たる※10名様」と「**10万円**分の商品が当たる※1名様」の場合、金額は同じですが後者の方がインパクトが大きく反応率が高い傾向にあります。当選人数を絞り、提供する金額面を大きくしてキャンペーンの第一印象を最大化させましょう。

文字が大きく伝わりやすい画像を

インスタグラム・フェイスブック広告では長らく「**20％ルール**」と言うものがありました。広告クリエイティブにおけるテキストの面積範囲は20％以下と決まっていましたが、２０２０年から撤廃されています。

これにより、テキスト（キャッチコピー）を画像内に大きく表示することができるようになりました。キャンペーンの内容を一瞬で伝えられます。下の写真を参考にして、ぜひクリック率を最大化させるクリエイティブを考えてみてください。

● キャンペーン参加のメリットが伝わるクリエイティブを

4 フォローバックを狙ったアクションを

見込みアカウントへの積極的なフォローやいいね！は、シャドウバンのリスクがあります（96ページ参照）。しかし、アカウント運用の最初期で、キャンペーン中であれば有効です。

フォローやいいね！を行えば、どんなアカウントにアクションされたか、プロフィールを見てくれる層が一定数います。通常時に比べて、キャンペーン実施中であればよりフォローする動機づけになり、フォローバック率を何倍も高めることができます。

キャンペーン投稿は表紙を変えて繰り返し投稿

プロフィール画面にアクセスした際に、キャンペーンを展開していることをわかりやすくするため、キャンペーン期間中は表紙を変えて何度もキャンペーン投稿を繰り返しましょう。一度だけでは効果半減です。期間内に数回投稿してエンゲージメント率の最大化も狙いましょう。

なお、シャドウバンの危険性があるので、アクションは1日100件以下に押さえてください。

ここがポイント

- 自社商品のプレゼントのキャンペーンは新規フォロワー獲得に効果的
- シェアで当選率アップなど、拡散の動機づけを
- 偽アカウント出現を事前に伝えリスクヘッジ
- キャンペーン時は広告効果も高い

04 プロフィールを最適化してフォロー率向上

プロフィールアクセス数からのフォロー数、つまりフォロー転換率はKPIとしても重要な指標です。

フォロー転換率を最大化できるポイントについて解説します。

1 統一感（世界観）のあるフィード投稿を

もっとも重要なのが、アカウントの第一印象を決める「**フィードの統一感**」です。直近の投稿9枚の表紙が生み出す世界観で「フォローするべきアカウントか」を判断されます。

4時限目02「アカウント設計」でも解説しましたが、投稿内容にブレがあると、アカウントのコンセプトがユーザーに伝わらず、フォローする理由を見つけられなくなります。

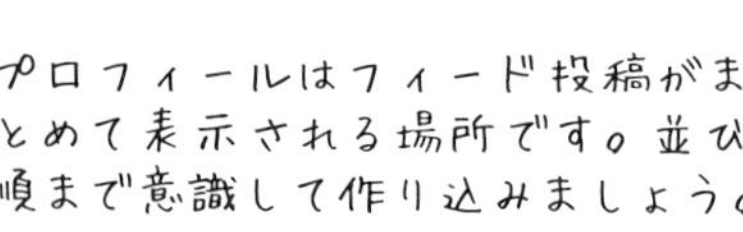

プロフィールはフィード投稿がまとめて表示される場所です。並び順まで意識して作り込みましょう。

想定したペルソナがアカウントのプロフィール画面を見たら、すぐに他の投稿も見たくなるように、投稿に一貫性を持たせるようにしましょう。フォロー率も高まります。

「すべての人に受ける」幻想を捨てる

「刺さる人には刺さる、それ以外の人にはまったく刺さらない」という振り切ったコンテンツ作りが重要です。それが世界観のあるアカウントに繋がっていきます。特定の顧客をイメージして、その人に向けた投稿を続ければ必ず見つけてもらえます。

運用の一例ですが、筆者が運用する**@trevary_clip**では「沖縄カフェ」「全国ホテル」「観光スポットまとめ」と**投稿するコンテンツの順番を決めています**。インスタグラムのフィードは3列なので、こうすると必ず各コンテンツが縦に並びます。デザインとジャンルに全体の統一感も保て、情報も探しやすくなります。

● trevary_clip のフィード画面

2 「プロフィール」はロジカルにフォローする理由を伝える場所

インスタグラムユーザーは、アカウントのプロフィールをチェックしてからフォローするかどうかを判断します。そのため、一言一句が非常に重要であることをしっかりと認識しましょう。

「電話番号」「メールアドレス」「店舗の地図」「ショップ導線」など様々なアクションボタンを設置できます。これらの情報を忘れず、次にまとめた内容を意識しましょう。要所要所を箇条書きで記載することで伝わりやすくなります。

- **シンプルで読みやすい**
- **ユーザーからの問い合わせが可能な連絡先を記載する**
- **プロフィール内にブランド名や業種などを記載して紹介する**
- **企業やブランドのｗｅｂサイトのコンセプトに合った自己紹介をする**
- **有益なコンテンツだと理解してもらうために、魅力的でユニークな販売提案をする**
- **投稿のシェアや視聴、イベントへの登録、ＥＣサイトへ誘導して商品を購入してもらうなど効果的な導線を設けている**

さらにもう一歩踏み込んだテクニックも紹介します。プロフィールのテキストでフォロー率を最大化させるには「**共感性**」「**権威性**」「**返報性**」の3つを意識することが大切です。

共感性

ペルソナが思わず共感、自分のことと感じてしまうプロフィールを意識しましょう。例えば次のように「私でも大丈夫なんだ」と思ってもらえるようなプロフィールは有効です。

簡単&すぐに実践できるレシピや美容情報
プチプラアイテムでできるモテコーデ
誰でもできるお片付け術を紹介

ブランドの情報を一方的に発信するのではなく、ユーザーに寄り添った姿勢が伝わります。

権威性

ブランドの信頼向上に繋がり、発信する情報に説得力を持たせるのが**権威性**です。第三者にも評価されているブランドだと、見る側も安心感を持てますよね。次ページのような情報はブランドの価値を高められるので、可能なかぎり記載しましょう。

- Amazon売上No1
- ●●賞を受賞！　有名メディアに多数掲載
- 10万人に選ばれたクチコミNo1アイテム

よく目にする「モンドセレクション」も、お金を払えば出品でき、90％以上の確率で賞を得られるものです。それでも権威性が欲しいブランドが多いわけですから、効果は大きいと認識できるでしょう。

返報性

可能であれば、プロフィールに**返報性**を持たせてみてください。対象ユーザーにとってお得なアイテムや情報をプレゼントするのです。

- LINEで無料で質問に答えます
- 有料級のデータを無料ダウンロード
- お試しセットを無料でプレゼント
- 無料診断を実施中

何かをもらったらお返しをしたくなるのが返報性の心理です。**プロフィールは1万フォロワー以下のとき唯一外部リンクが貼れる場所**です。ターゲットにとってお得な情報をプレゼントする導線を作っておくことで、「フォローしてお返ししよう」「ほかにも有益なプレゼントを提供するかもしれないからフォローしておこう」と思わせることができます。

外部リンク先のメリットも明記する

プレゼント施策がなくても、外部リンク先のメリットを記載するのは必須です。

通常は、ECサイトや申込みページに誘導するブランドがほとんどだと思います。そこを「今月末まで商品10％オフ」「インスタ限定アイテム」といった具合に、プロフィールへアクセスした人が思わず覗いてみたくなるような訴求を考えてみてください。フォローされなくても、そこから遷移した人がコンバージョンをしてくれる導線を作りましょう。

他にも次の点を意識してプロフィールテキストを最適化してみてください。

- **想定される質問を事前に回答し、フォローしない理由をなくす**
- **アカウントが発信する内容が「1秒」で伝わるよう簡潔にまとめる**
- **フォローするとどのような体験が得られるのかユーザーに未来像を見せる**

3 プロフィールのアイコンの重要性

プロフィールに遷移する前からフォロー率に大きな影響を与える要素が**プロフィールアイコン**です。とても重要であるにも関わらず、無頓着なブランドも多いのではないでしょうか。

アイコンは変えない

重要なのは「**一度設定したらよほどのことがない限り変えない**」ことです。フォロワーの多くはイメージとして認識できるアイコンでアカウントを認識しています。安易にアイコンを変更すると「こんなアカウント見覚えない」と思われ、フォロワーが減てる要因にもなります。ブランド（アカウント）イメージの定着も阻害します。一度設定したらむやみに変えてはいけません。

企業として運用する場合、基本的にブランドのロゴをアイコンとして用いることで問題ありませんが、もしイメージカラーがある場合はそれが伝わりやすいアイコンにしましょう。

個人はキャラクターを出したアイコン・SEOを意識したユーザー名に

個人の場合は、発信内容に関係する属人的なアイコンをお勧めします。顔出しできれば一番いいですが、難しければ首から下だけ、またはイラスト（アバター）など、発信内容を想起しやすいアイコンがお勧めです。風景、料理、被写体が遠すぎて小さい写真などは、イメージが伝わりづらいのでお勧めしません。

アイコンに合わせて**ユーザー名も最適化**できるか見直しましょう。ユーザーネーム（アカウント名）は30文字まで使えるので、ＳＥＯ（検索エンジン最適化）を意識することも重要です。検索エンジンは主にテキスト情報でページの要素を割り出しています。インスタグラムのプロフィールでもユーザー名にアカウント関連キーワードを盛り込むことでＳＥＯ対策ができます。

例えばプロフィール名を「シンイチ」とするよりも、「シンイチ－ＥＣ売上ＵＰのためのインスタ活用ノウハウを発信」とする方が、キーワードが散りばめられていてＳＥＯ的にも有効です。

さらに、ＥＣ運営者にとってはフォローする動機になるプロフィールになります。

4 理念など伝えたいことは「ハイライト」に残す

プロフィール画面で忘れてならないのが「**ハイライト**」（**ストーリーズハイライト**）です。ハイライトはストーリーズをプロフィールページ上に残す機能です。

ハイライトはタップしないと閲覧できないため、フィード投稿と比べると重要度は下がります。しかし、プロフィールは１５０文字までしか書けません。そこでブランドコンセプトやユーザー視点のコンテンツとして「Ｑ＆Ａ」などをハイライトに載せているアカウントは多いです。

ブランドのコンセプト動画などがある場合は、一度ストーリーに投稿した後にハイライトにまとめましょう。ハイライトは、設定した順に左側から並ぶ仕様です。左側から順にユーザーは見るので、一番見てほしい動画を常に左側に配置してきましょう。ハイライト内の動画の順番は選択できません。古い動画から時系列で閲覧されます。

過去に設定したハイライトにストーリーを新たに追加すると、自動で一番左にきます。一度左側に移動させれば、追加した動画を削除してもそのままになるので、伝えたい情報の優先順位を意識しながら順番を工夫してみてください。

● GUのアカウントはアイテムごとにハイライトをまとめている

ここがポイント

- プロフィールを最適化してフォロー率を最大化しよう
- 世界観が一瞬で伝わるフィード投稿の統一感は重要
- プロフィールテキストはロジカルにフォローする理由を伝える場所
- 一度設定したアイコンは大きな理由がない限り変更しない
- ハイライトでブランドのイメージを動画で伝える

05 認知を増やすために重要なこと

認知を増やすために重要なのが、エンゲージメントしてくれる**シードアカウント**（フォロワー外の関心を持つユーザー）の積み上げです。

非フォロワーへの認知チャネルは主に次の7つです。

1 発見タブ
2 リール
3 インフルエンサーマーケティング
4 広告
5 ハッシュタグ
6 ストーリーやDMでのアカウントのシェア
7 フォローやいいね！などのアクションによる通知

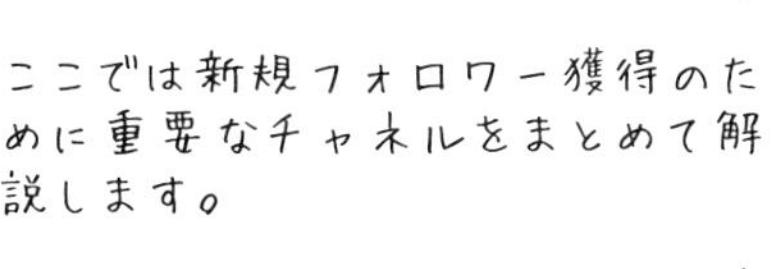

ここでは新規フォロワー獲得のために重要なチャネルをまとめて解説します。

発見タブは3時限目に解説しました。ここでは「リール」「インフルエンサーマーケティング」の概要、そして「ストーリーやDMでのシェア」や「フォローバック」など他ユーザーとのコミュニケーションについて解説します。

1 リール

２０２０年８月にリリースされた「**リール**」は、「ストーリー」「ＩＧＴＶ」に次ぐ大きな機能です。新しい機能ですが活用できているでしょうか。

リールは最大60秒の短尺動画を閲覧・投稿する機能です。既存の音楽を使用して歌に合わせて踊ったり、映像エフェクト（フィルター）を使用して他のユーザーの動画をマネたり、複数の動画をアップロードして繋ぎ合わせたりすることができます。縦にスクロールしない限りループ再生されるのも特徴です。

ストーリーズがスナップチャットを模倣した機能であるように、リールもティックトックを模倣した機能です。できることはティックトックと同じという認識でよいでしょう。

リールの詳細や具体的な活用方法は２４２ページで解説しますが、リールを活用するメリットは発見タブやハッシュタグ同様に**フォロワー外に大きくリーチできる**ことです。

動画の内容だけで評価されリーチに繋がる

リールタブは、ほぼすべて非フォロワーへのリーチです。

同じ非フォロワーへのリーチである発見タブの場合、まずフォロワーから一定のアクションを生み出すことが必要でした。ハッシュタグも人気順で表示されるため、フォロワーが少ないとなかなかそこからのリーチを生み出すことはできません。

しかし、**リールはフォロワー数やエンゲージメント率抜きで、動画の内容のみでバズらせることが可能**です。動画なので画像よりも作り込みに労力がかかりますが、認知を増やすためには絶対に投資するべきものです。インスタグラムも、公式に「より動画に注力していく」と公表しています。シードアカウントを増やすためには今すぐ注力するべき機能です。

● リールタブ。インパクトあるグルメ動画で再生数を稼ぐ

2 インフルエンサーマーケティング

インフルエンサーマーケティングは、SNSで大きな影響力を持つ「インフルエンサー」に、ブランドの製品やサービスを紹介してもらい、消費者の態度変容や行動変容を促すコミュニケーション型マーケティング手法です。

人気のユーチューバーやインスタグラマーに自社製品やサービスを紹介してもらうことで、認知拡大や購買、ファン（ロイヤルカスタマー）化に繋げます。インスタグラム上のマーケティング手法としてもはや一般的なもので、米国では2021年の市場規模が3700億円におよぶというリサーチ結果もあるほど急拡大しています。

インフルエンサーマーケティングの具体的な種類やメリット・デメリットの詳細については252ページで解説しますが、インフルエンサーマーケティングの大きなメリットは、**フォロワーが多くエンゲージメント率の高いユーザーに自社アカウントを紹介してもらえる**ことでしょう。

インフルエンサーマーケティングを実施することで、一定のプロフィールへのアクセス、およびフォローに繋げられます。費用がかかるので、同じ金額を広告に費やした方が費用対効果が高い可能性はありますが、良質なUGCを生み出せるなど多くのメリットもあります。

メディアアカウント・キュレーションアカウントに依頼

インフルエンサーは個人ユーザーだけではありません。文字入れ投稿やリポストでフォロワーを増やす**メディアアカウント**や、まとめアカウントである**キュレーションアカウント**に自社アカウントを紹介してもらう手法もあります。アカウント運用初期は掲載を依頼してみるのも手です。

文字入れ投稿系アカウントの探し方を紹介します。

タグ付けのタブで探す

良質な文字入れ投稿をしているアカウントのプロフィールのタグ付けタブから、リポストして紹介している引用元アカウントを探してみてください。

関連アカウントをチェックして探す

良質な文字入れ系アカウントを見つけたら、関連アカウントをチェックしましょう。アカウントの関連ユーザー欄を見ると、そのアカウントと親和性の高いアカウントが表示されます。ここをたどっていくことで、芋づる式にアカウントを発見できま

● 関連アカウント表示タブ

す。

掲載のお知らせから探す

自社ジャンル関連で、個人で文字入れをしているアカウントがいたらフォローしておきましょう。フォローしていると、ストーリーズ上で「掲載いただきました」という投稿が流れてくるので、そこからアカウントのチェックができます。ハイライトで「メディア掲載」とまとめていることも多いので、チェックしてみてください。

3 関連アカウントとのコミュニケーション

インフルエンサーマーケティングの副次的で大きなメリットに、**人気アカウントとのエンゲージメントが高まる**点があります。DMのやりとり、コメント欄でのアカウントタグ付けなど、関連性のシグナルがグッと高まります。

このように**DMを通じてのコミュニケーション**もシグナルが蓄積されます。ここでは、非フォロワーへの認知チャネルを増やす他ユーザーとのコミュニケーションについて解説します。

1 発信領域（ジャンル）が同じユーザーをフォローする

例えば自分のアカウントが旅行系アカウントであれば、同じ旅行系アカウントを集中的にフォローしたり、コミュニケーションを取りましょう。それによって自社アカウントに旅行関連のシグナルが蓄積され、関連ユーザーにお勧めされる可能性も高まります。

フォローを一切しなくても投稿内容でカテゴライズはされます。しかし、シードアカウントによるシグナルが十分に蓄積できていれば、より発見タブでの露出率が高まります。

2 関連ユーザーへコメントやDMする

シードアカウントのシグナルを最大化させるには**コメントやDM**が大切です。

あなたの発見タブに表示される投稿は、あなたがコメントやDMでコミュニケーションをしたことがあるユーザーが保存した投稿である可能性が非常に高く、発見タブで多く露出するには、できるだけ多くのユーザーと積極的にコミュニケーションする必要があります。

あなたの投稿を10万フォロワーのアカウントが保存したら、そのフォロワー10万人の発見タブに投稿が表示される可能性が向上します。様々な要素が絡みますが、基本的にこのロジックで決まっているということを念頭においてください。

● trevaryのDM画面

投稿内容と同じくらい、関連アカウントとのコミュニケーションは重要ということです。

参考に、1つ極端な例を紹介します。インスタグラムでは、「認証」マークが付いているユーザーのコメントは、コメント欄で上位表示される傾向があります。この仕組みを使って、比較的フォロワーが少ない段階で認証マークが付いたラッキーなアカウントが、何百、何千万フォロワーのアカウントへあたかも実際の友人のように積極的な（スパムとも言える）コメントを繰り返したことがありました。認証マーク付きなのでコメントが上位表示されるため、コメント経由で何十万フォロワーを獲得した事例があります。海外の極端な事例で、決して真似するべきではありませんが、関連性の仕組みをハックしてフォロワーを伸ばしたやり方もあるようです。

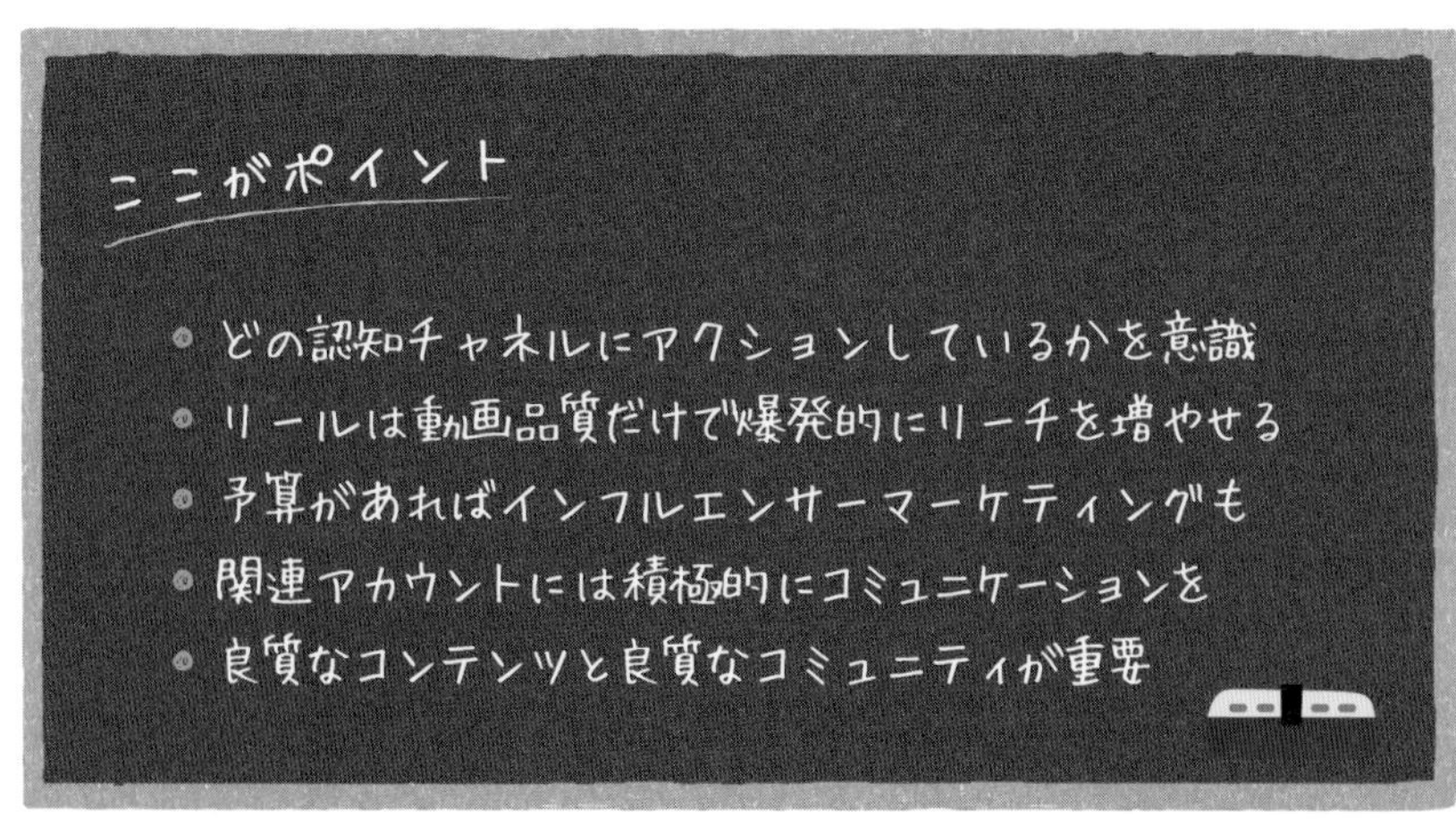

ここがポイント
どの認知チャネルにアクションしているかを意識
リールは動画品質だけで爆発的にリーチを増やせる
予算があればインフルエンサーマーケティングも
関連アカウントには積極的にコミュニケーションを
良質なコンテンツと良質なコミュニティが重要

06 最速で1万フォロワーを獲得する方法と考え方

1 3カ月で1万フォロワー達成も

前節ではリーチを増やす方法を解説しました。ここで解説するのは**1万フォロワー達成を狙う内容です**。キャンペーンなどは1000フォロワーを獲得する施策と重複しますが、継続して実施することで1万フォロワーに早く到達できます。

いずれも簡単ではなく、かつ継続的なアクションが求められる施策ですが、PDCAを回し改善をしていきながら対応すれば**0から3カ月で1万フォロワー**も夢ではないでしょう。

広告を一切使わずにフォロワーを増やしていく方法です。予算がない企業やブランドでもすぐに実行できます。

インスタに本気で取り組んで本格運用するつもりなら、1万フォロワーは1つの基準です。

2 保存される投稿の作り方

閲覧ユーザーを動かす投稿

1万フォロワーを目指すためには保存される投稿を増やす必要があります。「保存される投稿」は端的にいうと**「ターゲットユーザーがそのコンテンツ内容を真似して投稿したくなるもの」**です。

投稿を見たユーザーが、すぐに具体的なアクションを起こせる内容が、保存数が増えやすいコンテンツです。抽象的な内容ではなく、行動に繋げていける具体性あるコンテンツを心がけましょう。さらに、ニッチを狙っていくことも大切です。

3時限目04「投稿のエンゲージメント率を最大化させる8つの方法」で「再現性」「有益性」「共感性」が重要と解説しましたが、さらに一歩踏み込んで次の要素が重要です。

- 統一性
- 新鮮味
- 意外性

統一感

ユーザーがアカウントをフォローする理由の多くは、専門領域の情報を継続的に得られるからです。アカウントをフォローするメリットが一目でわからないとフォローされません。

タイムラインの統一感を必ず意識しましょう。具体的には**同じデザイン、同じフォント、同じ加工の第一画像を並べる**ことです。発信テーマにあった第一画像のデザインを決めて、投稿ごとに違和感がないか確認するようにしましょう。

新鮮味

世間を賑わせるイベントや新しい情報が出たときに、いち早く情報をまとめる投稿は受けます。情報発信者が非常に増えた昨今、トレンド情報の発信は差別化要素になります。

逆に普遍的な情報をネタにする場合は、再現性を狙った方がいいです。「一回知れば十分」という情報は、いち早く投稿しましょう。

意外性

どんでん返しなど、予想と違う結末をもってくることでユーザーの感情を刺激し、アクションを促せます。

意外性について心理学で有名な法則があります。身近な例で説明すると「職場や学校などで、最初は口数が少なく面白くなさそうだと思った人が、実際に話してみるとすごく面白い人だった」

といった具合に、**意外性に魅力を感じて高い好感を持つこと**を**ゲインロス効果**といいます。

意外性の投稿で特に有名なのが、ヴィエンナさん（**@ViennaDoll**）というインフルエンサーによる「理想と現実」シリーズです。素敵なインスタ映え写真と対比させる形で、裏側でボツになった現実の様子とした写真を並べて投稿して人気を博しています。一枚目の完ぺきな様子に対して、意外性のある表情や動作を見せる二枚目との組み合わせで共感を得、テレビ番組でも紹介されて今や各ＳＮＳで合計１５０万フォロワーを超える人気を博しています。リアルな姿をさらけ出す投稿でアンチユーザーも少なくなったと言います。

極端な例かもしれませんが、気持ちを揺さぶる意外なコンテンツは反応率を高められます。

● 意外性あるコンテンツでファンを増やしたインフルエンサーの事例

ヴィエンナ
@ViennaDoLL
インスタ映えの理想 VS 現実。

3 プロフィール画面からのフォロー転換率を上げる

保存数増加に続いて、プロフィール画面からのフォロー転換率はフォロワー増加にとても重要です。あなたのアカウントのプロフィールに訪れた人のうち、何人がフォローするかがフォロー転換率です。

フォローされるには**プロフィールを最適化**しておく必要があります。具体的な方法は4時限目04「プロフィールを最適化してフォロー率向上」で解説しています。

4 改善サイクルを回せる投稿体制を作る

継続的に運用・改善する体制が整っていないとアカウントの成長は見込めません。改善サイクルを回せる体制を作るというのが、もっとも重要かもしれません。体制さえ作ればいくらでも改善できるので、この体制作りを早めに確立しましょう。

できれば毎日、少なくとも2日に1回は投稿する体制を作りましょう。

投稿管理にはFacebookクリエイタースタジオがお勧め

エクセルなどで投稿管理をするのもいいですが、カルーセル投稿や動画を管理するのには向いていません。そこでお勧めなのが**Facebookクリエイタースタジオ（https://business.facebook.com/creatorstudio/home）**です。

Facebookクリエイタースタジオを利用すると、パソコンからインスタグラムに予約投稿できます。運用担当者が下書きを行い、管理者が内容確認をして予約投稿するというフローがお勧めです。

インスタグラムで成果を出すためには日々のPDCAの改善が必須です。具体的には、どの投稿フォーマットが保存数を最大化できリーチ数を増やせるか、どのプロフィールがフォロー転換率を最大化できるか、などをチェックして反映していきます。

インスタグラムでハマるクリエイティブは偶然の産物ですが、成果を出せるチーム体制は必然の産物です。一人で運営する場合でも、改善をしていける仕組みを作っていきましょう。

● Facebookクリエイタースタジオの投稿済み一覧画面

5 インスタグラムの新機能はいち早く取り組む

インスタグラムの新機能がリリースされたら、いち早く積極的に活用しましょう。新規フォロワー獲得に有利です。

直近の例では「リール」は、2020年8月にリリースされた後に約半年ほどボーナスモードで、リールを投稿すれば高確率で数10万〜数100万ほどのリーチがあるという状況がしばらく続いていました。現在も、リールアイコンはアプリ下段中央に設置されるなど、インスタグラムが猛烈にプッシュしていることがわかりますよね。

アプリ下段にアイコンがあるショップ機能も同様です。インスタグラムがリリースした新機能は、誰よりも早く積極活用することをお勧めします。

記事執筆時点では、次のような機能のリリースがアナウンスされています（すでにリリース済み機能もあるかもしれません）。

- アフィリエイト
- PVに応じた収益化
- クリエイター向けのショップ機能
- 広告主とクリエイティブーのマッチング

- デジタルデータの所有権利販売
- 動画機能の拡充
- インスタグラム内でのショップ決済

2021年6月にはマップ上から場所を画像で探せる機能がリリースされました。リアル店舗を持つアカウントは最適化が求められるようになるでしょう。新機能の活用は大変ですが、先行者優位をいち早く築けるよう打ち手を増やしていくことは大事です。

● 近くのスポットが探せるインスタグラムのマップ機能

6 フォロワーからのUGCを増やす

インスタグラム上の新規フォロワー獲得の3大チャネルは「発見タブ」「ハッシュタグ検索」「リール」です。さらにもう1つ期待できるチャネルに、**フォロワーのフィード・ストーリー投稿におけるアカウントのタグ付け・メンション**があります。

フォロワーにタグ付け投稿を依頼したり、タグ付けキャンペーンを実施したりして、戦略的にタグ付け投稿（ＵＧＣ）を増やす必要があります。ＵＧＣのリポストを繰り返していくことで、「このアカウントはタグ付けすればリポストしてもらえる」とフォロワーに認識されれば、以降は自然発生的にＵＧＣ投稿が増えていきます。

インスタグラムでコミュニティを醸成する方法は6時限目で詳しく解説します。

7 フォロワー獲得のためのキャンペーン

４時限目03でも解説しましたが、アカウント運用初期には**フォロワー獲得のためのキャンペーン**が極めて有効です。少ない投資で大きなリターンを得られます。できるだけ早い時期に一定数のフォロワーを獲得して効果をあげたいと考えるのは当然です。そこで、自社製品・サービス等を利用したキャンペーンをぜひ実施してください。

8 DMやコメントでコミュニケーションする

投稿でコメントを促しそれに返信するだけでなく、ストーリーズやＤＭでも積極的にコミュニケーションを取りましょう。詳細な仕組みは４時限目05で解説しましたが、特に**エンゲージメント強化で大切なのがＤＭ**です。

インスタグラムは**ストーリーズから簡単にDMできる**仕様です。この施策については5時限目02「ストーリーズの閲覧率を高める」で解説します。

9 リサーチ、リサーチ、リサーチ

ベンチマークしているアカウント、伸びているアカウント、発見タブによく出る投稿の傾向など、日々リサーチを怠らず**人気アカウントの傾向を追っていきましょう**。

インスタグラム運用は「保存数が増える投稿の勝ちパターンフォーマットを見つける」作業でもあります。

人気フォーマットをどんどん取り入れて実験しながら、自分なりのオリジナルフォーマットを模索しましょう。ゼロから勝ちパターンフォーマットを発明するのは難しいので、リサーチを徹底して引き出しを増やすことが大切です。

運用体制を整え、インサイトの数字を把握し、DMやコメントでフォロワーと親密度を高めながら、よりよいコンテンツを届けていきましょう。

● フォロワー獲得のサイクル

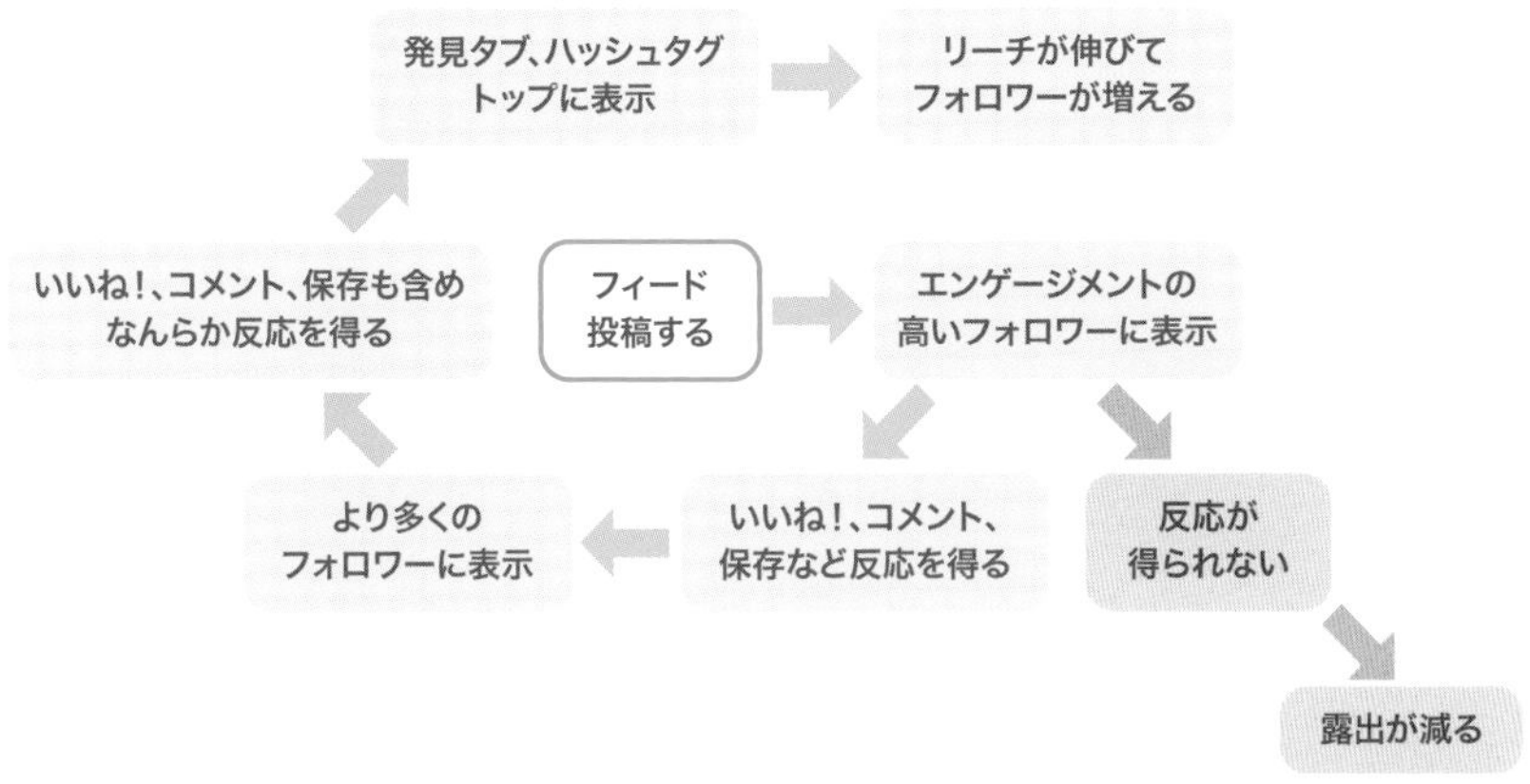

フィード投稿する
エンゲージメントの高いフォロワーに表示
いいね!、コメント、保存など反応を得る
より多くのフォロワーに表示
いいね!、コメント、保存も含めなんらか反応を得る
発見タブ、ハッシュタグトップに表示
リーチが伸びてフォロワーが増える
反応が得られない
露出が減る

07 インスタグラムで炎上しないために

「**炎上**」はブランドイメージを損ねます。インスタグラムは比較的炎上しにくいと言われています。しかし、過去にはインスタグラムの写真、説明文、コメントなどで炎上が起きたこともあります。

炎上の多くは、比較的簡単なポイントを守るだけで大幅にリスクを減らせます。以降、そのポイントを紹介していきます。

1 許可なく他人の投稿をリポストしない

自社アカウントのタグ付けやハッシュタグが付いている投稿でも、**許可なくリポストしてはいけません**。「勝手に投稿を使われた」と指摘され、炎上の火種になります。なお、インスタグラム

炎上を防ぐポイント、そして炎上してしまったときの対処法、炎上後の対策なども解説します。

の機能である**シェア機能**はリポストではないので問題ありません。

UGC活用の目的でフィード上でリポストを行う際は、必ずコメントもしくはDMで了承を得ましょう。許可を求めるテンプレートを用意しておけば工数も省略できます。

参考までに、リポストの流れの一例を紹介します。

普段のリサーチで、UGCに活用できそうな投稿を保存する癖を付けましょう。まとめて保存一覧から許可取り用定型文をコメントにペーストし、許可をとっていきます。定型文では「文字入れをする」ことや「広告で使う可能性がある」旨などを伝えてください。

筆者の経験では、3日以内に8~9割以上から了承の返答があります。それに対して「大切に使用します」と返信しましょう。再度返信するタイミングで、また依頼コメントをするなど仕組み化するのが肝要です。次ページに例文を掲載しました。

ちなみに「了承コメント」ではなく、**許可を求めるコメントに対するいいね！は、OKとみなさない方**が賢明です。しっかり**コメントで了承を得る**のが大切です。

他者の映り込みに注意

特定個人の照合に繋がる情報は

● フィード投稿をストーリーにシェアする際のイメージ

許可取り用のテキストイメージ

@XXX さま、こんにちは！

沖縄や日本の観光スポットを紹介するtrevaryのXXと申します。
この度はとっても素敵なお写真のご投稿をありがとうございます。

とっても素敵なこちらのお写真をご紹介させて頂きたいのですが、当アカウントにてRepostをさせて頂くことは可能でしょうか？

もちろん写真とキャプション内で XXX さまのアカウントのタグ付けやフォロー誘導もさせていただきます。

今回はXXXさまとのキャンペーンコラボ投稿となっており、より多くの方に見てもらえる予定です。より多くの方に情報が伝わるよう、文字加工や広告展開など可能性がある旨も含めてご了承を頂けると幸いでございます。

これからの旅行業界の復活に繋がるよう、観光やホテル巡りがもっと楽しくなる情報を発信していきますので、ご協力をいただけると幸いです。

突然のご連絡で恐れ入りますが、どうぞご確認のほどよろしくお願いします。

御礼メッセージ

@XXX さま、早速の嬉しいお返事をありがとうございます。
こちら大切にご紹介をさせて頂きます。

また投稿されましたらぜひご確認を頂けると幸いです。

それでは投稿の準備を進めて参ります。
どうぞ今後ともよろしくお願いいたします。

炎上リスクが高まります。

他人が映り込んだ写真をインスタグラムに投稿すると、肖像権の侵害となる場合があります。ガラスや鏡越しに他人が映り込んでいるケースもあります。イベント参加時の集合写真は、映っている全員にSNS投稿の承諾を得ることがもっとも安全です。

映り込んでいる人が特定できない場合や、ぼかしを入れた写真の場合は、肖像権の侵害にはなりません。「他人の映り込み」「個人を特定できるか」を確認し、万一映っている場合は「承諾を得る」または「ぼかしを入れる」対応が必要です。

UGC画像を使う際も、多数の人が映っている写真を活用する場合にはぼかしを入れましょう。

2 「#PR」なしのステルスマーケティング

報酬を払ってインフルエンサーに商品を紹介してもらう場合は、必ず投稿のキャプション内に「#PR」を付けてもらうようにルール化しましょう。

これは世界的なレギュレーションともいえるので、必ず条件として依頼してください。万が一対応を断るインフルエンサーがいた場合は、依頼企業が黙認したとみなされ炎上リスクになるので、依頼を断念するべきです。

広告であることを隠した投稿はステマと見なされます。商品を無償提供する場合も、ブランドから無償提供された旨をキャプション内に記載してもらうことを必ず伝えしましょう。

3 ネガティブな内容の発信は絶対しない

企業アカウントでネガティブな発言にメリットはまったくありません。また、性別や人種などの差別にあたる表現がないかも十分な注意が必要です。

担当者個人の判断では、表現にズレがある可能性もあるので、2人以上でチェックする体制も必要です。他ユーザーのネガティブ・差別的投稿にいいね！やコメント、ストーリーシェアするのもいけません。意見を支持しているとみなされ炎上する恐れがあるので注意してください。

自社商品の投稿すべてにいいね！をするのではなく、そのような発言が含まれていないか確認をした上でアクションを心がけましょう。

インスタグラムでは、投稿する写真のルールが「コミュニティ・ガイドライン」に定められているので、一度確認してみることをお勧めします。

● コミュニティ・ガイドライン
(https://help.instagram.com/477434105621119/)

Instagramは、インスピレーションや表現のための偽りのない安全な場所であり続けることを目指しています。Instagramのコミュニティを育てていくために、ご協力をお願いします。写真や動画は自分で撮ったもののみを投稿し、必ず法律を守ってください。Instagramの利用者全員に敬意を払うことをお願いします。他の人にスパムを送信したり、ヌードを投稿したりしないでください。

4 事実か確認できない情報は避ける

ネット上には事実ではない情報も飛び交っています。事実確認できない情報を鵜呑みにしてブランドのアカウントで発信する行為は絶対にやめましょう。信頼も失いかねません。

また、商材使用で身体に対する「効果効能」の記載は薬機法で禁止されています。健康食品・化粧品・健康美容器具・医薬品・医療機器関連の業種では「リラックスできる」「脂肪燃焼を促進する」「老化を防ぐ」など、各人の効能を万人に通用するような記載は処罰の対象になります。

政治や宗教、時事問題など、様々な立場から賛否両論あるテーマに対して、不用意に言及することも避けるべきです。

5 もし炎上してしまったら

何らかの理由で炎上した場合は**速やかに謝罪する**のが大切です。無視するのは悪手です。炎上への対応ステップを紹介します。

1 SNSの投稿をストップする

炎上後に通常どおりの投稿をしていると火に油を注ぎます。チームで炎上情報を共有をして、予約投稿の停止、ツイッターなど他アカウントの投稿スケジュールの見直しなど行いましょう。

また、**謝罪まで、該当投稿（炎上した投稿）の削除は控えた方が賢明です**。インターネット上では簡単に投稿をコピーできますし、「間違いをなかったことにしている」と思われかねません。

対応は担当者だけで判断せず、社内の上司、広報、法務などの適切な役職のメンバーへ相談をして、具体的なアクションや謝罪内容を検討してください。

2 丁寧真摯な「言い訳なし」の謝罪投稿

社内で相談をした上で、フィード投稿で速やかに謝罪しましょう。例えば「先程投稿した内容は情報に誤りがありました。謹んでお詫びいたします」などと投稿します。同時に今後どのように改善に取り組んでいくのかその具体的な方法を伝えます。

謝罪までのスピード感も非常に重要ですが、本質的に大切なのは**謝罪文で一切の言い訳をせず、すべての非をまず自分たちのものとして認めること**です。謝罪投稿やプレスリリース内での言い訳じみた発言は、ネガティブな印象として捉えられます。

この対応は、DMで苦情を伝えてきたユーザー・顧客に対しても同様です。そこでぞんざいな対応をすると、ツイッターなどにスクショが投稿されるなど、さらなる炎上の原因となります。

3 オペレーションの見直し

どうすれば今後炎上を防げるのか、社内で取り決めを行いましょう。

投稿前のチェック体制の見直し、ストーリーは投稿直後にスクショをチームに同報してメンバーで問題ないか確認するなど、投稿のスピード感をできるだけ損なわない形でチェック体制を盛り込み、炎上リスクを最小化するオペレーションを再構築してください。

炎上のリスクを警戒するあまり、通常投稿のＰＤＣＡサイクルに遅れが出て改善が進まないのは機会損失です。チェックは企画の把握などにとどめ、コンテンツ制作は現場担当者に裁量を任せて、クリエイティブを発揮できる場を提供することも重要です。投稿前ではなく投稿直後のチェックを社内で設け、フィードバックを次に活かしていくなどして、運用担当者のストレスにも配慮した体制作りをお勧めします。

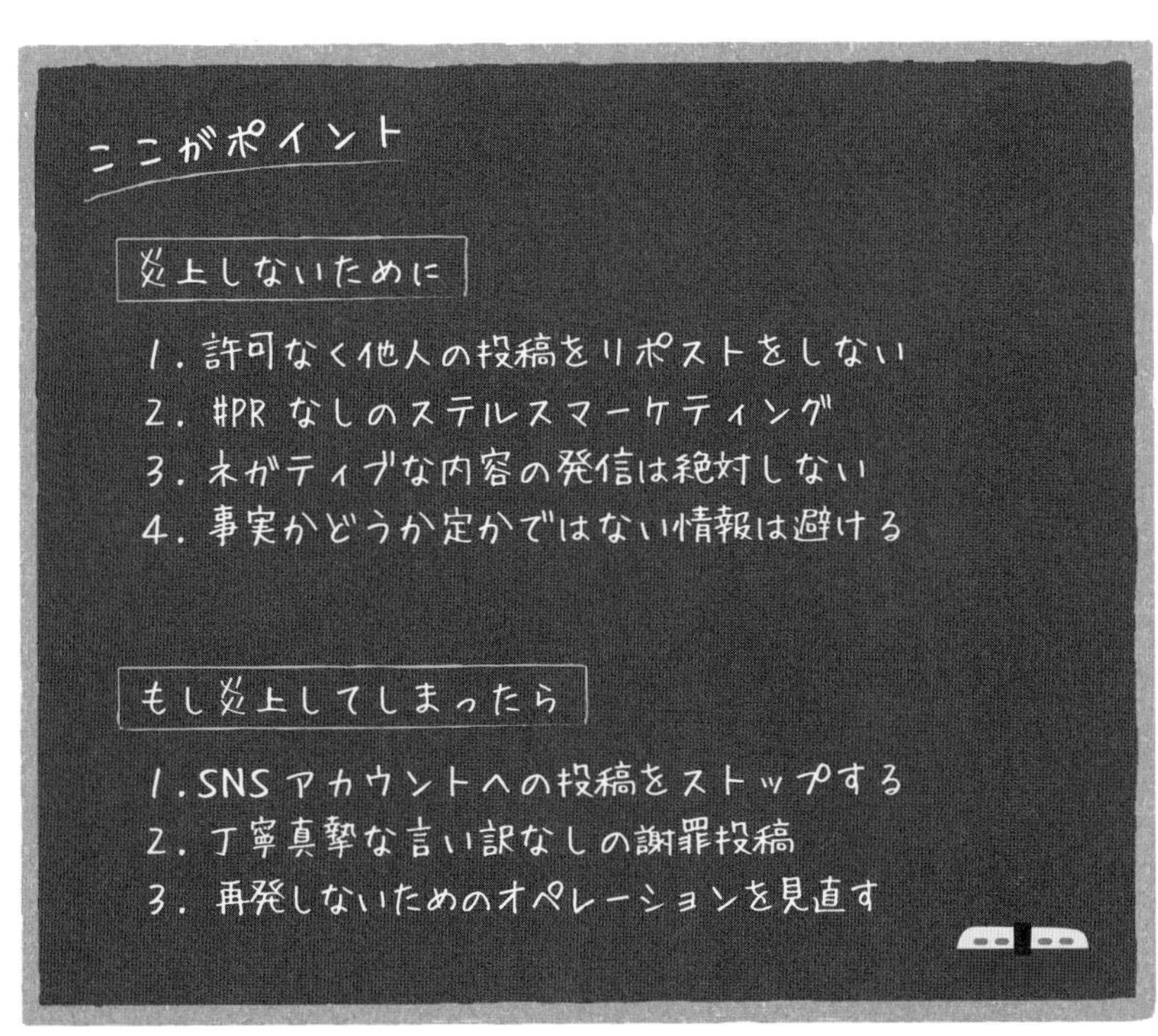

ここがポイント
炎上しないために
1. 許可なく他人の投稿をリポストをしない
2. #PR なしのステルスマーケティング
3. ネガティブな内容の発信は絶対しない
4. 事実かどうか定かではない情報は避ける
もし炎上してしまったら
1. SNS アカウントへの投稿をストップする
2. 丁寧真摯な言い訳なしの謝罪投稿
3. 再発しないためのオペレーションを見直す

5時限目
インスタグラムで売上を増やすには

動画からのリンクやショッピング機能など、売上に繋がる施策を解説します。

01 動画によるコミュニケーションで売上を増やすには

結論から言うと、インスタグラムで**直接的な売上を繋げていくための戦略**は「**フィード投稿でファンを増やし、動画コミュニケーションで売上に繋げる**」です。

インスタグラムは効果測定しづらいサービスですが、この方法はリーチから購入数までの数字を計測でき、費用対効果を算出できます。**計測可能ということは改善も可能**ということです。これにより、いくらまでなら投資できるかなど戦略的な意思決定が行えます。

また、計測しづらい間接的なチャネルですが、インフルエンサーマーケティングやUGCなども非常に重要です。これについても5時限目で解説します。

フィードでフォロワーを増やし、動画でコアファン化させ、売上に繋げていきます。

「ストーリーズ」「リール」「ライブ配信」

コアファンからダイレクトに売上を得られる動画チャネルは「ストーリーズ」「リール」「ライブ配信」の3つです。すべて動画配信機能ですがターゲットや役割が異なります。

1 1万フォロー超で外部に誘導できる「ストーリーズ」

ストーリーズ（**ストーリー**）は24時間で消えてしまう投稿機能です。動画だけではなく画像も投稿可能で、インスタグラムでもっとも人気の機能といえます。

前にも説明しましたが、1万フォロワー未満のインスタグラムアカウントでは、インスタグラムから外部へ誘導できるのはプロフィール画面のみで、設定できる外部URLは1つだけです。

しかし、**フォロワー数が1万人を超えると任意のストーリーズに自由に外部リンクを設定できます**（リンクスタン

● フォロワー数からコンバージョンまでの数字を試算できるストーリーズ

閲覧数
30%

誘導率
10%

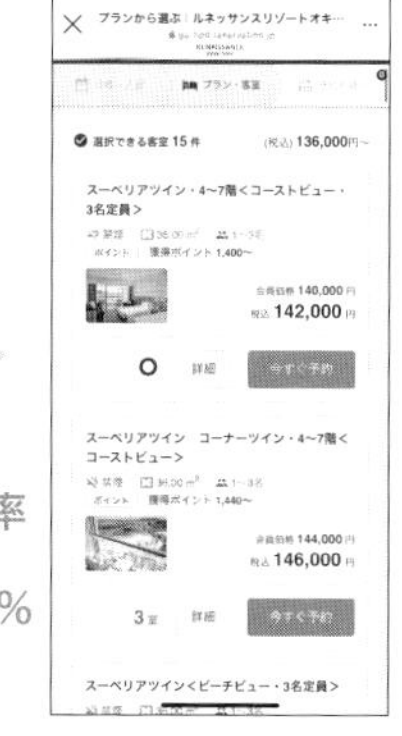

購入率
1%

プへの変更にともない全ユーザーへ適用も検討中）。ストーリーズを閲覧するのは、フォロワーの中でもエンゲージメント率が高いユーザーです。

ストーリーズはフォロワーの平均1～3割に閲覧してもらえます。

エンゲージメントが非常に高い状態で50％程度です。

内容にもよりますが、ストーリーズの閲覧者から外部ＵＲＬへの遷移率は３～10％ほどを見込めます（なおこれは従来のスワイプアップからの遷移率です。スタンプ形式への移行で、工夫すればより高い数も実現できるかもしれません）。フォロワー数を母数として、ストーリーあたりの平均で誘導できる数が計算できます。「ストーリーズの閲覧率」と「リンクタップ（外部ＵＲＬへの遷移）率」が把握できれば、インスタグラムで集客のためのＫＰＩを立てられます。

例えばフォロワー数１万の場合、ストーリーの閲覧率が30％、そしてリンクタップ率が10％であれば、１００００×30％×10％で、一回のストーリー投稿で約３００人を商品ページに誘導できます。商品ページの購入率が１％で客単価が平均３０００円であれば、一回のストーリー投稿で約９０００円の売上に繋がる計算になります。

フォロワー数、閲覧率、タップ率を上げることでさらに大きな売上を生み出せます。

ストーリー閲覧数＝フォロワー数×ストーリー閲覧率（ＫＰＩ）
ストーリー誘導数＝閲覧数×ストーリータップ率（ＫＰＩ）

ＫＰＩとしてストーリー閲覧率は30％、リンクタップ率は10％を目標に目指してください。

10万フォロワーであれば一度のストーリー投稿で3000人の誘導が見込めます。広告の場合、クリック単価50円とすると、ECサイトに3000人誘導するには15万円必要です。

ストーリーズからの集客は、フォロワー増加にともなって効果がリアルに拡大します。広告に頼らずいくらでもフォロワーを顧客に転換できるチャネルなのです。

ストーリーズからの集客に注力するべき理由

広告経由で顧客を集客して売上を増やすのは、再現性があり費用対効果も見込みやすい施策です。しかし、どうしても予算がかかりますし、出稿を止めれば同時に売上も減ります。

広告は新規顧客を獲得するための有効な施策ですが、CPA（顧客獲得単価）はどこかで必ず下げ止まります。リピートに繋げられなければザルに水を注いでいるようなものです。

アフィリエイトも有効な施策ですが、拡大に比例してアフィリエイターとの交渉やマネジメントが膨らむ一方で、潜在的なリスクが増大するチャネルでもあります。SEO（検索エンジン最適化）の影響も大きいので、グーグルのアルゴリズム変更で上位表示サイトが一夜にして転落し、獲得チャネルが消滅する事態もゼロではありません。

インスタグラムのフォロワーは検索順位と異なり、突然数字が下がるものではありません。しっかり運用していけば、時間とともに信頼が積み上がっていき、フォロワーが増加するほどストーリーズ経由の集客は効果を増していきます。

2 非フォロワーへ露出できる「リール」ではショッピング機能を活用しよう

ショートムービー配信機能の**リール**では、広告を除いて1万フォロワーを超えても外部リンクへ誘導することはできません。しかしフィード投稿やストーリーと同じく、**商品タグ**を設置できます。リール動画で商品の魅力を伝え、そこからダイレクトにECサイトに誘導できるのです。ストーリーと違い**リール動画は消えません**。さらに、リールは**非フォロワーへ露出**できる魅力があります。

リールはまだブランドを知らない新しい顧客層へ向けた施策です。一瞬で商品の魅力が伝わる、思わず最後まで見てしまいたくなる作り込みが求められます。

リールは、国内のティックトックに先駆けてEC連動をいち早く実装したサービスです。ブランドとしてこれを誘導チャネルとして活用しない手はありません。特に物販EC事業者は、これから拡大

● ショップ機能経由でECサイトへ誘導できるリール

していくであろう動画コマースを徹底的に使い倒すことをお勧めします。中国など海外のティックトックではEC利用がメインストリームになりつつあり、リールでの商品紹介は今後大きく伸びる可能性があります。下の写真は中国版ティックトック（抖音：ドウイン）のものですが、このようなイメージを参考にしてみてください。リール攻略法は242ページで解説します。

3 「ライブ配信」は、コアファンとの繋がりを強化できる

インスタグラムの**ライブ配信**機能は、リアルタイムでフォロワーに対して動画を配信できる機能です。ライブ配信を開始するとフォロワー全員に通知が届き、かつフォロワーの上部のストーリー枠のもっとも左側の目立つ位置にライブ配信中は固定表示されます。

ライブ配信機能は、アーカイブを残さない限りライブ配信中しか内容を閲覧できません。

● 抖音や快手などによる動画コマース。中国ではすでに一般的なものに

ライブ配信中、閲覧者はコメントやいいね！、質問などライブ配信者とリアルタイムにコミュニケーションを取れます。通常投稿とは独立した機能ですが、配信者と閲覧者には親密度のシグナルが発生していると考えていいでしょう。

ライブ配信可能時間は最大4時間です。過去に著作権やコミュニティガイドラインなどのポリシー違反がないユーザーならより長いライブ配信も可能です。以前は同時配信できるのは2名まででしたが、「**ライブルーム**」が導入されたことで最大4名で配信できるようになりました。

配信後のライブ動画をアーカイブ設定すれば、最大30日間保存されます。ライブ動画の活用方法を後から選択できて便利です。ライブ配信終了後も動画をほかのユーザーから閲覧できる状態にしたい場合、**IGTV**動画として残しておくことも可能です。

ライブ配信中は視聴者のスマホを専有する形になります。ライブを閲覧してくれるユーザーはコアファンです。エンゲージメントレベルが高く、顧客への転換率も高い、もっとも大切にするべきフォロワーといえるでしょう。

ライブ配信で、見込み顧客の質問に直接答えながら商品の説明ができます。例えば、小柄女性に特化したアパレルブランド「COH

● COHINAによるライブ配信のアーカイブ

INA」は、毎日必ずライブ配信を行って顧客とコミュニケーションしていることで有名です。創業3年で月商1億円に達成するなど、地道な活動が数字に反映されていることがわかります。

ライブコマースは中国で興隆し、米国や日本でも根付きつつあります。インスタグラムを中心に商品を販売するチャネルとして、これからもっともっと重要なものになるでしょう。

ライブ配信については248ページで解説します。

ティックトックやユーチューブなど、ショート動画は今後ますます盛んになるジャンルです。

ここがポイント

- 3大動画機能（ストーリーズ、ライブ配信、リール）は直接売上をあげられるチャネル
- ストーリーズからの売上は予測でき、改善可能
- ライブ配信はコアファンを醸成する重要チャネル
- リールを攻略して動画コマース時代に備えよう

02 ストーリーズの閲覧率を高める

1 ストーリーズでのエンゲージメント率を高める

インスタグラム経由のコンバージョンを増やすKPI（指標）としてストーリーズの閲覧率がありますす（閲覧率は「閲覧数 ÷ フォロワー数」で算出）。一般的には10〜30％ほどですが、**閲覧率を高めるには、ストーリーズでのエンゲージメント率（反応率）を高めていく**ことが重要です。

アカウントに1万フォロワーがいるとします。投稿したストーリーをそのうち1000人が閲覧したとします。1000人が動画を最後まで観たり、コメントを送ったり、スタンプで反応するなどといったシグナルを送ると、そのストーリーはまだストーリーズを閲覧していないフォロワー（例えば3000人）に対しても、このストーリーズが優先表示されるようになります。

優先表示というのは、未閲覧フォロワーのホーム画面上部のストーリータブの左側に表示されるいうことです。高いエンゲージメントが高まれば、さらに多くのユーザーへ優先表示され、ストーリーズの閲覧率が高まっていきます。ストーリーズの閲覧率は「ストーリーズのエンゲージメント率（反応率）に依存する」と考えて差し支えありません。

ストーリーズ投稿はエンゲージメント率が高くなれば閲覧率50%ほどにもなります。

ストーリーズのエンゲージメント率（反応率）を上げるための施策を紹介します。

2 ストーリーズではさらに密な関係を構築

エンゲージメント率を上げる具体的な施策を解説する前に、もう1つ重要な指標である「リンクタップ（外部URLへの遷移）率」を上げるための考え方を紹介します。

あからさまに商品を売りつけるような表現、一方的な宣伝による誘導ではタップ率は上がりません。最低でも**閲覧数に対して3%のリンクタップ率**を目指したいところです。

誘導のコツは、**1つのストーリーに情報を詰めすぎない**ことです。ストーリーはテンポよく見るものなので、1ストーリー1メッセージで、一目でわかる内容にす

● ストーリーを上にスワイプしてインサイトを確認

10:04 4G

インタラクション

126
このストーリーズから実行されたアクション

プロフィールへのアクセス	122
ウェブサイトのタップ数	4

発見

18,446
リーチしたアカウント数

インプレッション数	18,446
フォロー数	8
ナビゲーション	18,565
戻る	355
次へ	13,734
次のストーリーズへ移動	2,823

ることが大切です。

外部に誘導してコンバージョンしたい商材があるなら、のストーリーズ1回で終わらせるのではなく、3〜5回の投稿に分けて、その商品（ブランド）を購入する理由やサイトを訪問するメリットなどを伝えましょう。

LP（ランディングページ）のイメージで、1ストーリーごとに次のような流れで誘導するのも有効です。1〜5まではリンクせず、最後まで閲覧して興味を引いた人を誘導します。

1. 課題の提示（共感）
2. 解決策
3. 特徴
4. ユーザーの声
5. 権威性の紹介
6. ECへ誘導（今だけお得という提示）

商材への誘導ストーリーは、ユーザー視点では売り込まれている感があり、滞在時間が短くなってリーチが下がる傾向にあります。普段はフォロワーとのコミュニケーションに徹し、ここぞ！　というときだけリンクを貼りましょう。

ストーリーズはテンポが命！飽きられないように展開していこう！

情報量を絞ることで興味を引き、リンクタップ率が上がることが多くあります。前述の通り2021年8月30日から外部リンクがスタンプ形式になりました。ストーリーズ画面の中央下に限らず、任意の場所に外部誘導スタンプの設置が可能になるので、クリエイティブ次第では非常に高いタップ率も可能になるでしょう。

●「リンクのクリック」が外部URLへの誘導数

3 コミュニケーションスタンプを活用する

ストーリーズにはフォロワーとのコミュニケーションが取りやすいよう、次のような**スタンプ**が用意されています。

- **質問ボックス**
- **クイズ**
- **絵文字スライダー**

- アンケート
- カウントダウン

特にお勧めは「**質問ボックス**」です。フォロワーが気になる点について質問でき、それに対してストーリー上で回答します。質問を受ける側は誰からの質問かわかりますが、回答の際は質問者は匿名になります。基本的に、誰からの質問かは表示しないのがルールです。

質問のテーマを絞る

質問ボックスを利用する上で重要なことは、**質問のテーマを絞る**ことです。「何でも質問してください」とすると、フォロワーは質問内容に迷い、質問率が下がります。「沖縄カフェについて何でも答えます」といった具合に、特定のテーマに絞った方が質問しやすいです。

質問ユーザーは滞在時間が増えます。**大量に回答したストーリーは価値が高いコンテンツになるので閲覧数が伸びます**。質問ボックス機能を使うと閲覧率がとても増える傾向があります。

質問ボックスとアンケート機能の組み合わせ

質問ボックスと**アンケート機能**のコラボ活用があります。「みんなに聞きたい二択質問を教えて」と質問を募集し、その質問内容をアンケート機能に反映させ、フォロワーからアンケートに回答してもらうのです。アンケートスタンプは回答しないと結果が見えないため、結果が気になるユーザーはタップして閲覧します。なお、そのことは事前に伝えましょう。**二択アンケートを連続して行うことでシグナルを一気に貯めて閲覧数を増やす**施策です。

価値観の近いユーザーの考え方を知ることができるため、非常に高い回答率が出ます。ゲーム感覚で連続して質問に答えてもらうことで、2倍近く閲覧数が伸びた事例もあります。

ユーザーに意識させず回答をタップさせる流れで、販売商品へ誘導することも可能です。労力も少なくフォロワーを巻き込んだコミュニケー

● 質問ボックスと二択アンケートを組み合わせた連続ストーリーの例

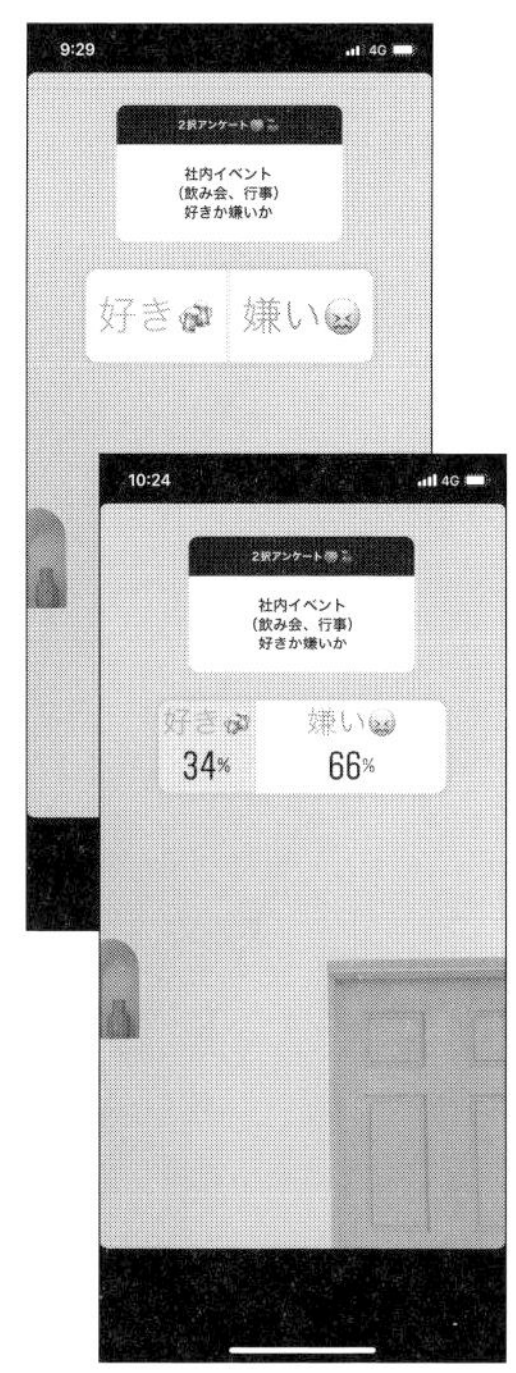

ションができる施策なので、ぜひ試してください。

4 クイックリアクションを活用してDMに繋げる

ストーリーでDMに繋げるコミュニケーションでお勧めなのが**クイックリアクション**です。**絵文字でストーリーに対してリアクションできる機能**ですが、この絵文字をタップするとDMで絵文字を送るのと同じ状態になります。

次のようにストーリー上でアンケートを行い、閲覧者に回答をクイックリアクションで行ってもらうのです。これで反応率を上げることができます。たくさんのDMが来るので、利用の際は気をつけてください。

沖縄でやりたいことは？
海にいく→😂
ごはん食べる→👏
ホテルでゆっくり→🎉
泡盛飲む→😍
これから考える→💯

● リアクションスタンプをDMに繋げる

5 ユーザーアンケート結果を取り入れるストーリー

フォロワーに相談する形で質問をして、二択アンケートスタンプで回答を受けつけ、回答結果に沿ったクリエイティブを作成して投稿しましょう。

例えば「今から沖縄の北部にドライブします！　海と山どの景色が見たいですか？」というアンケートスタンプを用いたストーリーを投稿し、回答数の多い方に行ったストーリーを投稿するという形です。回答したユーザーからすると、投稿者その後の行動に関与していることになるので、続きも興味を持って見てくれる可能性が高まり閲覧率を高める仕組みです。

6 失敗談やあるあるネタで人間味を出す

ストーリーは24時間で消滅するので、あえて完ぺきではない一面を見せ、ブランドや企業への親近感や人間味を感じてもらうこともできます。フィード投稿の作り込みが高いほど、そのギャップが印象的で高いエンゲージメントを出せます。

同様に、あるあるネタのシェアも有効です。フィードでも反応率が高い勝ちパターンの1つですが、ストーリーでも有効です。「共感した人はスタンプで教えてください」など、リアクションを促す形でDMのアクションを取りやすい施策でもあります。

03 リールの攻略

リール機能には主に次のような特徴があります。他ユーザーが投稿したリールを引用し自分の動画と並べてシェアする機能など、次々に新機能が実装されています。

- **スマホ全画面表示の動画投稿ができる**
- **24時間で消えることはなく、動画はループ再生される**
- **テキストやスタンプなどの基本編集ができる**
- **BGMやARエフェクトなどの動画編集もできる**
- **閲覧ユーザーはいいね、コメント、保存をすることができる**
- **発見タブ内でも表示されるためフォロワー以外のユーザーに見つけてもらいやすい**

リールは、フィードやストーリーズのように滞在時間やエンゲージメント率で評価されて露出が決まります。上質な動画が投稿できれば、リールのフィードや発見タブで優先表示され、新規フォロワーの獲得や商品タグからのショップ誘導などに繋げられます。
ここではリールで成果を出すためのポイントを解説します。

1 「ミーム」を意識して人気動画を真似する

リールはティックトックを模倣したサービスですが、リールで成功する方法もティックトックを参考にします。

ティックトックでは「トレンド」や「ハッシュタグチャレンジ」という形で運営が一定のフォーマット動画のバズを生み出しています。これを「**ミーム**（**meme**）」といいます。**インターネットミーム**と呼ぶこともあります。画像や動画を使って面白い素材をコラージュした大喜利のようなものといえるでしょう。「テンプレネタ」ともいえます。

ショートビデオで勝つには、このミームを理解することが不可欠です。リールで結果を出す一番の近道は、少し極端ですが**ティックトックでバズっている動画を真似して展開すること**です。勝ちパターンとして確立されているため、リールでも高いバズの再現性を生みます。

オリジナルも大事ですが、まずは型の模倣からはじめてどんなものか理解するのが有効です。

今後はリール独自のミーム文化も生まれてくることが予想されます。今はティックトックでのリサーチでいいですが、どこかのタイミングでリールのトレンド（バズっている）動画からフォーマットを探す形に切り替えましょう。

2 最初の3秒の掴みが大事

ショートムービーで大事なのは動画の最初3秒です。3秒の掴みでリールが伸びるか伸びないかが決まるといっても過言ではありません。「結論を伝える」「問いを投げかける」など、後の展開を期待させるクリエイティブを冒頭に持ってきます。

例えば勝ちパターンの要素として次のようなものがあります。

- **ホテルの部屋を紹介したルームツアー**
- **メイク方法**
- **料理レシピ**
- **あるある系や雑学ネタ**
- **ハラハラドキドキ系の結果が気になる動画**

伸びているのは美男美女がダンスをする動画ばか

● trevaryで10万再生を超えたリールの動画の一部。最初にインパクトがある動画や続きが気になるものが並ぶ

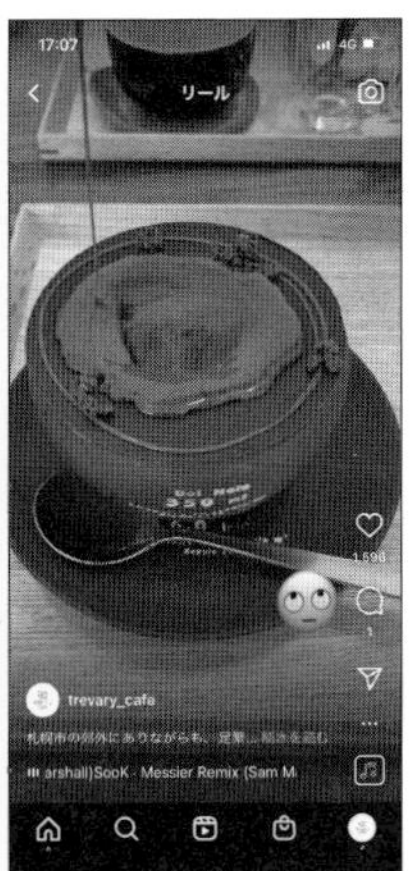

りではありません。自社で商品開発する事業者であれば、製造過程を見せる動画、利用した後のビフォー・アフター動画なども有効でしょう。

最後まで見続けさせる工夫

最後まで視聴させる工夫も必要です。フィード投稿やストーリーと同じく「滞在時間」が長い動画ほど評価されます。**視聴維持率**がショート動画のＫＰＩです。

動画の最後は次のような具体的な動線設計が必須です。

- 他の関連動画をお勧めする
- フォローを促す
- 商品タグへ誘導する

続きや結果をコメント欄で紹介してコメントに誘導する方法もあります。コメントを見ている間もバックグラウンドで動画再生は続くので、滞在時間を伸ばすための小ワザです。

他に、３つの動画で１つのストーリーにすることで、プロフィールに遷移して前後の動画視聴を促す施策などがあります。

3 「まとめ動画」がお勧め

ショート動画でもすぐに真似できる勝ちパターンは「沖縄カフェオススメ10選」「恩納村のホテルまとめ」のような「**まとめ系**」動画です。ティックトック、ユーチューブショーツ（ユーチューブのショートムービーサービス）、スナップチャットなど他のショート動画サービスにも横展開できて費用対効果が高いので、ぜひチャレンジしてみてください。

リール以外のショート動画サービスにも展開運用する場合、ティックトックで動画を作成して、それをリールに転用するのをお勧めします。ティックトックは加工や編集技術、音源やミームネタも豊富に揃っているためです。ティックトックを運営するバイトダンス社が提供する動画編集アプリ「**CapCut**」はスマホで使えてパソコン不要なレベルのアプリです。

ティックトックで作成した動画には**TikTok**のロゴが入ってしまいます。「**SnapTik**」（**https://snaptik.app/ja**）というサービスを利用すると、動画上の

● **リールやティックトックで伸びた動画をユーチューブにも投稿し150万再生に**

TikTokロゴを削除できるので、インスタグラムに投稿する際はロゴを消して投稿しましょう。ロゴが残ったままだと、インスタグラムのアルゴリズムに嫌煙される恐れがあります。

● ティックトック公認の動画編集アプリ「CapCut」

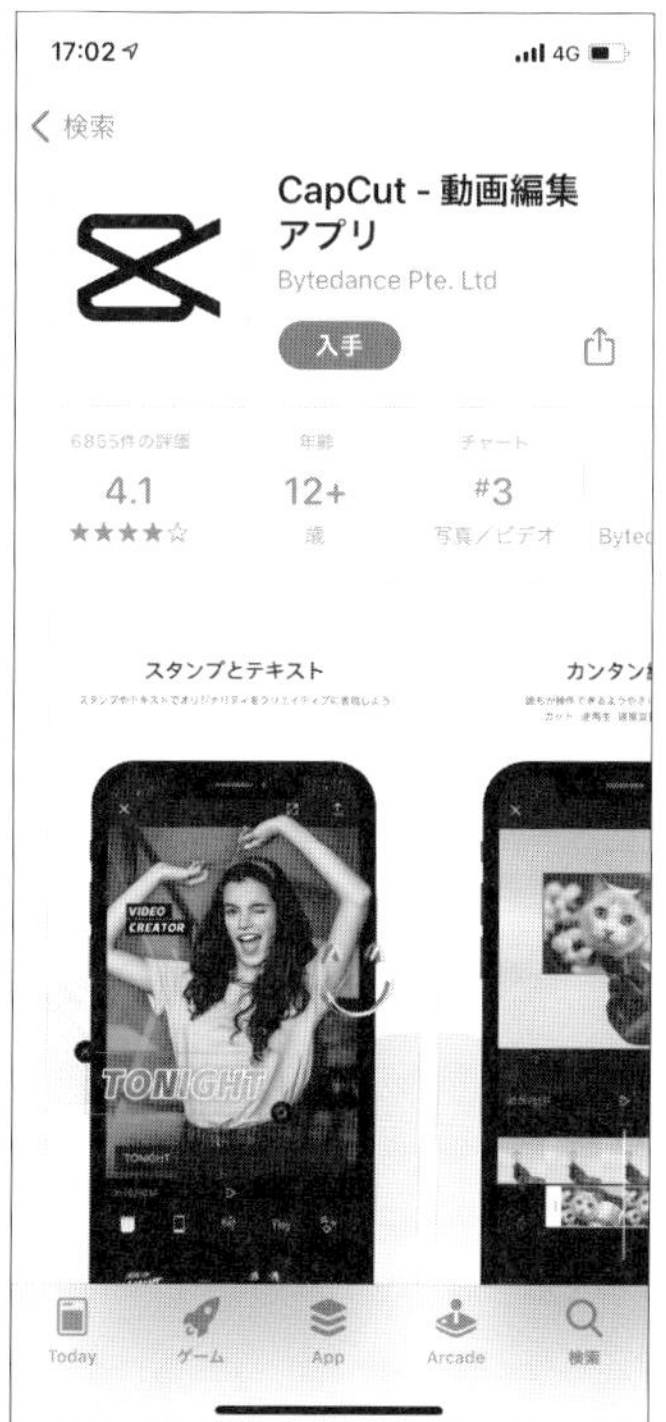

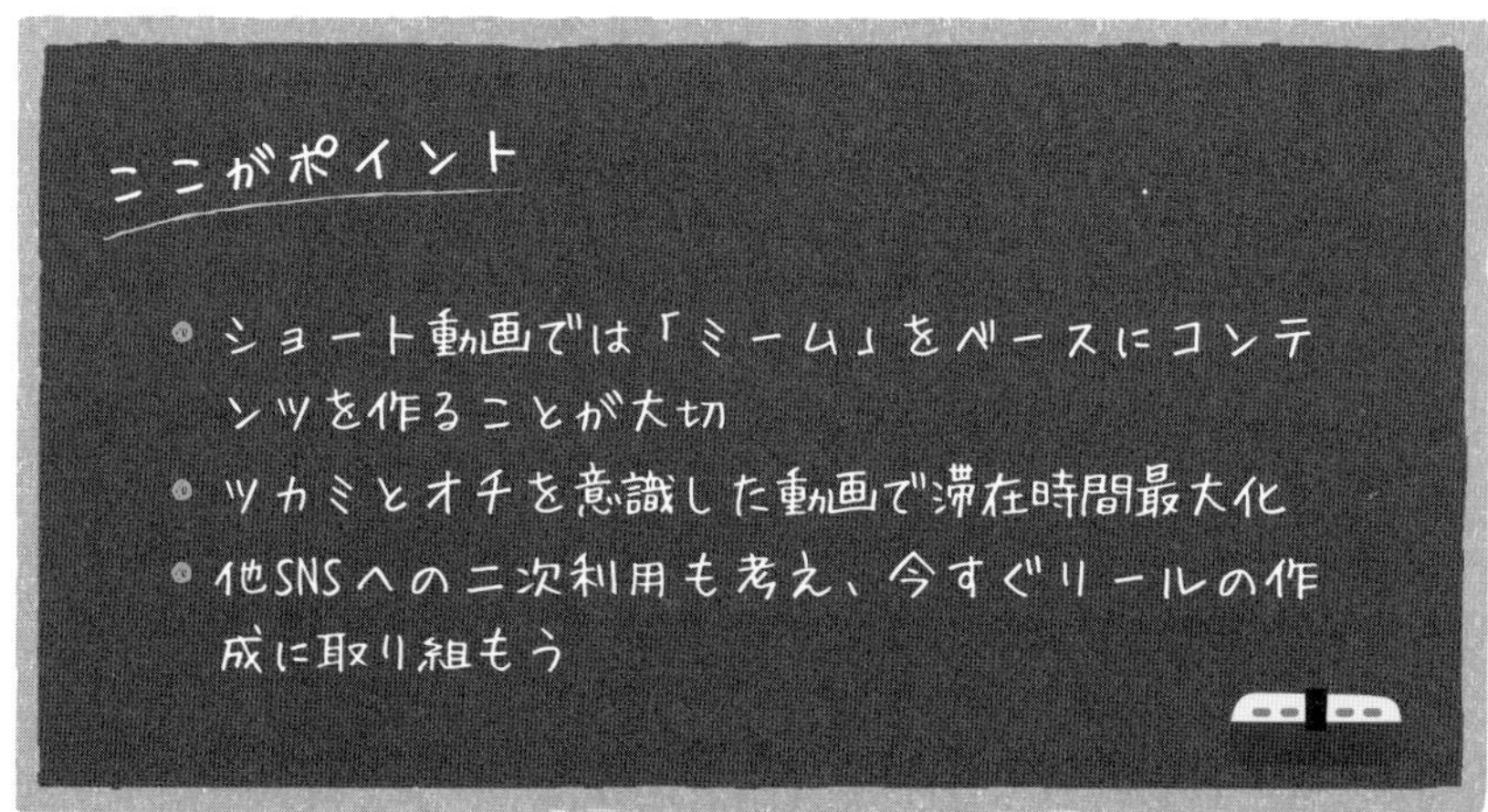

ここがポイント
● ショート動画では「ミーム」をベースにコンテンツを作ることが大切
● ツカミとオチを意識した動画で滞在時間最大化
● 他SNSへの二次利用も考え、今すぐリールの作成に取り組もう

04 ファンとの距離を縮める「ライブ」の重要性

スマホ1台あれば世界中に生の声を直接届けられる**ライブ配信**。一般的には「**インスタライブ**」と呼ばれています。ダイレクトにファンとコミュニケーションできるため、ファンのエンゲージメントを高める効果が期待できます。

ライブ配信はエンゲージメントが下がっているフォロワーへアピールでき、エンゲージメントを一気に高められる特長があります。

毎日ライブ配信することでフォロワーとの接触頻度を高めて、購入に繋いでいる企業もあります。最初は興味がないものでも、繰り返し接するうちに好感を持つようになることを「**ザイオンス効果**」(**単純接触効果**)といいます。ライブ配信はフィード、ストーリーズ、リール以上にこの効果が期待できるので、コツコツと継続的に配信しましょう。

ライブ配信はエンゲージメントを一気に向上できるサービス。思い切って取り組んでみよう。

1 ライブ配信の活用法

企業のライブ配信は、主に次の2つの形で運用されています。ライブ配信は企業やブランドのコアファンが集まる場所なので、自社の商品（サービス）が紹介しやすいです。

- 商品やサービスの紹介
- 社風や社員などの紹介

商品やサービスの紹介

これは「**ライブコマース**」といわれる手法です。商品やサービスのPRを目的としています。商品（サービス）の魅力や使いやすさを伝えたり、参加者から質問を受け付けてリアルタイムに回答することで、ユーザーは購入前に商品（サービス）への疑問や不安・不満を解消できます。

質問ユーザーの名前を呼びかけるなど1対1のコミュニケーションを大切にすることで、ユーザーは好きなブランドに認知してもらった喜びを感じるでしょう。より親密度が高まることで購入率の向上も期待できます。開発秘話や作り手の想いを伝えたり、利用者の感想などを紹介したりと、様々な企画が考えられます。

社風や社員などの紹介

これは**人材採用**（社員やアルバイトなど）や**企業ブランディング**を目的としています。

採用でミスマッチが多い企業は、社内の雰囲気や働く社員の声を発信することで、リアルな職場や社風を伝えられます。知名度が低い中小企業もフィード投稿でフォロワーを増やしてライブ配信でエンゲージメントを高めれば、広告費をかけなくても自社にマッチした人材を採用できるでしょう。

2 ライブ配信を効果的に行うには

ライブ配信を効果的に行うには、事前に計画を立ててフォロワーが気軽に参加しやすい内容にすることが大切です。手順を4つに分けて説明します。

1 配信内容を立案する
2 配信日時、配信時間を考える
3 事前に告知する
4 参加者からの質問を受け付ける

まず、フィード投稿のコメントや前回のライブ配信の反応などを参考に、配信テーマや内容を考えます。あわせて機材の手配などを行います。

次に、インサイトでフォロワーのアクティブな曜日・時間を把握し、最適な配信日時を決定します。継続的にライブ配信する場合は、配信日時を固定するといいでしょう。

フィード投稿やストーリーズ、他のSNSを活用したライブ配信の事前告知が大切です。フィード投稿で「イベント」にタグ付けすると、**インスタグラムの通知受信設定をしたユーザーにイベント開始15分前に通知できるリマインド機能が使えます**。ぜひ積極的に活用しましょう。

ライブ配信は参加者にとっても興味のあるブランド（企業）と直接コミュニケーションできる貴重な機会です。期待に応えるためにも参加者からの質問などは積極的に対応しましょう。ライブ中に質問を受け付けて回答するやり方が一般的ですが、慣れていないうちはその場で質問が思いつかないこともあるので、事前に質問を受け付けるのもいいでしょう。**質問者の名前やライブ配信中のコメントを読み上げたりすると一気に関係が深まります**。

他のアカウントとのコラボ配信

２０２１年から最大４人でライブ配信が可能な**ライブルーム**が実装されました。これにより、多人数によるコラボ配信ができるようになりました。

関係性のあるブランドや、ジャンルが異なる相性の良いブランド同士でライブ配信をするのもいいでしょう。他アカウントのフォロワーが参加するので、自社アカウントの認知が広がります。

05 影響力の強いユーザーに依頼するインフルエンサーマーケティング

インフルエンサーマーケティングは拡大を続けています。米国では2021年に予算規模で3000億円を超えると予想され、日本でも2025年には723億円に成長する見通しです。

人気ユーチューバーやインスタグラマーのような影響力を持つインフルエンサーに自社製品・サービスの紹介してもらい、認知拡大や購買、ファン（ロイヤルカスタマー）化に繋げ、消費者の態度変容や行動変容を促すコミュニケーション型マーケティング手法です。

インフルエンサーには、有名人、公人、各SNS上のクリエイター、専門分野のオピニオンリーダーや専門家などが挙げられます。4時限目05で紹介したメディアアカウント・キュレーションアカウントもインフルエンサーです。

自分たちのブランドの世界観に合ったインフルエンサーをキャスティングすることが重要です。

1 顧客目線で商品を紹介

インフルエンサーマーケティングの特徴の1つは、顧客目線に立って商品を紹介できることにあります。

テレビでの宣伝は、有名人のモデルや女優、歌手、タレントなどを起用し、不特定多数への商品訴求を主体としています。またインターネット広告は、成約率を高めるためターゲティングした商品訴求を主体としています。

インフルエンサーマーケティングはこれらと異なり、友達のように身近な存在の**口コミに近いイメージ**です。広告は商品・サービスの良い面しか伝えないなど、一方的な押し付け感があります。しかしインフルエンサーマーケティングは、もともと顧客が好感を持っていたり、ライフスタイルを参考にしていたりする人の口コミメッセージなので、ユーザーが受け入れやすいのです。

インフルエンサーの定義は、単純なフォロワー数だけでなく、特定のターゲット層に対して何らかの情報を継続的

● インフルエンサーマーケティングのイメージ

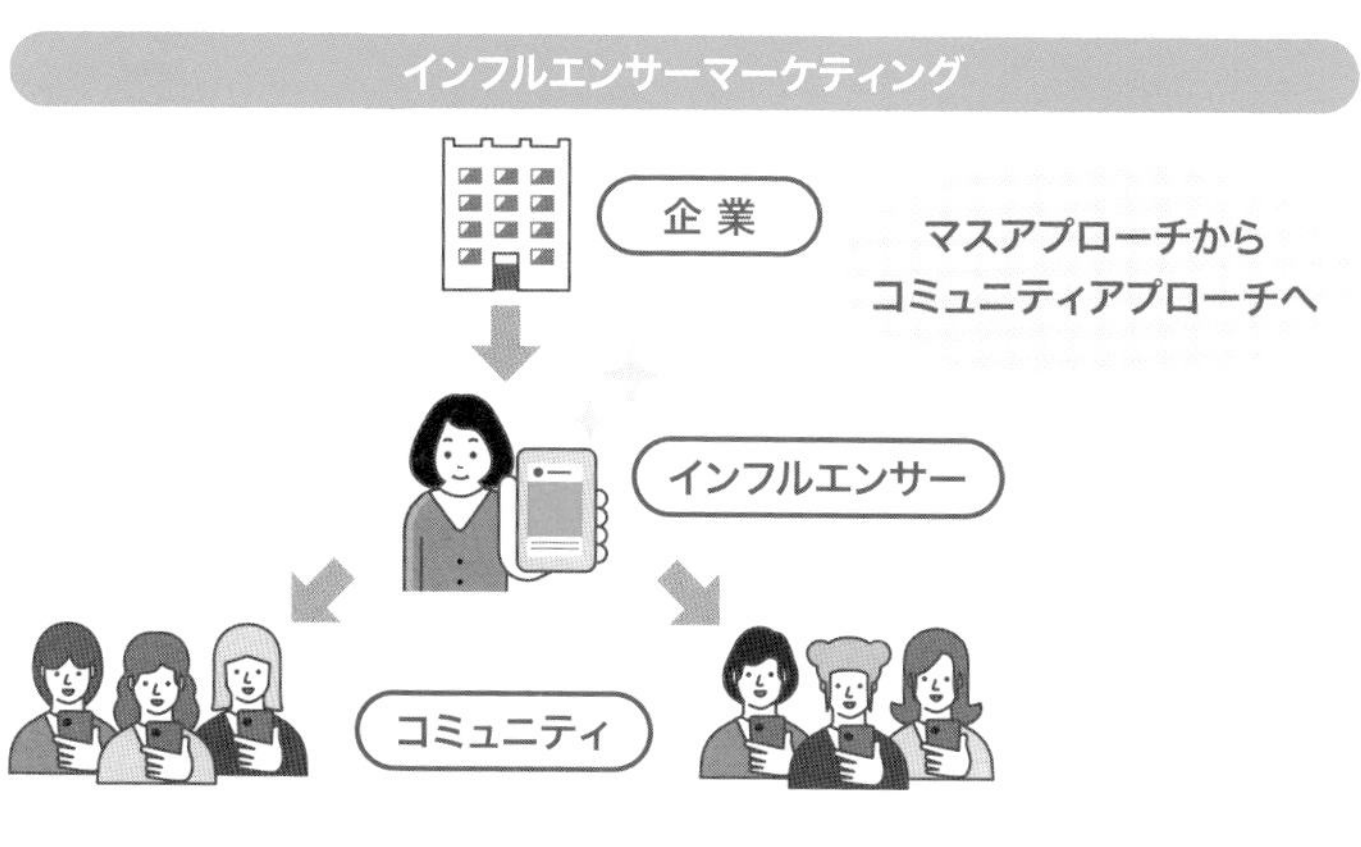

に発信しており、感情や行動に大きな影響を与える人物です。

フォロワー数の規模でもインフルエンサーの性質が異なります。次の4つに分類できます。

- **トップ・メガインフルエンサー（フォロワー100万人超規模）**
- **マクロ・パワーインフルエンサー（フォロワー数十万人規模）**
- **マイクロインフルエンサー（フォロワー数万人規模）**
- **ナノインフルエンサー（フォロワー数千人規模）**

トップ・メガインフルエンサーは世間の知名度が非常に高いインフルエンサーで、テレビタレントや芸能人などが挙げられます。トップインフルエンサーをフォローするインフルエンサーによる

● フォロワー数によってインフルエンサーを分類できる

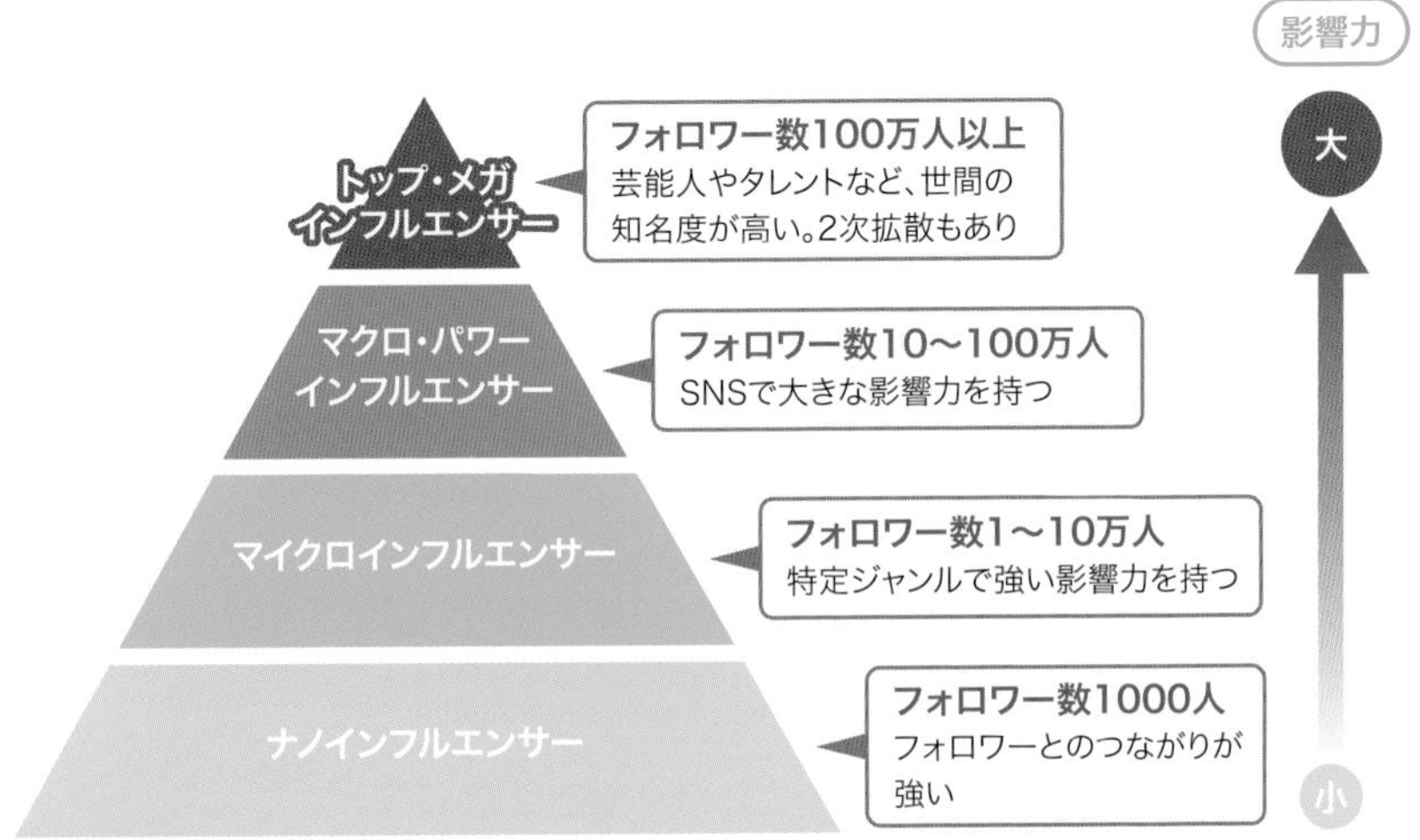

2次拡散もあり、情報が爆発的に拡散しやすい特徴があります。

マクロ・パワーインフルエンサーはSNSで大きな人気を持つ有名インフルエンサーです。ファッション、美容、グルメといった特定ジャンルに特化したカリスマ的存在を指します。

マイクロインフルエンサーは特定のジャンルで強い影響力を持つインフルエンサーです。フォロワーボリュームがありながらフォロワーとの距離感も比較的近いので、親近感・共感を獲得しやすく購買など行動喚起に繋げやすい特徴があります。

ナノインフルエンサーはフォロワー数は少ないものの、フォロワーと友達感覚での繋がりが多いため、投稿への反応率（フォロワー数に対するいいね！、コメントの割合）が高い傾向があります。

目的に合わせてインフルエンサーを選択

ナノインフルエンサーはフォロワーとの距離が近いので、影響が色濃く出やすい印象です。そのため、例えば100万円の予算を使う場合、トップインフルエンサー1人にPRを依頼するより、1万円をナノインフルエンサー100名に依頼する方が総合的なエンゲージメントは高く期待する結果が出やすい傾向にあります。**ブランディングを狙う場合はパワーインフルエンサー以上に、売上を狙う場合はマイクロインフルエンサー以下にPRを依頼するといいでしょう。**

通常の写真投稿の場合、フォロワー一人あたり1～2円ほどが相場です（フォロワー10万人のインフルエンサーにフィード投稿をしてもらうのであれば10万円）。エンゲージメント率やアフィリエイト案件などから把握できる購入実績によっても、フォロワーあたりの単価は左右されます。ストーリーズ、カルーセル投稿、動画投稿などによって単価は変わるので、直接依頼する場合は料金テーブルを提示するなど先方に納得してもらえる形で相談を進めていきましょう。ぞんざいな対応をするとすぐに悪評が広がるので十分な注意が必要です。

2 インフルエンサーへの依頼方法

インフルエンサーへの依頼は主に3通りあります。

- **インフルエンサーへ直接依頼する**
- **マッチングサービスを活用して自社でキャスティングする**
- **インフルエンサーマーケティング会社にキャスティングを依頼する**

まず、直接自分たちでDMなどを通して依頼する方法です。企業とインフルエンサーが直接やりとりできるため、意図を正確に反映したスピード感のあるPRができる点がメリットです。すべて自社で行うため工数はかかりますが、中間マージンが発生せずコストを抑えられます。抑えたコスト分をインフルエンサーの報酬に反映できるので、大きなPRができます。

また、**インフルエンサー・マッチングプラットフォーム**を利用して、インフルエンサーの選定やPR依頼を行う方法もあります。自社でインフルエンサーの調査を行わなくても、インフルエンサーのSNSデータをもとに自社にマッチした人物が選定できます。

ダッシュボード機能により複数のインフルエンサーへの連絡や投稿の状況を管理したり、効果分析ツールによるレポートなどを利用できます。代表的なマッチングサービスに**トリドリマーケティング（https://marketing.toridori.me/lp/）**などがあります。

デメリットは、直接依頼するよりもコストがかかる点です。プラットフォームの月額利用料のほかに、キャスティング費用が別途必要になる場合もあります。

３つめはインフルエンサーマーケティング専門企業にすべて代行してもらう方法です。必要な業務を一括代行してもらえるので、自社にノウハウや人的リソースがない場合に特に有効です。

- **目的に沿ったインフルエンサー施策提案**
- **過去実績をもとに成果を出せるインフルエンサーの紹介**
- **各インフルエンサーとの交渉・報酬支払**
- **サンプリング品の個別発送やディレクション**
- **ステマ防止、炎上対策**
- **最終的なレポーティング**

デメリットはキャスティングサービスの利用料（マージン）が発生することです。

3 インフルエンサーに何をしてもらうのか？

様々なアプローチ方法が可能なのもインフルエンサーマーケティングのメリットです。主なアプローチ方法は次の５つです。

- **ギフティング**
- **現地訪問**
- **コラボレーション**
- **ライブコマース**
- **アンバサダー**

ギフティングは定番の手法です。インフルエンサーへ製品を提供し、体験した感想をＳＮＳに投稿してもらいます。アプリなどのオンライン体験も可能です。モノを販売しているブランドにとってはもっとも有効な方法です。

記事執筆時点のトレンドは、自社でインフルエンサーをリストアップして、ＤＭで「商品がよかったらＰＲ投稿してほしい」と無償提供する方法です。予算をかけないので、確実に投稿してもらう形ではなく、試供品を渡してレビューを促すイメージです。

インフルエンサーごとに異なるクーポンコード（クーポンを利用してフォロワーが製品を購入すると割引になる）を発行することで、インフルエンサーが投稿する動機づけを行います。どのインフルエンサー経由がもっとも売上が上がっているかを把握できます。高い成果を挙げたインフルエンサーには、改めて予算を付けて依頼するのもいいでしょう。

現地訪問は、実際に現場に来てもらい、商品やサービスを体験してもらう様子をインスタグラムに投稿してもらう方法です。飲食店など実店舗に有効です。イベントや観光地などへ招待、現場レポートの依頼などもあります。ゲストとして登壇してもらうとリアルな集客も狙えます。

コラボレーションは、商品・企画の監修やコラボアイテムの共同制作を行う方法です。消費者視点と最新トレンドを好むターゲットに刺さります。インスタグラムで人気の女性インフルエンサーの多くはアパレルブランドを展開している事例が多いですが、これはこの流れといえます。他にグルメ系インスタグラマーによる商品や店舗の共同プロデュースなどもこれにあたります。

ライブコマースはライブ配信で商品紹介をしてもらう方法です。リアルタイムの質疑応答が可能なので、ユーザーの不安を解消してそのまま購買に繋げやすいメリットがあります。

ただし、インフルエンサーが行う場合は商品理解が乏しい懸念があるため、自社スタジオに招いて一緒に展開するのをお勧めします。

アンバサダー（大使）は、スポットPRではなく、ブランド専任の広告塔として長期的なパートナーシップを結び、ブランドの魅力を継続して発信してもらうものです。前述したコラボレーションは、ブランドのコンセプトや商品企画段階からインフルエンサーと二人三脚で展開するのに対して、アンバサダーは既存ブランドにプロモーションをコミットしてもらうイメージです。コラボレーションと違い複数名を同時起用できるので、アンバサダー同士のネットワークを展開できます。実際に筆者が運営するアカウントもこのやり方で成長させることができました。アンバサダー施策については285ページで詳しく解説します。

なお、PR投稿で終わりではなく、投稿後1週間を目処にインフルエンサーから投稿ごとのインサイトの数字を共有してもらうことが大切です。数字が伸びたもの、伸びなかったものなどの要因を分析し、次の施策に繋げていきましょう。

4 インフルエンサーマーケティングのメリット

インフルエンサーマーケティングのメリットを深堀りしましょう。主に次の6点があります。

- ターゲティングしやすい
- 消費者目線のレビューを発信してもらえる
- 広告以上の費用対効果が期待できる
- 口コミの拡散とUGCの獲得が期待できる
- データが取得できて効果分析がしやすい
- 顧客とのコミュニケーション創出が期待できる

ジャンルに特化したインフルエンサーは、そのジャンルへの興味関心が高いフォロワーを多く抱えています。したがって、年代別、男女別、ジャンル別で**ターゲティング**が可能です。

また、実際に製品やサービスの良し悪しを「**消費者目線**」で丁寧にレビューしてくれます。さらに、レビューによって現行製品へフィードバックもできれば、品質改善や新製品開発にも繋げることが可能です。

プライバシー問題もあり、ターゲティング広告が規制されるなど、今は**広告の費用対効果を高めるのが難しい**状況です。そのような中、インフルエンサーマーケティングは、ハマればものすごいリターンを期待できる施策です。

あと、インフルエンサーによる高品質の**UGC**を生むことができる点が、強烈なメリットの1つです。自社で撮影した写真よりも高いエンゲージメントを生み出すこともあるので、自社アカウントでのリポストについてなども取り決めをしておくといいでしょう。

世界観が合うインフルエンサーをキャスティングすれば、投稿のトンマナ（トーン＆マナー）も大きく違うものにはなりません。インフルエンサーによって生み出されるUGCのお手本を集められるのは有効です。

データによる効果分析がしやすいのもメリットです。テレビCMや新聞・チラシ広告などはデータが取れず効果測定が難しい問題があります。インフルエンサーマーケティングはほとんどがインターネット上で行われるため、リーチ数、エンゲージメント数・率、シェア数、サイト遷移数、製品購入数などデータの取得と分析が可能です。

インフルエンサーマーケティングには、**顧客との密接なコミュニケーション**があることも重要な効果です。いいね！やコメントなどで商品やブランドに対する反応や意見・感想などを、問い合わせページに誘導せず直接知ることができます。

企業と消費者との関係ではなく、インフルエンサーと消費者の関係でコミュニケーションできるという違いがあります。

5 インフルエンサーマーケティングの注意点

ここまでインスタグラマーマーケティングのポジティブな部分を説明してきました。しかし、新しい手法であるため、課題もあるのが現実です。

インフルエンサーマーケティングで注意するべき点は次の通りです。

■キャスティングでの注意点
■ステマによる炎上リスク

誰を**キャスティング**するかで成果が分かれます。インフルエンサー選択の基準の1つに、フォロワーへの影響力があります。

インフルエンサーがフォロワーに強く影響力があるのかを把握するには、直近30日の「**ストー**

リーズの平均閲覧率」をチェックするのがお勧めです。10%前後であれば、フォロワーに対してのエンゲージメントは高いといえません。20%以上であれば問題なく、30%以上であれば高い効果が期待できます。

予算を払って依頼する場合、何枚か**ストーリーズのインサイトのスクリーンショット**を送ってもらいましょう。閲覧数が表示されているので確認してください。

他にも可能であれば次の要素を検討するのをお勧めします。

- **ブランドとインフルエンサーの親和性**
- **インフルエンサーの投稿の質**
- **インフルエンサーのコミュニケーション力**
- **過去のPR投稿内容**
- **過去のPR投稿への反応数・率**
- **インフルエンサーのフォロワー属性（年代・性別・興味関心）**

これは代表例ですが、これ以外にも施策目的によって細かに選定する必要があります。

今では少なくなりましたが、一時期**フォロワーを購入しているインフルエンサー**もいました。

もし違和感のあるインフルエンサーがいれば、コメントやフォロワー一覧を見て、そこに外国人ユーザーが多くないかチェックしましょう。日本語で投稿しているインフルエンサーなのに、外国人の割合の方が多いのであればフォロワーを買っている恐れもあります。依頼は慎重になるべきです。

インフルエンサーの選定を誤ると、期待する成果が絶対に出ないため、選定は繊細で難易度が非常に高いと心得ておきましょう。

ステマによる炎上リスク

ステマ（ステルスマーケティング）は、企業PRだと悟らせずに消費者に宣伝・広告を行うマーケティング手法です。主なステマ手法は次の３つです。

- **芸能人や著名人などに商品を紹介してもらう**
- **インフルエンサーやブロガーなどに宣伝依頼をする**
- **一般消費者のふりをして口コミやレビューを行う**

これらはPRだと明記すればまったく問題のない手法ですが、有償で依頼しているのにその記載がないとステマとなり、炎上の火種になります。

ステマが発覚すると、炎上してブランドや企業が社会的信用を失う重大な事態に陥る恐れもあります。インフルエンサーマーケティング実施の際には細心の注意が必要です。

投稿する際には必ず「**#PR**」表記をしてもらうこと、商品提供を受けた旨記載してもらうことを徹底しましょう。断るインフルエンサーには依頼しないという決まりを設けましょう。

インスタグラムには企業・ブランドとインフルエンサーとの関係性を明示できる「**ブランドコンテンツのタイアップ投稿タグ**」という機能があります。この機能を利用すると、ユーザーネームすぐ下に「●●とのタイアップ投稿」と表示されるため、閲覧ユーザーが「これはPR投稿だ」と一目でわかります。

タイアップ投稿タグの利用は、企業・ブランド側がPR投稿を依頼するインフルエンサーのアカウントを承認する必要があります。インスタグラムの「設定」

160万フォロワーを超えるトップインフルエンサーによるPR投稿

キャプション内に「#PR」と記載するのがルール

⬇「ビジネス」⬇「ブランドコンテンツ」画面から、「ブランドパートナーに承認をリクエスト」を選んで、タイアップするインフルエンサーを検索して承認します。

ブランドから承認されたインフルエンサーは、ビジネスパートナーとして投稿にブランドのタグを追加できるようになります。キャプション、タグ付け、位置情報を入力する画面内でブランドタイアップの設定ができるので、その指示をしてください。双方の作業が必要で一定の工数がかかるので、国内ではあまり事例は多くありませんが、PR投稿であることを示すのには有効な機能です。

● ブランド側の設定でインフルエンサーを選択して承認依頼

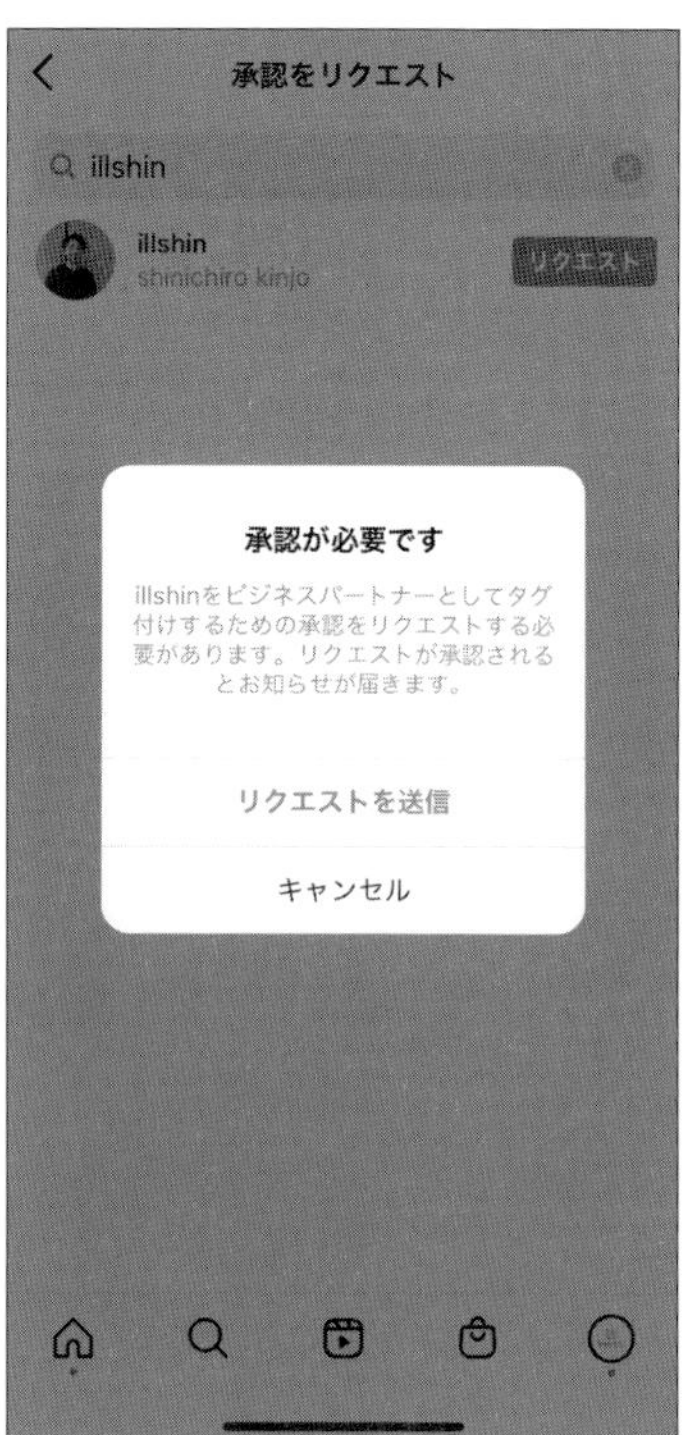

● インフルエンサー側の画面でブランドをタグ付けできる

6 インフルエンサーマーケティング成功の秘訣

インフルエンサーマーケティングでもっとも重要なポイントは、**ブランド側から細かな指示を出してはいけない**という点です。

「あれも伝えてほしい」「この情報も入れてほしい」とブランド側の要求が多すぎると、自由度がなくなりインフルエンサー本来の魅力を発揮できなくなってしまいます。いつもと違う雰囲気の投稿はフォロワーが違和感を察し、投稿への反応（エンゲージメント）が低くなります。

フォロワーの価値観や好みをもっとも知っているのはインフルエンサー自身です。フォロワーとの信頼関係を損なわずに効果を最大化させるためには、どのように投稿するべきかはインフルエンサー自身が一番把握しています。むやみに介入してとやかく口出ししないようにしましょう。

インフルエンサーのやる気をそぐことになりますし、インフルエンサーはフォロワーのことを第一優先で考えているので、依頼を断られる恐れもあります。

ブランドは最低限のお願いをして、あとはインフルエンサーの裁量に任せることがインフルエンサーマーケティングの成功の秘訣です。

06 ショッピング機能を活用しよう

1 ショッピング機能の概要

インスタグラムの**ショッピング**機能を使うと、インスタグラム上に投稿した写真にECサイトの商品ページを設定できます。ショッピング可能な投稿には、投稿内に値段と商品名を表示するタグが貼り付けられています。ユーザーが投稿を見ると商品情報が表示され、「ウェブサイトで見る」をタップすると外部サイト（商品詳細ページ）へ遷移できます。

以前は、インスタグラムの投稿から外部URLに誘導することはできませんでした。シッピング機能を活用すると、自社ECに

ショッピング機能は、設定に少し面倒な作業が必要ですが、大きなリターンが期待できます。

誘導できる投稿がいくらでも可能です。フィード投稿、ストーリー、リールに設定できます。1万フォロワー以上などの条件もありません。なおセミナーやアプリへの誘導はできず、ECサイトで物販する事業者のみが対象です。

● ショッピング機能

● ショッピング投稿からECサイトまでの流れ

ショッピング機能の導入に必要な条件は次のとおりです。

1. ビジネスで、提供者契約とコマースポリシーに準拠した物理的な商品を販売している
2. インスタグラムアカウントがビジネスプロフィールに移行済みである
3. インスタグラムアカウントが所有権のあるフェイスブックページと接続されている
4. フェイスブックページでショップセクションを追加もしくはビジネスマネージャでカタログを作成している（あるいはベイスなどカタログ作成をサポートする国内事業者のECプラットフォームと連携する）

まずブランドのフェイスブックページへ商品カタログを入稿するか、もしくはECプラットフォームと連携させる必要があります。その後、インスタグラムとフェイスブックを連携させることで、ショッピング機能が使えるという仕組みです。

ショッピング機能の利用には、同じ管理者による同ブランドのフェイスブックページが必要です。そしてパソコンからの操作も必須です。

2 ショッピング機能のメリット

ショッピング機能は無料で利用できます。ショッピング機能のメリットは次のとおりです。

「フィード」「ストーリーズ」「リール」と連動できる
非フォロワーにもショップを閲覧してもらえる
直接ECプラットフォームへリンクできる

ショッピング機能はフィードだけでなくストーリーズ、リールなど**すべてのインスタグラム投稿機能と連動**できます。

ユーザーがフォローしていないアカウントのショップも閲覧できます。またリール動画にもショップタグを付けられるので、**非フォロワーへ露出できます**。

自社のECサイトがなくてもベイス、ストアーズ（**stores**）、楽天、ショッピファイ、イーシーキューブ（**EC-CUBE**）などのECプラットフォームにショップがあればショピング機能と連携して販売まで繋げられます。

米国ではインスタグラムアプリ内で決済までできる**チェックアウト**機能が先行導入されています。日本でも実装されれば外部サイトへの誘導時の離脱もなくなり、より購入率を高められます。

3 ショッピング投稿の活用法

ショッピング投稿を広告に活用するシーンは様々です。例えば「**1つの商品だけではなく、複**

数の商品を組み合わせて宣伝できる」点は、ショッピング投稿を利用した広告の大きなメリットといえるでしょう。

アパレルブランドが自社製品をインスタグラムで宣伝している場合、お勧めのコーディネートとモデル着用イメージを紹介した方が訴求効果は高まります。しかし、通常のインスタグラム広告は1つの写真に対して1つのリンクしか紐付けられません。そこで、ショッピング投稿を利用した広告が有効になります。インスタグラムショッピング投稿は、1枚の写真の中に最大5つのリンクを設置できます。トップス、アウター、ボトムス、カバン、シューズなど複数のアイテムでコーディネートされていても、すべての商品へリンクを設置できます。取りこぼしを防ぎ、ユーザーが商品と接する機会を増やす効果が期待できます。

ショッピング投稿を広告に利用するための要件は次のとおりです。

- **配信できる場所はインスタグラムのフィード（タイムライン）のみ**
- **広告のフォーマットは1枚の静止画のみ（動画、カルーセルは使えない）**
- **キャンペーンの目的は、「ブランド認知度アップ」「リーチ」「投稿のエンゲージメント」「トラフィック」「コンバージョン」から選択**

ストーリーや発見タブには配信できず、広告クリエイティブも静止画1枚のみと制限されています。そのため、インスタグラム広告と比べて設定とクリエイティブの面で一工夫必要です。

ショッピング投稿の連投は避ける

売上に繋がりやすすからと言ってショッピング投稿ばかり連投するのはやめましょう。どうしても「売るための投稿」に見えるので、多用するとフォロワーの信頼を失う結果になります。インスタグラムの投稿は、フォロワーの課題を解決する有益性、再現性、共感性が基本です。商品提案で顧客の課題が解決できるのであればいいですが、そうでない場合は、通常投稿5回に対してショッピング投稿1回くらいの頻度にとどめておくべきです。

ショップタブを表示すればたくさんのブランドが並んでおり、リサーチはいくらでも可能です。自社に合った見せ方をしている勝ちパターン投稿を多くピックアップし、再現性を持って自社展開できるようにヒントを得ていきましょう。

なお、ショッピング機能の設定方法については、本書サポートページ（320ページ参照）からダウンロードできる特典で詳しく解説しています。

ここがポイント

- ショッピング機能はフィード、ストーリーズ、リールと連動できる
- 直接ECサイトにリンクできる
- ショッピング機能を使うならフェイスブックに商品カタログを登録しておこう

07 購買行動に大きな影響を与える「UGC」

UGC（口コミ）は人が行動する起因になっています。インスタグラムマーケティングにおいて、UGCの影響を理解することは重要です。ここではUGCについて解説します。

1 UGC投稿は売上にも寄与する

UGCはユーザーの購買・購入の意思決定を左右しています。

ユーザーが商品を購買する「行動モデル」は2種類あります。どちらの購買行動モデルでもUGCが大きな影響を与えています。

1つは2時限目01「目的・目標を明確にする」で紹介した「**マーケティングファネル**（パーチェスファネル）」のプロセスです。

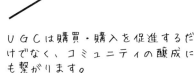

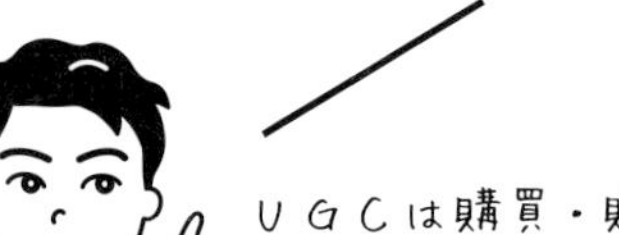

UGCは購買・購入を促進するだけでなく、コミュニティの醸成にも繋がります。

モデル1 「認知」⬇「興味関心」⬇「比較検討」⬇「購買・購入」

これが従来の購買行動モデルです。しかし、インスタグラムやティックトックなどのビジュアルに特化したSNSが登場し、消費者の購買行動に変化が生まれました。それが「興味からズドン！」や「興味突破」と呼ばれる「衝動的な購入」です。

モデル2 「認知」⬇「興味関心」⬇「購買・購入」

このモデルでは「この商品いいな！」と思ったら即座に購買・購入が行われます。

モデル1では比較検討のプロセスでUGCを参考にして購買・購入の意思決定を行います。この購買行動を選択するユーザーは「失敗したくない」という心理が根底にあります。そのため、納得できるまで様々な情報を収集して検討します。このため、モデル1で選ばれるのは人気のブランドや信頼を得ているブランドが多い傾向にあります。

モデル2の場合、一見UGCの影響はあまりないように見えます。しかし、実は「これがいい！」とユーザーが決断する興味関心にUGC投稿が影響を与えています。

自分のタイムラインに流れてくるフォロワーのフィード投稿を見て「これ買ってみよう！」「明日、この店に食べに行こう！」と思ったことはないでしょうか。これも衝動的な購入です。比較検討するまでもなく、気がつけばその店に足を運んでいる。この行動の決め手にフォロワーのUGC投稿が影響しています。

どちらのプロセスでも、UGC投稿が最終的な意思決定の引き金になっています。UGC投稿は商品・サービスの第1想起だけでなく、売上を増やす必要不可欠な要素となっているのです。

UGC増加で売上も増加

一般的には「商品が売れるから口コミが増える」と考えられていました。しかし「口コミが増えるから売上が増加する」という研究報告があります。横浜国立大学の鶴見裕之准教授らの研究論文「商品に関するツイッター上のコミュニケーションと販売実績の関連

● 商品に関するツイッター上のコミュニケーションと販売実績の関連性分析

©オペレーションズ・リサーチ

商品に関するTwitter上のコミュニケーションと販売実績の関連性分析

鶴見　裕之，増田　純也，中山　厚穂

本研究では Twitter 上のコミュニケーションと一般消費財の販売実績との関係性を分析した．実証分析 I では回帰モデルをベースに構築した分析モデルをビール系飲料「商品 A」の POS データ，広告出稿データ，Twitter データに適用し，商品の販売実績とツイート数における正の関係性を捕捉した．実証分析 II では，パス解析を用いて同データを分析し，双方向モデルによって販売実績が伸びるからツイート数が増えるのではなく，ツイート数が増えるから販売実績が伸びる，という因果の方向を確認した．あわせて，商品のテレビ広告が Twitter を経由して販売実績に与える間接効果を確認した．

キーワード：POS データ，CGM，Twitter，広告効果，回帰モデル，パス解析

1. はじめに

国内外を問わず，この 10 年におけるマーケティングを取り巻く環境変化のなかで，最も大きなものはインターネットの普及にあったと言えよう．本稿執筆時あった．しかし，ブログ，SNS などで簡易的に情報発信・収集を行い，また情報を複数の個人で共有する多対多のコミュニケーションが拡大し続けている．特に近年は SNS の利用拡大が顕著であり，代表的な SNS の 1 つである Twitter の場合，日本語の 1 カ月あたり

商品に関するツイッター上のコミュニケーションと販売実績の関連性分析（2013年8月）
横浜国立大学大学院国際社会科学研究院 准教授鶴見 裕之
株式会社電通マーケティングインサイト 増田 純也
東京都立大学，経営学研究科准教授 中山 厚穂

性分析」（2013年8月）によると、「ブランドに関する口コミが増えることによって、売上増加に対しての正の相関（関係がある）が認められた」と報告されています。

この研究対象はツイッターですが、SNS全般に当てはまると考えられます。購買行動でUGCの投稿数が売上に寄与するKPIになるわけです。

2 コミュニティ醸成にも効果

UGC投稿が消費者（ユーザー）の「商品（またはサービス）購入」の起因となっているため、企業がUGCを創出する環境を整えていくことは、今後当たり前になっていくでしょう。

インスタグラムは熱量の高いユーザーを醸成できるプラットフォームです。その機能を活かせば、UGCを生み出す環境としても最適です。コアファンで構成されたコミュニティを作って、そこからUG

● UGCは広告や直接誘導と比べ効果測定が困難だが間接的な売上効果がある

C投稿を発信して新たなファンを生み出していくことができます。
企業にとっても、自社のブランドに愛着を持ち、支持してくれるロイヤルカスタマー（コアファン）との繋がりがあれば、プロモーションや新商品開発などにユーザー視点でアイデアをもらえ、マーケティングコストの削減などにも大きなメリットとなります。詳細については6時限目で詳しく解説します。

待つだけでなく、積極的に自分から動くことで、UGC投稿を活性化させることができます！

ここがポイント

- UGC投稿は売上に貢献する
- UGCはユーザーの「購買・購入」に大きく影響
- UGC増加で売上も増加するとの報告も
- UGCはコミュニティの醸成にも繋がっている

Column 2

ストーリーズで使える
お勧めGIFまとめ

フォロワーとエンゲージメントを高めるストーリーズを投稿するとき、より人間味があって素敵な雰囲気にするのに便利なのが「GIF(ジフ) スタンプ」です。ストーリーで動くイラストや文字を見かけたことがあるはずです。

GIFスタンプは、ストーリーの投稿画面で簡単に使えます。写真や動画に動くGIFスタンプが加わると、一層目を引く投稿になります。

しかし、可愛いGIFやお洒落なGIFを見つけるのは難しいものです。そこでGIFの検索ワードや探し方を紹介します。

手書きや英語、キャラクターやクリエイター制作GIFまで、様々な種類を集めてみました。可愛いGIFスタンプでお洒落なストーリーズを作りましょう。

● ストーリーを素敵に演出するGIFスタンプ

インスタグラムでGIFスタンプを検索する方法

ストーリーの投稿画面を開き、四角い顔マークをタップします。ストーリーで使える様々なツールが表示されるので、GIFボタンをタップしてください。

GIFスタンプの一覧ページに移動します。検索窓でキーワードや作成者名でGIFスタンプを検索できます。利用するGIFが決まっていない場合は、トレンドの一覧から好みのものを選択するのもよいでしょう。

使うだけでストーリーがとってもおしゃれになる今っぽいトレンドの手書き文字風GIFスタンプと、イラストのGIFスタンプの検索ワードを紹介します。GIFスタンプ選びに迷ったら参考にしてください。

● 中央の「GIF」ボタンからGIFを探せる

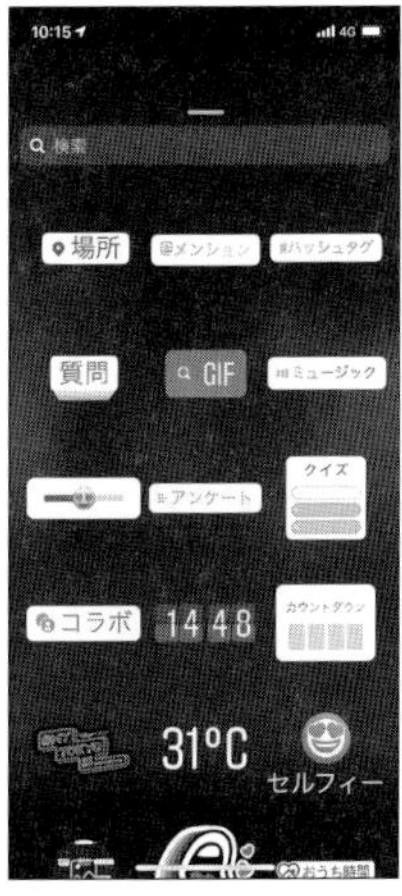

手書き風GIFまとめ

手書き系の文字は、特に若い女性には人気です。好感を持たれやすいクリエイティブになります。裏側や本音を見せるストーリー上で、ギャップを演出するのに有効です。手書き風GIFの一覧です。各写真上に検索ワードを記しています。

● 手書き風の GIF 一覧

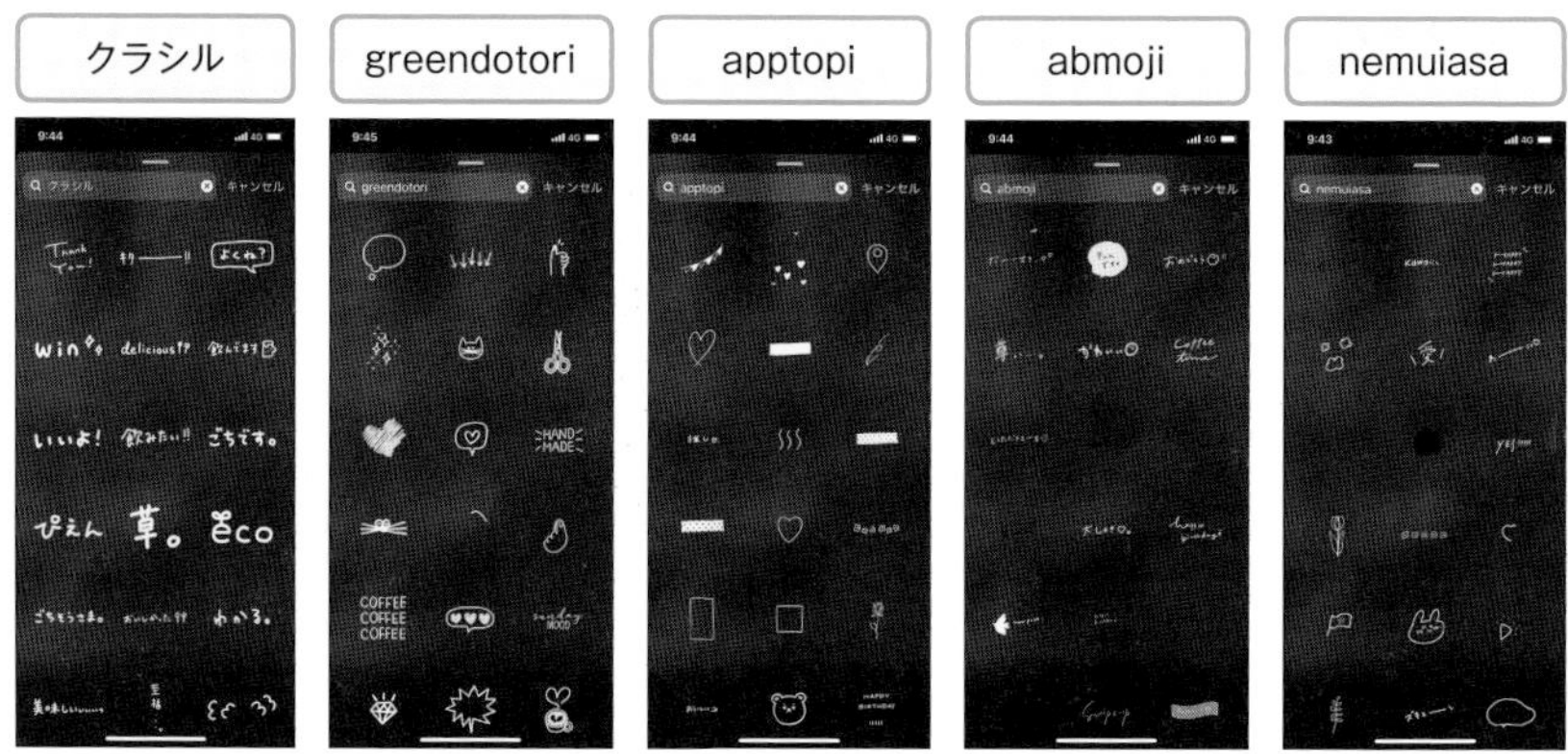

イラストGIFまとめ

GIFは海外テイストのものが大半を占めますが、次のキーワードで検索すれば日本人にもウケるイラストが出てきます。手書きイラスト同様、ストーリーに1つ加えるだけでとても可愛くなること間違いなしなので、ぜひ試してみてください。

● 可愛いイラストの GIF 一覧

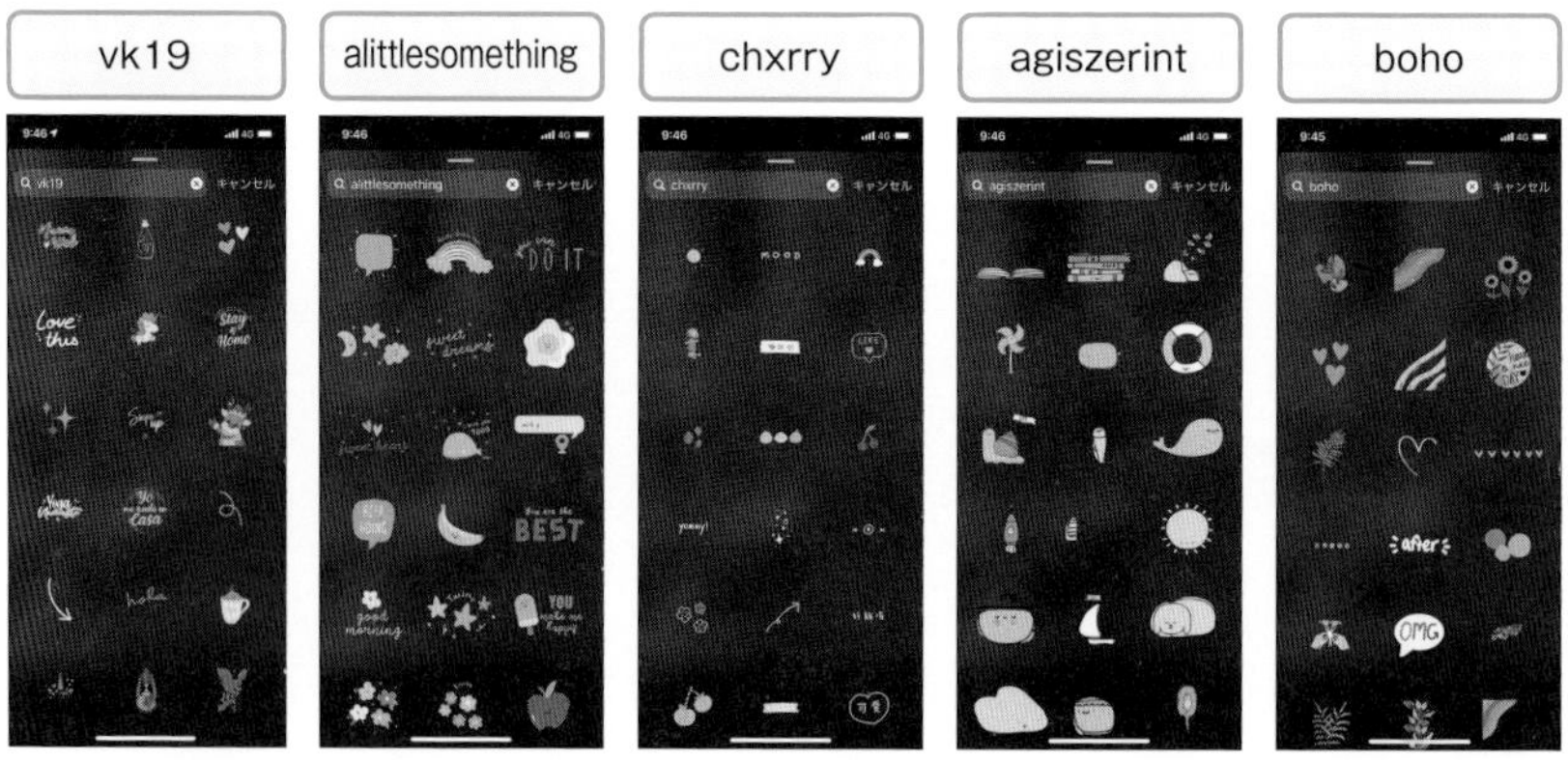

6時限目 インスタグラムでコミュニティを作る

コミュニティを醸成させ影響力が自然発生的に広がる仕組みと方法を解説します。

01 ロイヤルカスタマーを育成する

パレートの法則をご存知でしょうか。「2：8の法則」とも呼ばれるもので、顧客全体の2割の優良顧客が売上の8割をあげているというものです。事業を展開していれば直感的に理解できるかもしれません。もちろん8割の顧客をないがしろにするわけではありませんが、2割の優良顧客を自社のコアファンにすることで、8割の売上が維持できて高い費用対効果を追求できます。

新規顧客の獲得単価は高騰傾向にあります。企業には優良顧客のＬＴＶ（生涯顧客価値）の最大化が求められており、新規獲得以上に重要な戦略となってくるでしょう。

優良顧客は「**ロイヤルカスタマー**」ともいいます。新規顧客の何割をロイヤルカスタマー化していけるかというのも重要なＫＰＩの1つです。インスタグラムはロイヤルカスタマーを増やしていくた

自社商品のUGC投稿したユーザーにコミュニケーションしてコアファンを作っていく戦略です。

めに有効なチャネルです。インスタグラムは、熱量の高いファンコミュニティを醸成するのに向いているサービスだからです。

インスタグラムを通して顧客をロイヤルカスタマー化するためのポイントを解説します。

ブランドのアカウントタグ、ハッシュタグを付けてくれたユーザーとコミュニケーションをする
良質なUGCを投稿するリピート顧客の「アンバサダー」化

1 ブランドのアカウントタグ、ハッシュタグを付けてくれたユーザーとコミュニケーションをする

ユーザーと積極的にコミュニケーションを取るのは、地味で大変な作業です。コメントは難易度が高いですが、いいね！やフォローだけでもユーザーに喜ばれます。それらはシードアカウントとなり露出が増えるきっかけになります。

一歩進んで、アカウントの世界観に合うイメージで投稿されている自社商品の写真（**UGC**）を見つけたら、コメントで投稿者に許可をもらい、**リポスト**していくのをお勧めします。

商品購入だけではなく、インスタグラムに投稿までしてくれているユーザーは、エンゲージメ

ントが高いユーザーです。ブランドに対して非常にポジティブな感情を持っているので、ほぼ確実に許可をもらえます。リポストは強く喜ばれるでしょう。

ブランドによるリポストは、さらにUGCを呼びます。それを見た他のフォロワーは「自分もタグ付けして投稿をすればリポストしてもらえる」と考えます。仮にユーザーが購入するときに「購入したアイテムを投稿すればインスタグラムでシェアしてもらえる可能性がある」と後押しできるかもしれません。インスタグラム上でブランドのUGCが増えるだけでなく、購入意欲も上げることができるのです。

リポストはフィード投稿だけでなく、ストーリーシェアでもかまいません。フィード投稿は世界観の統一が大切なので、すべてのUGCをリポストするわけにはいきません。そこで、フィード投稿に適さないものはストーリーズでタグ付けシェアしましょう。それでも十分にエンゲージメントを深めることができます。コメント（定型文でも可）でも関係性は深められるので、オペレーションを組んで実施しましょう。

● UGC 投稿に対して取るべきアクション。リポストは難しくても、ストーリーシェアまでは対応したい

右にいけばいくほど喜んでもらえ関係性が高まる

2 良質なUGCを投稿するリピート顧客の「アンバサダー」化

インスタグラムでコミュニティ作りをしていくには、一方的な上からの発信だけでは難しいです。ファンを巻き込んだ運用が求められます。盛り上がりを大きくする方法として「**アンバサダー**」施策を紹介します。

アンバサダー（大使）は「**ブランドを代表するユーザー**」です。熱量高いユーザーにユーザーの代表になってもらい、マーケティングのサポートをしてもらう手法です。アンバサダーと言いましたが「**スーパーファン**」「**ファミリー**」「**リーダー**」など一般顧客と区別できる名称であれば何でもかまいません。

大企業やラグジュアリーブランドなどでもよく取り入れられてい

● アンバサダー施策を有名にしたネスカフェアンバサダー。職場でのコミュニケーションを活性化できるメリットを提供

すでにネスカフェ アンバサダーの方はこちら！
NESCAFÉ アンバサダー
ネスカフェ アンバサダー
あなたの職場に笑顔とくつろぎの場所を！
アンバサダーになると
どんないいことがあるの？
マシンをきっかけに自然と
コミュニケーションが生まれ、
あなたの職場に笑顔が広がります♪
お申し込みはこちら
職場でコーヒーが
楽しめるサービスです♪
ポイント

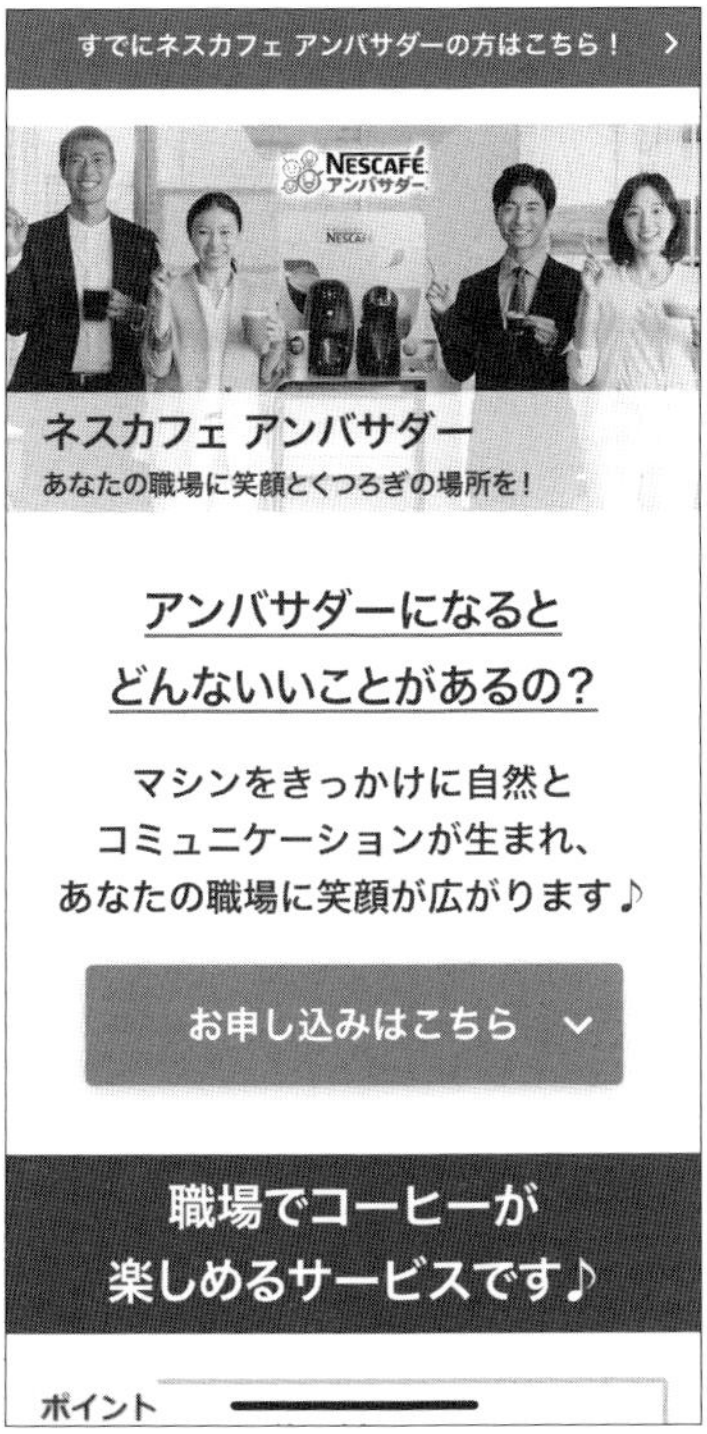

https://shop.nestle.jp/front/contents/ambassador/amb/

る手法です。知名度が低いスモールブランドでも、インスタグラムを起点にこの施策で爆発的に成長することも可能です。UGCを増やすだけではなく、コミュニティを生み活性化させる起爆剤になります。

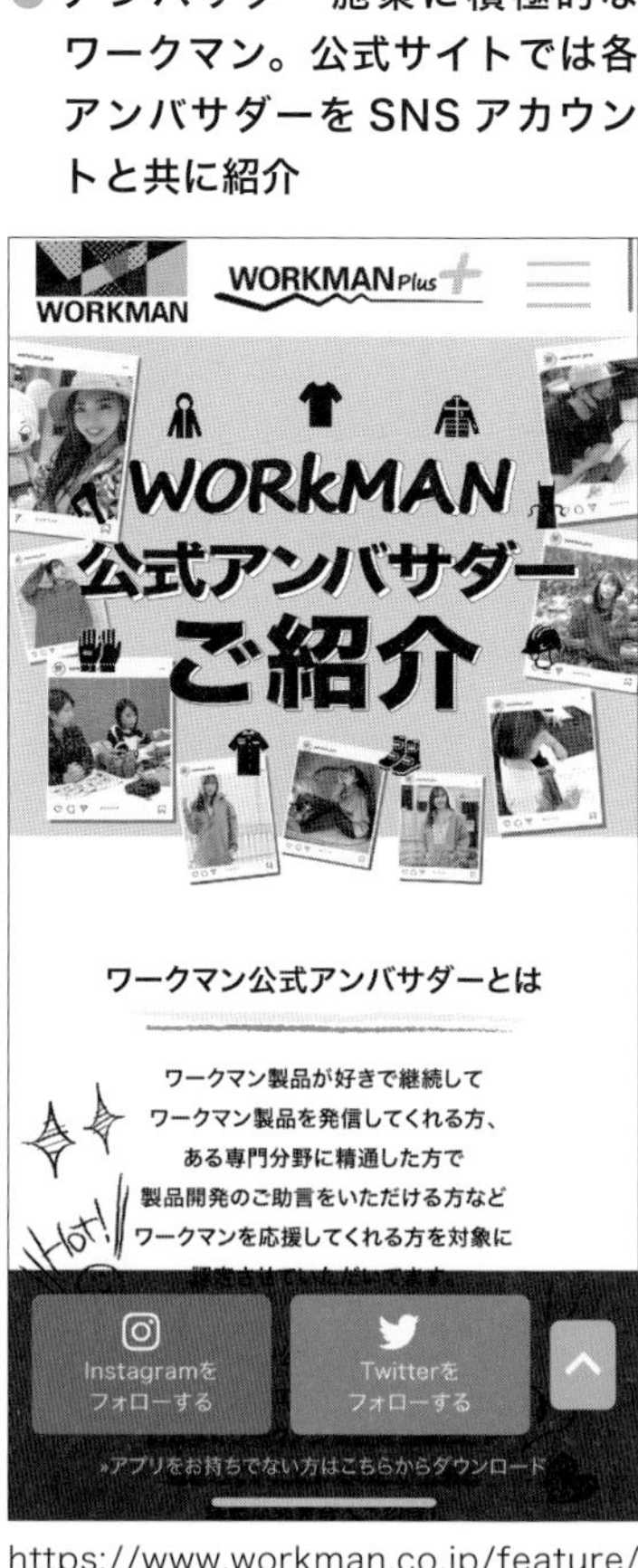

● アンバサダー施策に積極的なワークマン。公式サイトでは各アンバサダーをSNSアカウントと共に紹介

https://www.workman.co.jp/feature/ambassador/

良質なUGCを何度も投稿してくれるリピートユーザーは、貴重なロイヤルカスタマーです。ロイヤルカスタマーをアンバサダーに引き上げ、特別待遇するのです。公式サイトやインスタグラム上でアンバサダーとして紹介するだけではなく、イベントへの招待、商品の無償提供、試作品のテスト、スタッフとのディスカッションを行いましょう。

アンバサダーの応援をする姿勢

重要なのは「**アンバサダーの自己実現を応援する**」というスタンスでコミュニケーションすることです。アンバサダーにとってメリットがなければ、関係は短期的なものに終わり悪手になります。ピュアなロイヤルカスタマーであるユーザーの気持ちを理解し、彼・彼女らが求めることにできる限り応えていく姿勢が大切です。

アンバサダーを受けてもらえたら、そのアカウントを自社のインスタグラム上でしっかりと紹介することが非常に重要です。

インスタグラムで積極的に発信しているユーザーなので、インスタグラム上での紹介は非常に喜ばれます。さらにそれがロイヤル顧客予備軍のUGCを活性化させます。筆者が運営するアカウントでは、アンバサダー精度でフォロワーを25万以上増やすことができました（次節で解説）。

3 ゼロからロイヤルカスタマーを生み出す方法

ブランドやアカウント立ち上げ直後で顧客もおらず、ロイヤルカスタマーの元となるUGCそのものがない……というブランドもあるでしょう。そこで、ゼロの状態からUGCを増やす方法があります。次の2つの方法です。

- **モニターキャンペーン**
- **ギフティング**

インスタグラムで最初の1000フォロワーを獲得するための施策でも解説しましたが、**モニターキャンペーン**を行いましょう。フォロワー獲得だけでなく、モニター募集キャンペーンとすることでキャンペーン後のＵＧＣ発生が可能です。

キャンペーンで熱量高いユーザーを選定し、ＵＧＣを能動的に生み出します。アンバサダー化まで狙う場合は、キャンペーン応募の条件でコメントやアンケートを必須にして、アンバサダーになり得る価値観を持っているか確認する方法もあります。世界観・価値観がふさわしいユーザーであれば、アンバサダーのオファーを依頼するのも有効です。

もう１つの方法は**ギフティング**です。世界観の合うユーザーへ商品を無償提供し「試してみて、よかったら投稿してもらえると嬉しいです」とＰＲ投稿を促す手法です。好反応の相手にはアンバサダーとしてオファーできる見込みがあります。

最初はＰＲ案件での出会いですが、それがきっかけで自発的に購入をしてくれる人や、積極的に投稿で紹介をしてくれる人が出てくるかもしれません。商材が本当によければ、ロイヤルカスタマーになりえる見込み顧客と出会える可能性は高いです。

ここがポイント

- コミュニティこそが長期的な優位性になる
- ロイヤルカスタマーを起点にコミュニティを醸成する
- インスタグラムでロイヤルカスタマーとコミュニケーションを取る
- ロイヤルカスタマーをアンバサダーとして招きコミュニティを盛り上げる
- アンバサダーの成功を支援が、新規顧客のLTVを上げビジネスの成功に繋がる

02 約30万フォロワーアカウントの成長事例

ここでは、筆者が運営する「trevary」アカウントの成長事例を解説します。

自社開発した「動画で旅行スポットを探せるアプリ」のダウンロード数を増やす目的でインスタグラムを運用し始めました。現在はインスタグラムのアカウントがアプリ以上に影響力を持ち、毎月1800万人以上へのリーチ、3500万回のインプレッションを生むまで成長しました。毎月1万人以上のペースでフォロワーが増えています。成長の主なステップは次の3つです。

アンバサダー施策
勝ちパターン調査
ジャンル拡張

領域に合わせて3つに拡大したアカウントで、30万フォロワーに成長しました。

1 アカウントの成長を後押ししたアンバサダー施策

４時限目で解説しましたが、**trevary**はもともと「沖縄カフェ」領域からスタートしました。

動画でスポット探しができるアプリを運用するにあたり「ホテル」「観光地」「グルメ」のいずれのジャンルから展開するべきかリサーチを重ねたところ、「カフェ」探しでインスタグラムや動画を活用しているという声が多かったことと、ハッシュタグ件数が多く可能性を感じられたので、「沖縄カフェ」を選定しました。

リポストとアンバサダー施策を実施

事業として展開するので投稿の量が求められます。素敵な写真を投稿しているユーザーに許可を取り、**リポスト**していく形でカフェ紹介をスター

● 2021年7月時点のtrevaryのファミリーアカウント

トしました。

投稿の度に許可を取るのは非効率なため、素敵な写真を頻繁にあげているユーザーに対して**アンバサダー**になることを打診しました。アンバサダーになってもらうことで、自由に転載させてもらう仕組みにしたのです。これらはオペレーション上の理由で施策が生まれました。

アンバサダーは、ユーザーにメリットがないと受けてもらえません。当時はアカウントのフォロワーが数千人規模に増えていたのでそれを活用。アンバサダー就任のアナウンスを行い、リポストした投稿は引用元ユーザーのタグ付け、アンバサダー記載、フォローを促す内容をテンプレート化して投稿をしました。フィード投稿ではなくストーリー投稿です。

アンバサダーは、自分の投稿の露出とフォロワー獲得を**trevary**経由でできるメリットを享受できます。他にもPR案件をもらったカフェやレストランへアンバサダーを無料するなど、費用を使わずWin-Winの関係性を築くことができていたといえます。

アンバサダーを通じてコミュニティ拡大

アンバサダーに就任したユーザーを積極的にブランドのアカウントで露出することで、他ユーザーから「アンバサダーになりたい！」と応募が集まってくる好循環が起きます。アンバサダーが増えるほど就任希望連絡も増え、**trevary**の**コミュニティ**を拡大できました。

カフェ投稿には必ず**trevary**をタグ付けすること、アプリへの動画投稿やプロフィールに「**trevary**公認アンバサダー」と記載することを、アンバサダーに依頼しました。プロフィール欄にブランド名表記してもらうことで、アンバサダーとブランドとの強い関係性を構築できたことはもちろん、貴重なブランド認知チャネルを生み出すこともできたのです。

まとめると、実施したのは次の施策になります。

1．人気ユーザーへアンバサダーの就任の依頼
2．アンバサダーに就任したアカウントをストーリーで紹介
3．投稿ではアンバサダーからのリポストであることを記載
4．プロフィールで「アンバサダー募集」を常時告知
5．2〜4を見たユーザーからアンバサダー希望のDMが届く（2に戻る）

ここまでの解説のとおり、アンバサダーが増えるほどDMやタグ付けなどの親密度シグナルが蓄積され、関連ユーザーの発見タブにも露出が増えます。発見タブの露出が増えればフォロワー獲得のチャンスが増えるので、アンバサダー希望数も加速度的に増加していきます。

結果、1500名のアンバサダーを抱えるに至りました。現在、返信できていない希望者が500名ほどおり、15万件以上の「**#trevary**」関連ハッシュタグが生み出されています。

ストーリーズ上でアンバサダー就任の告知をする際は、「居住エリア」「得意なジャンル」などを共有して「アンバサダー就任おめでとうございます！」とコミュニティ全体でお祝いをするようにしています。

新規に就任したアンバサダー一人ずつストーリーズでタグ付けしてシェアするので、とても喜んでもらえます。アンバサダー自身のアカウントでも「treavryのアンバサダーになりました！」と投稿してくれます。この投稿を見たユーザーがtrevaryのことを認知しフォローしてくれたり、またアンバサダー希望のDMをくれたりするわけです。

アンバサダー承認に条件を設ける

アンバサダーは誰でもOKというわけではありません。希望者から厳選してtrevaryのアンバサダーとして承認しています。trevaryのケースでは自社商品を購入した顧客ではないので、アンバサダー承認条件として「世界観が合っている」という点に加え、運用するアプリへのコンテンツ投稿を約束してもらいました。自身が撮影したカフェ動画をすべてアッ

● 希望連絡のDMからアンバサダーまでの流れ

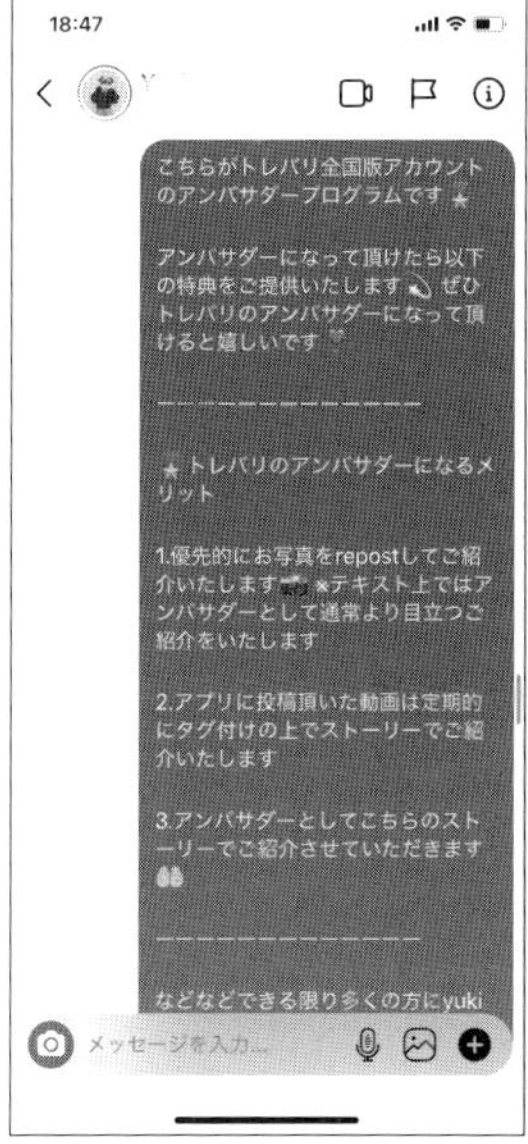

プしたり、カフェやホテルに行ったら必ず動画を投稿するなどです。

誰でも参加できるコミュニティは参加者の熱量が低くなります。ユーザーを集めたい気持ちはわかりますが、ある程度ハードルを設け、受け入れるユーザーのみを迎え入れる姿勢が大切です。アンバサダー就任に条件を付けるわけなので、各アンバサダーがその場所での役割や存在意義が見出せるようにサポートすることが大切です。アンバサダーの数が増えるにつれ、その部分の課題は認識しています。今後リアルなイベントや専用コミュニティツールでのコミュニケーションなども積極的に導入が必要と考えています。

2 勝ちパターン調査

大きく数字を伸ばしたきっかけの1つに、同じ領域で非常に高いエンゲージメントを叩き出していたアカウントの投稿フォーマットを参考にしてデザインを変更したことがあります。

参考にしたアカウントは後発にも関わらず、勝ちパターンとなるフォーマットを発明し、ものすごい勢いでフォロワーを伸ばしていました。人気アカウントである「むにぐるめ（唯一無二の絶品グルメ）」（**muni_gurume_**

● 1つの画像を4分割にすることで情報量を増やし滞在時間をアップ

深海プリン
沼津深海プリン工房
住所：静岡県沼津市千本港町97
営業時間：10:00〜17:30
定休日：なし
透きとおる深海をイメージした
青色が特徴的なおしゃれプリン
キッサ マシマロ
住所：愛知県名古屋市天白区平針2-808
ガーデンハイツ平針店舗 2F
営業時間：7:00〜20:00(L.O.19:15)
定休日：毎週水曜日、第2・第4火曜日
なめらかな舌触りの良いプリン
ほろ苦いカラメルと相性抜群

japan）や「りょうくんグルメ」（**uryo1113**）にもデザインの影響を与えるなど、グルメ領域でのテンプレートデザインとなりました。**trevary**も参考にしてデザインを改良することでエンゲージメント率が改善、フォロワーの伸びも増加しました。

もちろん守破離の考え方で継続的に改善し、今では独自のフォーマットデザインとなっています。リサーチを繰り返し勝ちパターンを見出し、改善して伸びた事例です。

3 ジャンルを拡張して投稿数を増やす

さらに規模を拡大したのは**領域の拡大**です。ある程度アカウントが育った状態で、アカウントの領域を「沖縄カフェ」から「ホテル」「観光スポットまとめ」に拡張しました。「沖縄カフェ」情報を期待するユーザーが領域拡大によって減少するのではとの懸念はありました。しかし、結果は予想どおりリーチ層が増え、フォロワー増加に繋がりました。ただし、沖縄好きのユーザーが半数を占めるため、3回に1度は沖縄グルメを投稿しています。

領域拡大に合わせて投稿頻度を1日3回に増加。リーチボリュームとエンゲージユーザーを最大化することで発見タブに載りやすくなり、フォロワーの伸びが爆増しました。

領域を広げるのは一定のフォロワー規模や戦略が必要です。工数はかかるものの、投稿頻度を上げることはいつでも可能です。昼・夕・夜の3回、毎日必ず投稿を続けています。簡単ではありませんが、やりきることがユーザーとの約束であり、継続が信頼となりブランドとなります。

03 ユーザーコミュニティがもたらすたくさんの価値

前節ではアンバサダー施策によるアカウント成長の例を紹介しましたが、成功への道のりは1つではありません。自社に合ったやり方でユーザーを巻き込み、ロイヤルカスタマー化をしていくことが大切です。

フォロワーや既存顧客としっかりコミュニケーションをしながら、UGCが自走的に増えていく仕組みを作りブランドの影響力を最大化していきましょう。ここではその影響力が増大していく先にあるメリットを紹介していきます。

1 リピート率の向上

ブランドアカウントでUGCをリポストしていくことが習慣化

時間がかかるコミュニティ形成の評価は最初は難しいかもしれませんが、育てば大きな成果が出ます。

し、フォロワーに対しても周知されれば、リポストされることを目的としてこれまで以上にリピート購入してくれるユーザーが増えてきます。

好例として「GU」のサブアカウント@gu_for_all_があります。**毎日数回UGC投稿をリポストして投稿**しています。サブアカウントとして運用されていますが、メインアカウントのフォロワー数を超え、国内向けのアパレルブランドとしてNo.1のフォロワー数です（海外向けに英語で展開しているユニクロのアカウントを除く）。プロフィールに「タグ付けをすればリポストする」と記載しており、フォロワーにも浸透して数十秒ごとにタグ付け投稿されているのがわかります。

● @gu_for_all_のアカウントでは数十秒ごとにUGCが生まれている

● 国内向けアパレルでNo.1のフォロワー数を持つGUのアカウント

このような状況が定着すれば、洋服を買うときに、ＧＵのフォロワーや一度でもリポストしてもらった人は、必ず第一想起に「ＧＵ」を思い出すでしょう。似たようなアイテムであれば、リポストしてくれるブランドを選択するのは自然な流れといえるでしょう。

ファンが生み出すＵＧＣを軸に運用するコミュニティ型インスタグラムアカウントは、フォロワーやエンゲージメントしたユーザーに対して大きな競合優位性があるといえます。

2 認知率の向上

ＵＧＣが増えるほどブランドの認知率も広がります。関連ハッシュタグも増え、シードアカウントも増えることで、フォロワーの数も指数関数的に増大します。ユーザーにとって、友人のインスタグラム投稿は強力でポジティブなブランドの認知チャネルです。膨大な費用がかかる割に見向きもされないだけでなく、場合によってはブランドイメージを下げかねない広告と比べると、有効な認知経路であることがわかります。

ＵＧＣ投稿が増えるということはそういうことです。商材にもよりますが、インスタグラムは再現性を持ってＵＧＣを量産できる場所です。ＧＵのようにオーガニックでも可能ですし、ギフティングやインフルエンサー施策でも可能です。

3 購入率の向上

フォローするユーザーのＵＧＣ経由で認知した商品やブランドは、ポジティブな内容であればその時点で信頼とユースケースなどの理解を獲得しています。購入のハードルが下がっている状態です。広告で知った商品と、友人から勧められた商品であれば、後者の方が購入率は高いでしょう。ＵＧＣは自然に友人からお勧めされている構図です。リピート顧客であれば平均単価も上昇していきます。

4 コミュニティ発生のＵＧＣが認知から購買までを串刺しにする

インスタグラムは購買、申し込み、予約、来店などの具体的ＫＰＩアクションにダイレクトに繋げられる、マーケティングファネルをワンストップで達成できるプラットフォームです。

日本は、インスタグラムのコマース機能が盛んに利用されている国です。利用者の８割が新商品やサービスの購入検討にインスタグラムを使っており、内部データを見ても90％以上がなんらかの商品やサービス、店舗、企業のビジネスアカウントをフォローしています。

フェイスブックジャパン執行役員営業本部長である南勲氏は、インタビュー（**https://newspicks.com/news/5582039/body/**）で次のように語っています。

■一般的なSNSは「世の中で話題になっていること」を見る場所
■インスタグラムは他のSNSと違い「自分が好きなもの」を見つける場所
■そのためユーザーは「好きになる」「欲しい」「買いたい」という気持ちになりやすい

インスタグラムは購買意欲のある能動的なユーザーと直接コミュニケーションを取れ、コミュニティ形成まで行えるSNSなのです。

特にDMの文化がそれを実現しているのではと筆者は考えます。他のSNSにもDM機能はありますが、インスタグラムは特にアクティブに使われています。中には、コミュニケーションの中心がラインではなくインスタグラムのDMになっている若者もいるようです。

テキストではなくビジュアルで情緒的な価値訴求ができるので、これまではファッション、美容、コスメ、グルメ、インテリア、旅行などの分野がインスタグラムでは盛んでした。しかし今では文字入れ情報投稿が主流になりつつあり、インスタグラムでカバーできる領域が加速度的に広がっています。

5 副次的効果をもたらすコミュニティ

インスタコミュニティは顧客のLTV（顧客生涯価値）をアップさせるだけでなく、新規顧客の獲得に繋がります。さらに、直接的な売上だけではなく次のようなメリットがあります。

- **新商品販売のリスク軽減**
- **投稿作成工数の軽減**
- **スタッフ採用**
- **解約率の減少**

商品開発の段階からフォロワーを巻き込んでニーズや課題感などを取り入れ、コミュニティを通じて事前予約をとって受注販売するなど、**新製品販売のリスクを低減**できます。プロセスエコノミーの概念にも通じますが、ファンと一緒にプロダクトを作っていくことは、これからブランドとして重要な概念になり得ます。

コミュニティを持つことで投稿アイデアを募ったり、リポストできるUGCを継続的に獲得できるなど、**日々のオペレーション業務を改善**できる大きなメリットを得られます。

特にクリエイティブの制作は、毎日のようにインスタグラムに触れている若いインスタネイティブの方がセンスを持っているかもしれません。

一眼レフカメラよりもスマホ、フォトショやイラレよりも**Canva**や**Phonto**というように、投稿の労力を軽減するツールもスマホ用が充実しています。

フォロワーと一緒にインスタグラムの運用を検討してもいいでしょう。筆者の営む**trevary**のインスタグラム運用チームも、半分はフォロワーから募る形でアサインしました。

また、**業務スタッフ採用**もインスタグラム経由でできます。スタッフが足りなくて困ったときは、一度インスタグラムのストーリーや投稿で募集してみてください。数千人フォロワーがいれば、数十名はエントリーが集まるでしょう。**trevary**の場合は10万フォロワー時に募集をかけたところ、300名以上のエントリーが集まりました。

定期購入（サブスクリプション）系のサービスで重要なKPIの1つに、**契約ユーザーの解約率**があります。コミュニティ運営でそれを軽減できるかもしれません。

解約の大きな理由に「もう使わなくなった」というのがあります。コミュニティを通して、他ユーザーの使い方を事例としてリポストやストーリーで紹介することで、新たな使用方法を提示できます。

人材採用の他、フォロワーから募ってインスタの運用代行を委託する可能性もありますね。

04 インスタグラムで売上を上げるためのステップ

ここまで解説してきた内容を振り返り、インスタグラムの立ち上げから売上の獲得までの全行程を時系列でおさらいしましょう。いずれも再現性を持った、天才的なセンスやひらめき、運に左右されない施策です。現在どのフェーズにいるのか、どこがボトルネックになっているのかを客観的に捉えながら、改善ポイントを見出していきましょう。

記事執筆時点、インスタグラムで成果を出す戦略は次のとおりです。

1. フォロワーからのエンゲージメント率を高める
2. 発見タブに投稿が表示され非フォロワーへのリーチが増える
3. フォロワーをストーリー経由で外部誘導して売上を作る
(ライブ配信、フィード投稿、リール経由で売上を作ることも可能)

1 オペレーション体制を整える

SNS運用の多くは、運用開始直後からの売上は見込めません。効果が出るのに時間がかかることについて、社内での合意形成が必要です。

一方で「なぜインスタグラムをやるのか？」という目的とゴール設定、スケジュール算定がないとSNS運用はうまくいきません。

目標や期限がないまま運用をスタートし、責任の所在も不明瞭で、気付いたら誰も投稿しなくなっていた、という状況を筆者は何度も見てきました。

真剣に取り組めば必ずリターンがあるものなので、可能な限り経営者自身がかかわり、日々の改善が得意なメンバーを集めて運用体制を整えましょう。

コンテンツ企画➡クリエイティブ制作➡投稿➡数字分析／仮説立て

● SNSを成功させる運用サイクル

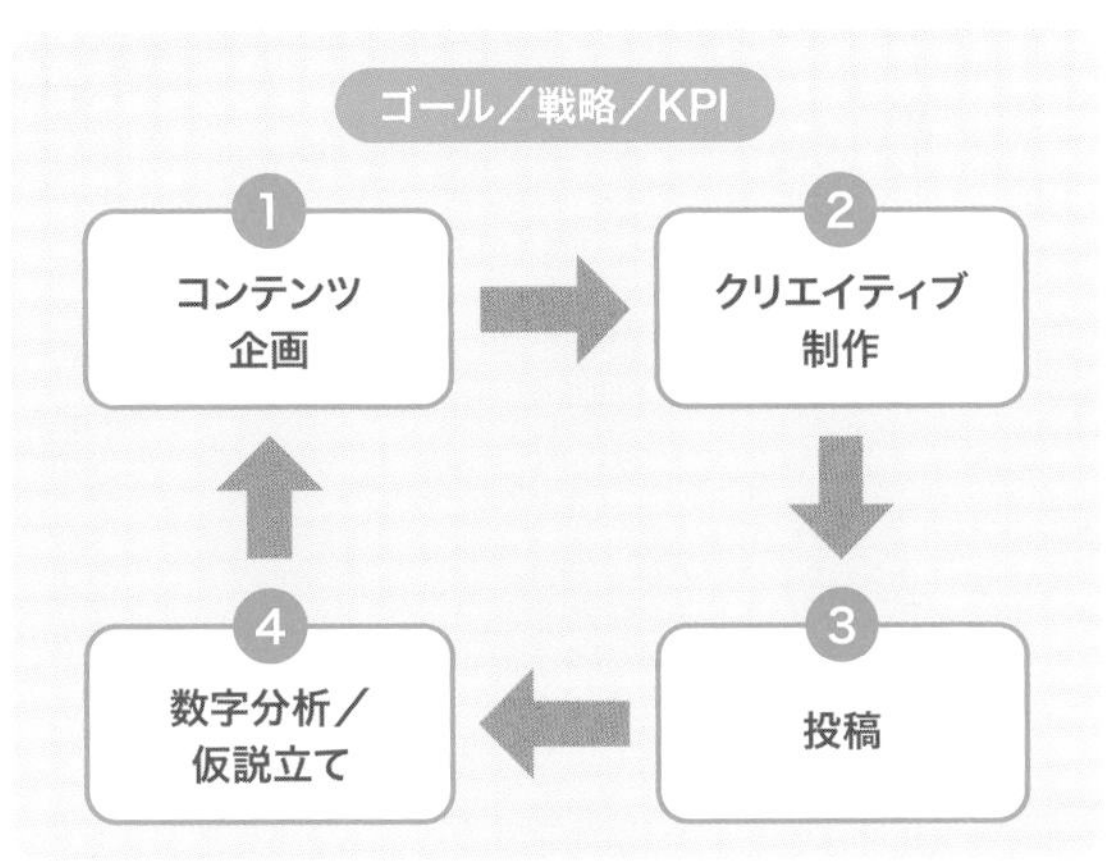

4サイクルを週次で回してスピード感を持って改善する仕組みを作りましょう。スピード感を出すため一人で4つに対応してもいいですし、クリエイティブ制作はデザイナーが対応するなど分担しながら、属人化しすぎない仕組みにして、継続運用できる体制を整えることが大切です。

2 アカウント・コンセプト設計

4時限目02で解説したとおり、最初のアカウント設計はその後の伸びを大きく左右する重要なものです。運用開始前に「インスタグラムを通して、誰の何を解決してどうなってほしいのか?」を明確に答えられる必要があります。

「**自社商品を購入する既存顧客**」が基本ターゲットです。顧客は何らかの課題（多くは悩み、不安など）を解決するために商品を購入しています。課題を抽象化し「悩みを解決するための情報発信」を心がけましょう。

アカウントの領域選定も重要です。運用開始直後はある程度の絞り込みが必要です。最初は大きな領域ではなく、ハッシュタグでキーワード検索して10～30万件数ほどのボリューム領域で情報発信しましょう。

3 滞在時間を意識したコンテンツと、関連アカウントとの関係性

インスタグラムがもっとも評価するのは、**閲覧ユーザーの滞在時間が長いコンテンツ**です。インサイトの保存数で測れるので、インサイトの数字をＫＰＩとしながら投稿を改善します。ポイントは「ユーザーが思わず真似したくなる」再現性のある投稿です。

レシピ、メイク、節約術、レビュー、スポット紹介、エクセル術などは鉄板コンテンツです。中でもお勧めの勝ちパターンは**「まとめ」投稿**です。情報をまとめたコンテンツは滞在時間が伸び保存されやすいので、まとめに集中するのも手です。１つの情報を深掘りするより、浅くたくさんの情報を紹介する投稿の方が現状は伸びる傾向にあります。

他にも有益性、共感性、意外性、新鮮味、統一感などが重要です。各要素をスコアリングしながら投稿を分析するのも有効です。

徹底的な競合リサーチで勝ちパターンの参考フォーマットを見つけ、積極的に自分たちのクリエイティブに取り入れていきましょう。参考にするのはあくまでデザインフォーマットで、投稿内容である企画はオリジナルにしてください。倫理的・道義的にも問題ですし、パクりとユーザーに受け止められ通報されると、アカウントがバンされる恐れがあります。

アカウントの領域をインスタグラムのアルゴリズムにアピールする（シグナルを送る）には、投稿内容の統一性はもちろん、積極的に同じ領域のアカウントとやり取りする（ＤＭやコメント

など）のも有効です。相手のフォロワーなどの発見タブに表示されやすくなります。

4 モニターキャンペーンとギフティングで最初のフォロワーを獲得

次は最初のフォロワーとUGCを獲得する施策です。**モニターキャンペーン**で効率的に見込み顧客を集め、運用にレバレッジをかけられます。

キャンペーンを成功させるポイントは次のとおりです。

1. 特典はケチらずに（10万円分のアイテムをプレゼントなど）
2. 参加条件のハードルは下げる　（フォロー、コメント、ストーリーシェアくらい）
3. キャンペーン投稿のクリエイティブは、わかりやすく何がもらえるかを伝える（伝わらないと意味がない）
4. できる限り自社商品を使う（顧客になりえない人にフォローされても意味がない）

モニターキャンペーンはフォロー獲得だけではなく、当選者にUGCを生み出してもらう期待も持てます。キャンペーンは2つの山を作れる施策なのでぜひ試してみてください。
もう1つ有効な施策が**ギフティング**です。ギフティングの主なメリットは、良質なUGCの獲得です。世界観がマッチする比較的フォロワーの多いインフルエンサーに商品を提供します。それでUGCを促してリポストし、フォロワーに対して見本的なUGCを紹介しましょう。ブランドによる見本的なUGCのリポストで、既存顧客がUGCを生む動機づけをします。

ギフティングは予算に応じて施策を変えられます。予算が少なければ「気に入ったらでいいので紹介してください」という形でもいいでしょう（商品代金と郵送料は負担）。

クーポンコードをインフルエンサーごとに発行すれば効果測定もできる上、インフルエンサー側も収益化できWin-WInです。そのような形も検討してみるのもいいでしょう。

5 ストーリーズでエンゲージメント率向上

フォロワーから一定のエンゲージメントが得られると、発見タブへの露出が増えます。そうなると、新規フォロワーが加速度的に増えていく段階です。

「いいね！」「コメント」「保存」（エンゲージメント）の合計数をフォロワーで割った数字が**エンゲージメント率**です。フォロワー数の規模にもよるものの10％以上は目指したいところです。なおフォロワー数が増えるほどコアファンの割合が減るので、エンゲージメント率は低減します。

この段階では、非フォロワーのリーチからの**フォロワー転換率**も指標としましょう。プロフィールやフィードの統一感を見直して最大化を狙います。

次にやるべきことは**ストーリーズ**のテコ入れです。ストーリーズは比較的エンゲージメント率の高いフォロワーが見る場所なので、積極的にアンケートや質問スタンプなどでコミュニケーションを取りながら閲覧率の向上をはかります。閲覧率は30%を目標にしたいところです。閲覧率を高めるための方法は5時限目02「ストーリーズの閲覧率を高める」で解説しています。閲覧率を上げると、ストーリーから外部誘導できる母数が増えます。インスタグラム運用で効果を上げるには、ストーリーズの閲覧率は避けて通れない指標です。

閲覧率が上がるのは、ストーリーズでなんらかのポジティブなシグナルが貯まっている証拠でもあります。それはフィード投稿の優先表示や発見タブの露出増加に繋がります。

文字入れ投稿をメインにしている個人のインスタグラマーの多くは、ストーリーズからアフィリエイト商材に誘導して売上を立てています。誘導先は楽天ROOMが多いです。高エンゲージメント率であればたくさん送客できるので、数万フォロワーでも1カ月で数百万円以上の収益（売上ではありません）になるケースも多いです。

ストーリーズは新しい売上チャネルとして無視できない場所です。

6 フォロワーを巻き込みコミュニティ化

次に挑戦したいのは**UGCの最大化**です。

フォロワーのUGC投稿をリポストしながら、ユーザーにUGC投稿を促す施策を打ちます。アンバサダー施策もUGC数最大化が大きな目的の1つです。

良質なUGCを獲得するのに有効なのが、**インフルエンサーへのギフティング**です。物販事業者なら、可能な限り継続して取り組むことをお勧めします。インフルエンサーのＵＧＣをきっかけに、既存顧客やフォロワーにＵＧＣ投稿をお願いします。プロフィールや投稿キャプションに「＃［自社ブランド］＠［自社ブランド］タグが付いた投稿を紹介していきます」と一文を載せるだけです。

自社ブランドに言及した投稿を自社アカウントでリポストしていくことで、それを見た人がまたＵＧＣ投稿するというサイクルができ、ＵＧＣ投稿数が増えていくだけでなくフィード投稿も魅力的になります。

7 これからブランドが取り組むべき投稿スタイル

ユーザーの立場で見て、スタジオで撮影された素材写真が淡々と投稿されているだけの知らないブランドアカウントをフォローする理由はあるでしょうか。好きなブランドであればともかく、イメージ広告のような写真だけ見て購入意欲が掻き立てられることは少ないはずです。

滞在時間（保存数）を増やす投稿は文字入れ投稿やまとめ投稿です。ブランドアカウントでは文字入れ投稿に踏み切れない企業もあるかもしれません。本節の最後に、素材写真の投稿からＵＧＣ投稿に切り替えることで成功したアパレルブランドを紹介します。

クラシカルエルフのUGC事例

Classical Elf（クラシカルエルフ）は10万フォロワーを超える人気アカウントですが、ほとんどを2021年に入ってから獲得しています。

次ページ左の写真が過去のフィード、右が2021年以降のフィードです。左はスタジオで撮影したよくあるアパレルブランドという感じです。右は顧客のUGC投稿を活用した自然体の写真が中心になっています。2021年はじめころからUGCメインの運用にして、滞在時間の増える文字入れ投稿を開始した結果、フォロワー数も10万を超えています。今では**ZOZOTOWN**の売上げランキングでも上位に位置しています。

GUのインスタアカウントも同様ですが、現状インスタグラムでもっとも効果を出せるのは、共感性を高めるUGCと有益性のある文字入れ投稿の掛け合わせだと筆者は考えています。再現性がある投稿になり、滞在時間が増え、保存数が増えるという流れです。滞在時間を増やすという観点では動画でも構いません。

インスタグラムはミニブログ化しており、文字入れ投稿が本流になる流れは避けられないでしょう。

ここでまとめた方法を頭に入れて、インスタアカウントを育てていきましょう！

● 素材写真投稿（左）から文字入れ投稿（右）へ

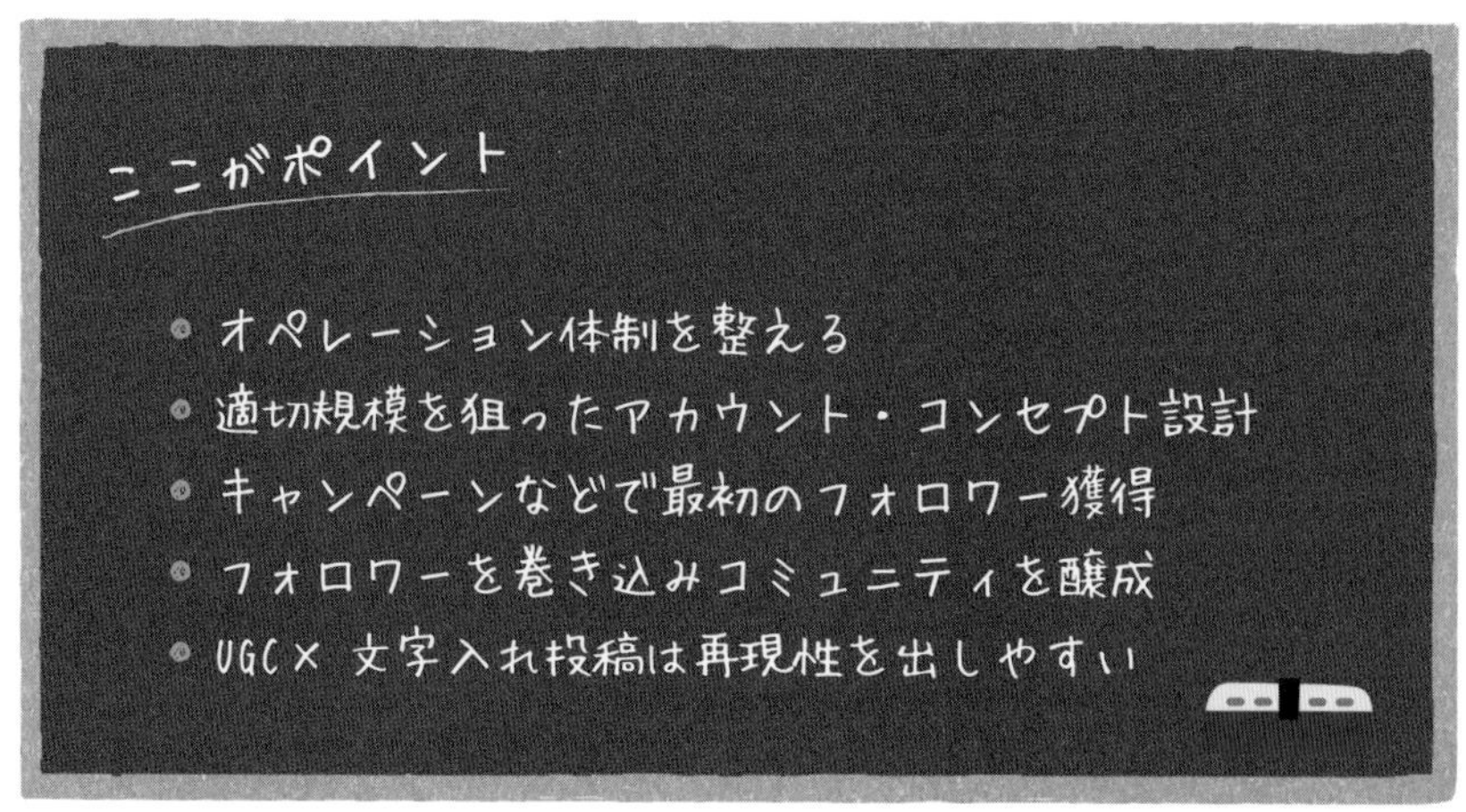

ここがポイント
オペレーション体制を整える
適切規模を狙ったアカウント・コンセプト設計
キャンペーンなどで最初のフォロワー獲得
フォロワーを巻き込みコミュニティを醸成
UGC× 文字入れ投稿は再現性を出しやすい

05 インスタグラムの今後

今後のインスタ運営方針を考える基礎として、これからのインスタグラムについて考察します。

フェイスブック社のインスタグラム部門トップのアダムモセリ氏は、2021年7月に自身のアカウントに動画を投稿し、今後インスタグラムが強化していく4つの柱について次のように宣言しました。

1. 現状プラットフォームで主役となっている「動画」
2. サービスのコンテンツを支える「クリエイター」
3. コロナ禍でさらにオンラインでの買い物が伸びている「ショッピング」
4. 利用者激増の「DM（メッセージ）」

ファンコミュニティの成長を支援することが、ブランドの成功に繋がります！

そこでは「(インスタグラムは) もうただの四角い写真のシェアアプリではない」とも言っています。4つの軸を紐解き、インスタグラムが向かう先を考えてみましょう。

1 動画について

4つの柱の中でも特に「**動画**」に注力するとしています。インスタグラムの収益の柱は広告です。広告で収益を出すためには、ユーザー数と**滞在時間**が非常に重要です。

現在、米国でユーザーの滞在時間がもっとも長いアプリは**ティックトック**です(**App Annie**「モバイル市場年鑑2021」より)。競合する他のアプリからユーザーの滞在時間を奪うために、インスタグラムが動画に注力していく流れは必然といえるでしょう。

インスタグラムのフィード投稿の半分以上は写真・画像が占めています。動画共有で優位性を出していくため、今後フィードにフルスクリーンのお勧め動画を表示する計画があるなど、ティックトック寄りのアプリになっていくでしょう。

現在は画像中心の発見タブでも、動画コンテンツへの導線が強化されるのは間違いありません。リールのように没入感のある縦型短尺動画が今後評価を上げていくと予想できます。

インスタグラム使用の動機をユーザーにヒアリングしたところ、エンターテインメント性を強く求める傾向が明らかになっています。**縦型短尺動画**はエンタメコンテンツと圧倒的に相性がよく、**今後はリールに対して投資する**のが賢明です。

2 クリエイターについて

クリエイター支援にも注力するとしています。フェイスブックのCEOであるマーク・ザッカーバーグ氏も以前からクリエイターの収益化を支援する流れについて言及しています。

個人ユーザーがインスタグラムで収益化する場合、これまでは企業案件が主でした。プラットフォーム側の支援は薄かったわけですが、今後は本腰をいれる方針です。ライブ配信の投げ銭機能だけでなく、ショッピング機能へ誘導し売上の一部を受け取れるアフィリエイト機能や、デジタルデータの所有権を販売できるNFT（デジタル資産）機能の実装などを予定しています。

個人の収益化が容易になることで、インスタグラムにおいて「**個人ユーザーはよりブランドらしく**」なり「**ブランドはより個人ユーザーらしく**」なっていくことが予想され、現にその傾向にあります。「個人こそもっとも信頼できるブランド」である一方、「企業は個人のように人格を持つことが大事（共感性）」となってきています。この流れはクリエイターの台頭で加速度的になってきています。

● 個人はブランドのように、ブランドは個人のように振る舞い始める

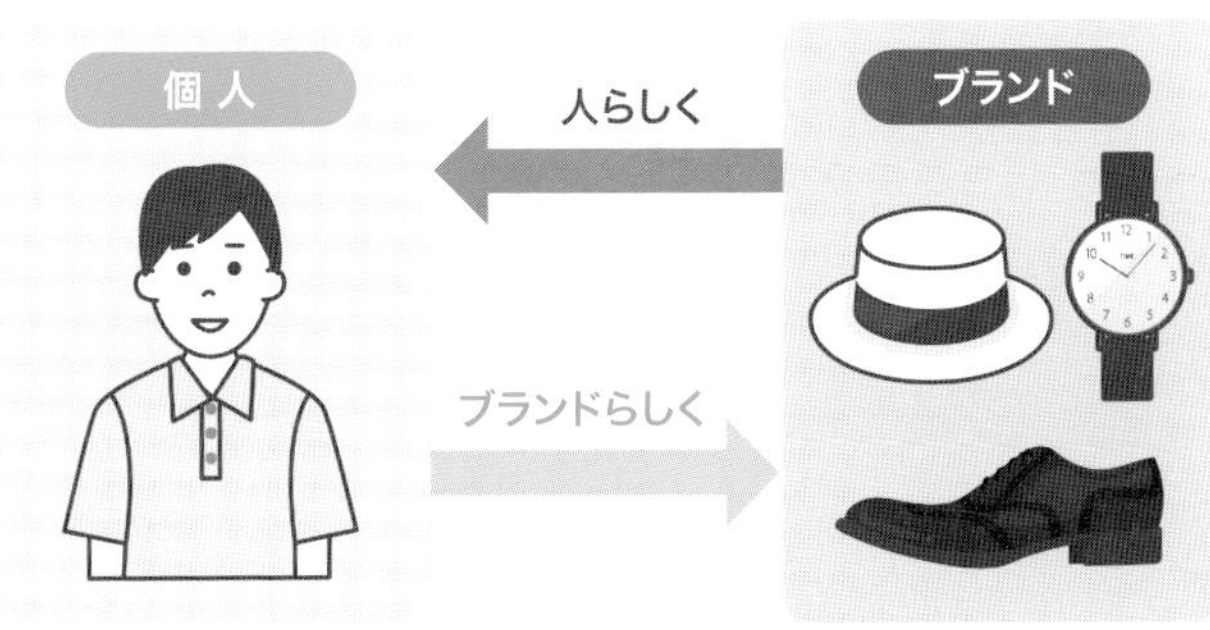

おり、お互いを補いながらコラボレーションしていくことが成果を出すのに重要です。

靴ＥＣのロコンドが、人気ユーチューバーのヒカルとコラボして話題になりました。今後、日本でもインスタグラム上で決済機能が実装されれば（チェックアウト機能）アフィリエイト展開も進むでしょう。個人クリエイターとの連携は、ブランドにとって避けて通れない道となります。

3 ショッピングについて

インスタグラムにとって、広告収入に頼る収益構造はリスクです。プライバシー規制の強化などを背景に、中長期的には広告収入の鈍化が予想されます。

インスタグラムは今後、チェックアウト機能をはじめ、ショッピファイやベイスと競合するような**ＥＣプラットフォーム**になる可能性もあります。

フェイスブックとインスタグラムには、１００万件以上のショップが連携されていると言われています。これは間違いなく伸びしろのある領域で、ＥＣ事業者は先んじてインスタグラムでフォロワーやエンゲージメント率を高めておくことが、競合との優位性にも繋がります。

「インスタグラムで集めたコアファンに商品を購入してもらう」という流れが本格化していくでしょう。

筆者は２０１３〜２０１６年までＥＣプラットフォームのベイスに在籍していました。当時から予算のない個人クリエイターは、インスタグラムを通じて商品の制作過程を随時ファンと共有しながら売上を増やしていました。

これは「**プロセスエコノミー**」の考え方で、「完成品としてのアウトプットを売る」だけでなく「作成制作のプロセスに価値を持たせて売る」ということです。

フォロワーと密にコミュニケーションできるインスタグラムは、プロセスエコノミー時代のマネタイズに適しているといえます。

4 DM（メッセージ）について

インスタグラムが他のSNSと圧倒的に違う点はこのDM（メッセージ）です。ほとんどの主要SNSにはDM機能がありますが、利用する機会は多くありません。

一方、インスタグラムでは友人同士はもちろん、ブランドのアカウントにもユーザーがDMを送って、商品やサービスについて質問をするのが一般的です。DMは表にでていないクローズドなコミュニケーションとも言えます。

筆者が運用するアカウントでも毎日のようにDMが届きます。アンバサダーとのやりとりも基本インスタグラムのDMで行っています。

メッセンジャーツールとして国内でもっとも使われているLINEではなく、インスタグラムのDMで友人とコミュニケーションするユーザーも増えているそうです。

ある調査では、インスタグラムユーザーの三分の一（34・8％）が鍵アカウントで運用しているといいます。親密な繋がりにだけ、口コミなどの情報発信をしているユーザーが相当数いるわけです。クローズドな場所（計測できない場所という意味で「**ダークソーシャル**」と呼びます）で飛び交うUGCは、身内に向けた本音の情報です。オープンな口コミ以上に価値があります。

企業としてDMにすべて対応するのは大変な労力です。逆にだからこそユーザーにとっては価値があるわけで、競合との差別化に繋がります。顧客との貴重な一対一の空間です。インスタグラムの方向性から考えても、ここに投資を惜しむのは得策ではありません。

インスタグラムは今も進化を続けており、改善スピードも上がっています。機能（仕様）やアルゴリズムは改善されていきますが、アカウント運用の本質は変わりません。それは「顧客にとって価値ある情報を、継続して届ける」ということです。「誰の何を解決するためなのか？」を見失わない限り、画像・動画・プラットフォームを問わず、ファンと強固な関係性を構築できビジネス成果に繋げることができます。

ロイヤルカスタマーやフォロワーの意見や行動に注目し、何を求めているのか徹底的に考え抜き、コンテンツを届けた後も反応を見ながら改善していく姿勢が重要です。

質より量、継続、そして楽しんで運用するのが一番です。ブランドに共感するファンコミュニティを通じ、フラットな関係で互いに影響を与えながら成長していくことを目指して、明日からインスタグラムを楽しみましょう。

おわりに

最後まで本書をご覧いただきありがとうございました。マーケティングの観点において伝えたいことはまだ沢山ありますが、この本がインスタグラム運営の一助になれば幸いです。

コロナ禍の中、ＥＣ化率は伸び、動画コンテンツの滞在時間は増え、リモートワークは当たり前になりました。これは、来るべき未来が一歩早まったともいえるでしょう。

そのような中、ブランドとしてオンライン上でどのように顧客とコミュニケーションを取っていくべきでしょうか。本書でお伝えしたとおり、その考え方の本質は変わることはありません。

中長期的な視点で、顧客との関係性作りに取り組んでみてください。すぐには上手くいかないのは当たり前です。継続できるよう、まずは自分が楽しむことが大切です。そのスタンスはきっとフォロワーにも伝わります。大変なこともありますが、楽しむ気持ちを忘れずにインスタグラムに取り組んでみてくださいね。

trevaryのインスタグラムを長らく一緒に運営してくれた城間さん、湯川さん、米尾さん、あやめさんをはじめとしたチームにとても感謝しています。みんながいなければこの本もありませんでした。

読者であるあなたも、ぜひ素敵なチームと一緒にインスタグラムのアカウント運営を楽しんでください！

特典ダウンロードについて

本書をご購入いただいた方に特典（本書付録PDF）をご用意しています。特典ファイルの展開にはパスワードが必要です。パスワード付きZIPファイルを展開できる圧縮・展開ソフトでダウンロードしたファイルを開き、次のパスワードを入力してください。

ダウンロードページ

http://www.sotechsha.co.jp/sp/2093/

パスワード

insta

世界一やさしいInstagramマーケティングの教科書 1年生

2021年9月30日　初版第1刷発行
2023年2月20日　初版第4刷発行

著　者　金城辰一郎

発行人　柳澤淳一
編集人　久保田賢二
発行所　株式会社　ソーテック社
〒102-0072 東京都千代田区飯田橋4-9-5　スギタビル4F
電話：注文専用　03-3262-5320
FAX：　03-3262-5326
印刷所　図書印刷株式会社

ISBN978-4-8007-2093-1